中国社会科学院**老年学者文库**

中间效用理论

钱　津/著

 社会科学文献出版社
SOCIAL SCIENCES ACADEMIC PRESS (CHINA)

内容提要

本书是一部现代经济学基础理论的研究专著，主要探讨了在现代市场经济条件下对于效用范畴的基本认识问题以及在将效用划分为终点效用与中间效用的基础上展开的有关中间效用研究的理论问题。其撰述分为八个部分。

第一部分是导论，阐述开创中间效用理论研究的时代背景和重要性，指出现代人类已经生活在由新技术革命开创的新时代和新的生活方式之中。现代经济学的研究必须满足新的时代和新的生活方式对经济学理论研究的需要。2008 年爆发的国际金融危机对现代经济学的研究提出了严峻的挑战。对此，当前的研究至少应从劳动理论、价值理论、价格理论以及货币理论四个最基础方面的理论创新起步。并且，在传统的基数效用和序数效用理论以及边际效用理论的已有研究基础上，从深化对现实经济的认识出发，同时还迫切需要进行基础性的效用理论方面的开创性研究。

第二部分包括第一章，主要讨论对效用范畴的科学界定问题。这一界定是效用理论研究的起点。长期以来，作为经济学研究的基础，将效用范畴界定为消费者通过消费或者享受闲暇等使自己的需求、欲望等得到满足的一个度量，即界定为一个主观心理决定的范畴。这实际上是对经济学学科的科学性挑战。因此，现代的研究需要回归客观性的立场，从反映客观经济实际出发，依据经济学的最基础范畴——劳动，对效用范畴进行客观性的科学界定，即效用是指劳动创造的劳动成果的有用性。这样的界定阐明，效用与价值不同，价值是劳动作用的凝结，而效用是指劳动成果的作用。当前，必须改变将效用范畴虚化或闲置的状态。在实际经济中，效用是指商品或劳务有用性的一般化。每一种商品或劳务的价格是与其他所有商品或劳务的效用进行了社会性的比较才形成的。所以，价格可以现实地成为效用的衡量尺度，商品或劳务的效用大小一般能够通过市场由价格具体地表现出来。

第三部分包括第二章，对现代市场经济中效用范畴做出若干新的区分。一是正态劳动效用与变态劳动效用的区分。阐明自人类、人类社会起源至今，人类劳动是人类常态劳动，常态劳动是正态劳动与变态劳动的统一，正态劳动是人性的劳动，是决定人类起源的劳动，变态劳动是动物性的劳动，包括暴力性的军事劳动和寄生性的剥削劳动。因此，人类常态劳动创造的效用，就相应地被区分为正态劳动效用与变态劳动效用。正态劳动效用是指具有人性的正态劳动创造的劳动成果的效用，变态劳动效用是指带有动物性的变态劳动创造的劳动成果的效用。二是生产劳动效用与非生产劳动效用的区分。生产劳动效用是指生产劳动创造的劳动成果的效用，非生产劳动效用是指非生产劳动创造的劳动成果的效用。生产劳动是对社会的生存和发展具有有益作用的劳动。非生产劳动是指对社会的生存和发展不能起到有益作用的劳动，主要包括三类劳动：第一类是奢侈性劳动，即生产奢侈性消费品的劳动；第二类是娱乐性劳动，包括文艺类娱乐和体育类娱乐；第三类是消极性劳动，主要是指宗教劳动。三是生产消费品效用与生活消费品效用的区分。生产生产消费品劳动创造生产消费品效用，生产生活消费品劳动创造生活消费品效用。四是实物效用、劳务效用与知识效用的区分。这是依据劳动成果的形态不同做出的区分。实物效用就是指实物形态的劳动成果的效用。劳务效用就是指劳务形态的劳动成果的效用。知识效用就是指知识劳动创造的知识形态的劳动成果的效用。五是终点效用与中间效用的区分。这是本书研究依据的基础性区分。终点效用是指最终供人们生活消费或生产消费的效用。中间效用是与终点效用相对应的效用范畴。在人类社会劳动的效用创造中，除去终点效用，其余的归为中间效用。中间效用是指不属于最终供人们生活消费和生产消费的效用，是只能起到帮助人们实现终点效用消费作用的劳动成果效用。一般说，中间效用的主要存在方式是劳务效用，包括实体经济中的一部分劳务效用和虚拟经济中全部的效用创造。明确区分终点效用与中间效用的不同，在现代市场经济条件下具有经济学研究的学术意义和现实意义。

第四部分包括分析终点效用与中间效用的规模与结构的第三章和阐述现时代终点效用与中间效用创新与发展的第四章。强调终点效用是具有财富性的效用，而中间效用不具有财富性，只是为生活的终点效用消费或生产的终点效用消费提供的服务性效用。终点效用可作知识类、实物类、劳务类的区分。作为劳务效用，中间效用是留不住的，效用发生的过程存在，效用存在；效用发生的过程结束，效用结束，不再留存。追求效用最大化只能追求终点效用最大化，而追求终点效用最大化要受各种客观条件约束，只能在劳动者的体力因素、生产技术因素、自然条件因素以及市场需求的约束之下实现终点效用最大化，不可以脱离这些客观条件的约束去追求终点效用最大化。在现代经济中，既要实现生产资料生产的终点效用与生活资料生产的终点效用的结构平衡，也要保持生产劳务的终点效用结构平衡，还要保持生产资料生产的终点效用、生活资料生产的终点效用以及生产劳务的终点效用的综合结构平衡和各个门类的中间效用随之的结构平衡。这一部分还从现时代的生产资料创新、生产服务创新、生活用品创新、生活服务创新以及高等教育创新共五个方面对终点效用和中间效用的创新与发展做了具体的分析阐述。其中强调高等教育的创新将带动一切领域的终点效用和中间效用的创新，对此主要介绍了浙江科贸职业技术学院首创智能教育理念和最早地初步开展智能教育改革实践的基本情况。

第五部分包括第五章、第六章、第七章和第八章，主要阐述中间效用的基本分类、中间效用适度性假说、短缺中间效用对社会经济的影响以及盲目扩张中间效用的危害性等问题。第五章指出现代经济已是虚实一体化经济，中间效用的基本分类是实体经济中间效用与虚拟经济中间效用，并对商业劳动创造的商业效用、银行业劳动创造的银行效用、证券业劳动创造的证券效用、广告业劳动创造的广告效用、律师业劳动和其他市场中介服务业劳动创造的中间效用以及虚拟经济领域的中间效用创造进行了分行业的具体分析。第六章提出中间效用适度性假说，其含义是：在社会的终点效用的生产与消费的活动中，需要有创造中间效用的劳动提供必要的服务，由此决定中间效用的创造必须保持与之服务的终点效用创造相匹配的一定的适度性。在任何时期，任何经济范围内创造过多或过少中间效用，都不符合这一客观的适度性的要求。根据这一假说，在现代经济中不仅不能追求中间效用最大化，而且无论是在哪一领域哪一行业，中间效用的创造必须保持市场客观要求的适度性。这一假说是考察国民经济运行中的情况对于中间效用的作用给予逻辑确定的结果，由此出发可进一步认识、验证中间效用的运行理论，可使对于中间效用的经济学研究更加自觉。各个国家或地区的经济学家及政府部门可以根据这一假说对自己国家或地区的中间效用运行情况进行具体的研究，在某种程度上有效地避免中间效用劳动创造的盲目性或是说不适度性，充分发挥宏观调控的能动性和理论指导的作用。并且尽可能在科学理论上对中间效用的控制方法做出一般性的认识。第七章论述了短缺中间效用对社会经济的影响，包括实体经济短缺中间效用的影响和短缺虚拟经济中间效用的影响，进一步阐释了中间效用服务于市场经济的社会作用。第八章深入地论述了盲目地扩张中间效用的危害性，包括实体经济盲目扩张中间效用的危害性和虚拟经济盲目扩张中间效用的危害性，从现代经济学创新研究的角度，尤其强调在现代市场经济中必须高度重视盲目扩张中间效用产生的危害性问题。

第六部分包括研究对中间效用创造实施行业管理的第九章和政府管理的第十章。关于行业管理，指出实行行业管理的依据是行业产权。明确产权不同于所有权，所有权是财产权，而产权是利益权。因而，行业产权是维护行业利益的权利。行业不同于企业，并不是归属谁所有的，但是，有行业利益的存在，就有行业产权的存在。行业产权代表的是行业的整体利益，这种产权也是具有集合性的公共产权，不是可以分散给行业内的各个企业的，而是相对于行业的存在而存在的。为此，举例说明了行业协会进行行业管理的具体工作。一个例子是讲河南省商业行业协会的具体工作。再一个例子是讲中国银行业协会的具体工作。还有就是在介绍了美国证券业行业管理情况之后讲述了中国证券业协会对中国证券业进行行业管理的具体工作。关于政府管理，先是讨论了政府的社会经济管理职责，包括宏观调控和微观规制职责；政府与市场关系，阐明各级政府都是市场经济中不可或缺的市场主体；政府管理的社会经济人假设基础问题，指出社会经济人具有的十大理性基点是政府管理的认识前提和客观依据。然后，根据实体经济与虚拟经济两大领域的不同情况，从中国现实经济实际出发，具体分析了在现代市场经济条件下政府应对中间效用创造实施的有效管理以及不同于行业管理的依法实施的政府管理的重要性。

第七部分阐述了现实经济中有关中间效用创造的两个具体的重大问题，包括第十一章分析2008年国际金融危机的爆发原因及应汲取的教训和第十二章提出的必须取缔世界军火贸易的呼吁。第一，回顾了由2007年美国次贷危机引起的2008年国际金融危机的全过程，阐明在实体经济范围内，行业的管理和政府的管理必须对银行等金融机构创造的中间效用实施有力的管控，不能允许银行等创造中间效用的行业或部门无视中间效用适度性的要求，自行其是违规扩大业务导致整个国民经济遭受损失。这是从美国发生的次贷危机中，必须认真汲取的基本教训。再有，如果美国的次级住房按揭贷款没有进行负债资产的证券化，即没有转化成面向全世界投资者出售的金融衍生品，那么，即使美国发生次贷危机，这个次贷危机也不会引爆国际金融危机。而正是由于美国的次级按揭贷款被转化成向全世界出售的金融衍生品，美国将自身的金融风险早就转嫁到了全世界，所以，才在美国房地产市场出现问题之后，将美国的次贷危机发展衍化成了一场席卷全球的国际金融危机。总之，对于虚拟经济领域的行业的管理和政府的管理必须严格管控中间效用创造，必须始终保持虚拟经济的中间效用创造符合客观的适度性要求，绝不能允许在这一领域出现中间效用创造的疯狂扩张。这正是应从2008年国际金融危机中，必须认真汲取的基本教训。最后明确指出，由于金融衍生品市场的存在，在21世纪，人类社会还很难完全避免国际金融危机的发生。第二，从现代经济学研究中间效用理论的角度，指出现代战争的发展已经威胁到人类的生存延续，呼吁必须尽快取缔世界军火贸易，以此作为人类社会消灭战争的起点。说明世界军火贸易这种变态的中间效用创造具有极大的危害性，不存在市场适度性要求，而是其存在本身不论多少都注定会对人类社会的安定和平造成威胁。而在取缔世界军火贸易之后，则需要研究如何进行产业结构调整，以保证不再进行军火贸易的军工产业工人的可转业工作和国民经济的可持续顺利发展。

第八部分是结束语。做全书总结，再次强调现时代推进经济学基础理论研究中的效用理论和中间效用理论研究的重要性。阐明在现实的网络经济时代，社会需要对中间效用的创造实施严格的管控，不论是对于实体经济的中间效用创造还是对于虚拟经济的中间效用创造，都需要社会理性赋予高度的关注，都需要在国民经济的运行中保持必要的适度性。最后特别指出，在现代经济中不论是出现黑天鹅事件还是出现灰犀牛事件，实质都是经济学基础理论研究不能有效发挥作用、不能准确认识经济现实的具体实证。如果缺少对终点效用与中间效用的划分，依旧笼统地讲追求效用最大化，没有明确的中间效用只能保持适度性的原则意识，那么，人们自然就会对实体经济或虚拟经济领域的中间效用的一再扩张视而不见或无动于衷，直至实体经济或虚拟经济领域的中间效用的扩张演变为可怕的灰犀牛冲过来，让社会不得不承受其后果。所以，作为经济学的基础理论研究，效用理论和中间效用理论的研究是现代经济学创新与发展研究中的一个必要和重要的组成部分。这方面的研究有助于网络化时代高度发达的现代市场经济走向和谐。

序

进入 21 世纪之后，不论在哪一个国家或地区，经济的运行和发展都是更加复杂化了。这是自新技术革命以来一直呈现出的趋势，只是近年来这种趋势越来越明显，同时也带来了越来越多的经济问题，需要给予研究。因此，仅就目前而言，有关世界经济的研究涉及增长问题、汇率问题、反贸易保护问题、难民救助问题、解决贫困问题等重大的现实问题。这些问题都是世界货币基金组织、世界银行和世界贸易组织等国际机构必须认真对待和投入力量研究的问题。此外，这些国际机构以及一些国家或地区的研究机构还要对 2008 年国际金融危机爆发以来的每一年的世界经济形势进行分析评判，对危机造成的长期和近期的影响进行细致的评估。在中国，进入 21 世纪之后要研究的现实经济问题是相当多、相当复杂和具有中国特色的，每年要召开一次研究部署下一年经济工作的中央经济工作会议。据报道：2016 年中央经济工作会议于 12 月 14 日至 16 日在北京举行。会议全面部署了 2017 年经济工作，明确要继续深化供给侧结构性改革，提出八个主要方面的要求。一是对于房地产领域要加快研究建立符合国情、适应市场规律的基础性制度和长效机制，既抑制房地产泡沫，又防止出现大起大落。二是要推动养老保险制度改革，加快出台养老保险制度改革方案。三是要在减税、降费、降低要素成本上加大工作力度。要降低各类交易成本特别是制度性交易成本，减少审批环节，降低各类中介评估费用，降低企业用能成本，降低物流成本，提高劳动力市场灵活性，推动企业眼睛向内降本增效。四是要把去库存和促进人口城镇化结合起来，提高三、四线城市和特大城市间基础设施的互联互通，提高三、四线城市教育、医疗等公共服务水平，增强对农业转移人口的吸引力。五是要在增强汇率弹性的同时，保持人民币汇率在合理均衡水平上的基本稳定。六是要深化农村产权制度改革，明晰农村集体产权归属，赋予农民更加充分的财产权利。统筹推进农村土地征收、集体经营性建设用地入市、宅基地制度改革试点。广辟农民增收致富门路。七是要更有力、更扎实地推进脱贫攻坚各项工作，集中力量攻克薄弱环节，把功夫用到帮助贫困群众解决实际问题上，推动精准扶贫、精准脱贫各项政策措施落地生根。八是要加强产权保护制度建设，抓紧编纂民法典，加强对各种所有制组织和自然人财产权的保护。

现实经济问题的研究是十分重要的。无论是对于国际机构来说还是对于各个国家或地区来说，必须解决好每一个现实经济问题，尤其是必须慎重地解决好每一个重大的现实经济问题。而若要解决好现实经济问题，那就必须投入力量切实地研究好每一个现实经济问题。世界经济面临的现实问题都是迫切需要研究和解决的问题。中国在 2017 年需要完成的八个主要方面的经济工作，每一项都需要给予认真细致的研究，为最终完成工作任务奠定扎实的基础。然而，尽管现实问题的研究刻不容缓，意义重大，必须高度重视和全力以赴，但是，对于经济学界来说，除去要做好有关现实经济问题的研究之外，还必须在更高的层面上做好经济理论的研究，尤其是经济基础理论的研究。经济基础理论代表了人类对于自身经济生活的最概括的理性认识，是经济学学科发展的标志，也是指导现实经济工作的最重要的工具。进入 21 世纪之后，面对 2008 年遭遇的国际金融危机，现代经济学界应该比以往任何时期都更加重视经济理论和经济基础理论的研究。本书所要研究探讨的中间效用理论就属于现代经济学研究的经济基础理论的组成部分。

中间效用理论的研究起自社会科学文献出版社 2005 年出版的《劳动效用论》。此部著作最早提出了中间效用范畴，并在第三篇专门研究了中间效用与终点效用的划分问题，指出：劳动成果的效用是供人类生存使用的。终点效用分为两个基本方面：生活中的终点效用和生产中的终点效用。以往对生活终点效用与生产终点效用都有一定的研究，却只是没有区分中间效用与终点效用的不同。也就是说，自政治经济学创立，至今尚未确定中间效用范畴，已有的研究是将所有的供人们使用的效用在潜意识中统统列为终点效用。这是相对于复杂的经济现实，政治经济学的研究还相对简单的一个表现方面。因而，研究的推进就要求，在区分生产消费品效用与生活消费品效用基础上，还要再对消费效用做出中间效用与终点效用的区分。理论的研究不能标新立异，任何经济范畴的提出只能源于客观实际。现代经济学的发展，从某种意义上讲，就是要使自身学科能够对复杂的经济现实的认识逐步地复杂起来，不断地扩大对复杂事物认识的新范畴。现代经济具有的复杂性是不必论证的，如果现代经济学研究还不能有效地驾驭所要认识的现实复杂性，那只能说现在这门学科的发展还停留在起步的阶段。因而，提出新的中间效用范畴，在理论上对效用范畴进行新的研究，准确地区分中间效用与终点效用的不同以及高度重视中间效用理论的研究，是推进现代经济学基础理论研究的一个重要方面。

在已有研究的基础上，本书将接续进行中间效用理论研究，更进一步地全面展开对中间效用范畴的经济学分析，更深刻地阐述区分中间效用与终点效用的经济学意义，以更好地应用这一理论于已经高度发达的网络经济时代的社会现实需要的经济学分析之中。

本书是对系统的中间效用理论的初步研究，难免存在不妥之处，还望学界同仁们给予批评指正。

本书的出版得到中国社会科学院离退休人员学术出版资助，在此特向有关部门的领导和同志们表示衷心的感谢！

钱　津
于中国社会科学院经济研究所

目　录
CONTENTS

导论　现代经济学需要开创性研究

人类对于自身的认识包括对于自身各个方面的认识，其中一个重要的也是基础的方面就是对于自身经济生活的认识，古时的这方面认识散见于历朝历代志士仁人的著述之中，而现代则集中体现在经济学的研究之中。现代经济学的研究对于推进现代社会的发展是必不可少的，因此，在现代人类需要的对于自身的认识提升中，对于现代经济学的研究是赋予重任的，现代经济学界的研究人员必须跟上时代前进的步伐负责任地担负起这一重任。

一　新的时代已经到来

现代人类已经生活在新的时代和新的生活方式之下。这个新的时代和新的生活方式就是由新技术革命开创的当今时代和现代人们已经熟悉的生活方式。现代经济学的研究必须明确这一点，必须满足新的时代和新的生活方式对于经济学研究的需要。

20世纪中叶爆发的新技术革命，是在20世纪自然科学理论重大突破的基础上产生的改变人类社会生活方式的一场大革命。目前，国际上公认的高新技术领域，包括信息技术、生物技术、新材料技术、新能源技术、空间技术和海洋技术等都是起自新技术革命。新技术革命开创了人类社会的新的时代和新的生活方式是因为推进了人类劳动工具的创新，使得人类能够在与自然更好地交流的水平上生存。

在新技术革命之前，人类所有的劳动工具几乎都是延展肢体作用的，汽锤延展了人的臂力，牛车、马车、汽车、火车，还有飞机，都是延展了人的脚力，车床、刨床、铣床、磨床等是将人手的作用发挥到极致，万吨水压机力大无比也是在延展人的肢体作用。在新技术革命中，出现了延展脑力作用的劳动工具，这就是电子计算机的出现，或者说，就是出现了电脑。除算盘外，电脑与人类以前所有的劳动工具都不同，这种劳动工具是以延展脑力作用为主的，这种劳动工具的出现使人类劳动的发展进入一个新阶段，使人类社会的发展进入一个新时代，使得现代人类的生活方式发生了根本性的改变。

在农耕时代，四体不勤、五谷不分，是很可耻的，或者说，简直就是社会的废人，百无一用。那时的人类劳动主要是体力劳动，劳动工具主要是延展肢体作用的劳动工具，人们从事的劳动主要是农业劳动，所以，缺少农业劳动实践不仅仅表示农业劳动的技能不够，而且说明与社会不能相容。然而，到了现时代，如果一个人不能熟练地使用电脑，那他也就同过去五谷不分的人一样，与这个飞跃发展的社会几乎不能相容。其实，在现时代，已经超过劳动年龄的老年人或者接近退休年龄的人中，也有很多的人学习和掌握了电脑知识，可以熟练地运用电脑工作或学习、娱乐。所以，现时代的年轻人，如果不懂得电脑、不会用电脑，那就一定是等同于古代社会"五谷不分"的人了，也就是说，在新技术革命之后，所有的劳动者都需要掌握电脑这种新的劳动工具。

在现在这个新的时代，电脑是人类经济生活中最主要的劳动工具，是人类劳动高度发展的标志。由于人类劳动的发展已从使用延展肢体作用的劳动工具为主转化为使用延展脑力作用的劳动工具为主，更大生产力的实现是以劳动工具的转换为基本的物质条件。因而，在现代社会，创造电脑、更新电脑和使用电脑进行创造性劳动的人是现代社会的科技精英，他们的劳动是这个时代的高科技复杂劳动，是社会财富创造的最大源泉。普通的劳动者是没有他们那样大的创造力的，而他们的创造力一方面来自天才的头脑，另一方面源自他们对于电脑这种劳动工具的使用。电脑可以帮助这些复杂劳动者将人类的智能潜力充分地挖掘出来，并且现实地转换成社会生产力。这可不是一般地玩玩电脑游戏或只会使用电脑打字的人所能理解的。在现代经济学的研究中，必须明确电脑是当今社会最先进最重要的劳动工具，电脑创造了人类劳动新的复杂程度，电脑开创了人类社会新的时代和新的生活方式。

更重要的是，在新技术革命之后，自然科学的发展不仅打破了人类在地球上的生存空间的封闭性，而且依据计算机技术构建了新的网络经济发展空间，将全世界各个国家或地区的经济社会发展前所未有地紧密地连接在一起。互联网的发达已经冲击到所有的产业，包括所有的传统产业和新兴产业，使得各个国家或地区的国民经济无一例外地进入互联网时代，开启了完全不同于新技术革命之前的经济运行模式，并带来了众多的新出现的社会经济管理的重大问题。而且，由于计算机技术的高度发达与普及以及互联网的力量和作用几乎是无所不能无所不在，互联网金融异军突起，向传统的金融服务方式发起了严峻挑战。由此趋势的发展，似乎各个国家货币的电子化实现，已经可以看到由未来驶近的船帆。并且，社会经济发展的实际表明，现代人类的生活已经开始智能化了，或是说，已经进入了智能化的生活时代。不仅电脑、手机是智能化的，其他各种生活用品和生活服务也都智能化了，购买全球旅行的飞机票和购买去往各地的火车票都是非常方便的，因为所有的售票系统都已经实现了智能化售票，打开电脑并连接网络银行就可以购买旅行全程需要的机票或火车票，甚至还可以买到短途旅行需要的汽车票。机器人进入人类的经济生活也是指日可待的，好像从智能电视的普及到家用机器人的普及，已经没有太远的距离了。现在是谁的家里有机器人很稀罕，而用不了多久时间就是谁家里没有机器人会很稀罕。这样的生活是新技术革命之前的人们根本无法想象的，却是生活在新时代的现代人类已经获得或即将获得的实实在在的享受。因而，现代经济学的研究尤其是理论问题的研究必须跟上这个高度发展变化的网络经济新时代。

二　新时代危机的挑战

肩负重任的现代经济学研究要跟上当今新的时代，就需要随着时代的发展而发展，随着时代的变化而创新，不能停留在传统的经济学认识水平上，止步不前。经济学是对社会经济生活的反映，社会经济生活发展变化了，经济学的研究就必须做出新的反映。

然而，在新技术革命大大地推进了社会生产力发展之后，进入了21世纪，在2008年却爆发了一场席卷全球的国际金融危机。这一次造成许多国家或地区严重经济损失的凶猛危机其实也是现代经济学的危机，对于现代经济学的研究跟不上新时代的发展要求提出了严峻的挑战。以下仅简略地提出现代经济学迎接挑战需要理论创新的若干主要方面。

1. 对经济人假设的挑战与创新

2008年国际金融危机的爆发表明，现代经济学的经济人假设是于学理不通的，存在着无可争辩的内在缺憾。由于人是具有社会性的，因而，作为经济学研究假设前提的经济人，不能只表示个体经济人，还必须有对社会经济人的假设抽象。缺失社会经济人假设的经济学研究只能从社会经济中的个体出发分析和探讨人类的经济行为，在宏观经济领域的研究是难以展开的，迄今为止现代经济学的宏观经济理论仍只是局限于解释经济个体之间的利益之争，没有能够体现出更高层次上的对社会整体利益的理性思考和自觉维护。因此，自觉地深化经济人假设研究，增加社会经济人假设，必将成为推动21世纪现代经济学理论创新的一个制高点。

2. 对经济学研究范围的挑战与创新

截至目前，有关虚拟经济的研究成果还未能进入高等教育的本科教材，而2008年国际金融危机的爆发表明，现代经济学的基础理论研究只局限于实体经济领域已经成为对于现实认识的障碍。因此，现代经济学迎接挑战，必须从基础上扩大研究领域，既要研究实体经济在整体国民经济中的作用，又要研究虚拟经济对国民经济运行的影响。而且，对虚拟经济的研究需要科学地认识其内涵，需要紧密地联系现代市场经济的实际。当前，现代经济学的基础理论研究创新迫切需要进入现代市场经济条件下的国民经济宏观运行和宏观调控的层面加深对虚拟经济的理解和认识。

3. 对政府与市场关系认识的挑战与创新

一种普遍的错误认识是，市场经济就是不要政府介入，就是自由主义经济，在市场经济中政府要全部退出，远离市场。一说到市场经济的建设，有一种观点就是强调政府退出市场的效果如何，政府还应当怎样继续退出市场。这种观点对于政府与市场关系的概括性认识，那就是说市场经济属于一种没有政府作用在内的经济状态。然而，通过各国政府应对 2008 年国际金融危机，已经给予这种认识彻底的打击。人们看到的是，在世界各地，每一个国家或地区，都是政府在积极地救市，政府不但没有退出，而且是正在发挥着不可替代的重要作用。现代经济学迎接新时代的挑战，必须重新研究市场经济的本质和运行，从客观要求的政府与市场的关系出发，创新地确定每一个国家或地区的各级政府作为不可或缺的市场主体在现代复杂的市场经济中的统领地位。

4. 对信用理论的挑战与创新

2008 年国际金融危机表现为现代社会的信用关系高度发展之中突然出现全球失控的一种严峻局面。这表明，现代经济学的信用理论的研究并没有跟上现代社会的信用关系的发展。因此，在新的时代，对于现代经济学的信用理论研究也是一个严峻的挑战。在全球经济陷入危境时，政府信用是政府救市的手段。从现代经济学的研究来看，需要进一步探讨的是，随着现代市场经济的复杂性的提高，政府信用的重要性越发明显，利用政府信用实施政府的宏观调控，不仅是在危急之中，而且更要贯穿于日常的国民经济运行之中。这也就是说，2008 年国际金融危机开创了一个先例，使得政府信用普遍地应用于国民经济的宏观调控之中，使政府信用的重要性更为提升并随着新时代发展而相应做出现代经济学理论研究的创新。

5. 对金融衍生品市场研究的挑战与创新

在面对由于世界金融衍生品交易过于活跃而爆发的国际金融危机之时，现代经济学对于金融衍生品市场的发展应给予更深刻的理论研究，应当明确，在现代复杂的市场经济条件下，必须坚决遏制金融衍生品市场泛滥，有效地把持金融衍生品市场的扩展度，即必须高度理性地遏制金融衍生品市场交易发展的绝对尺度。在社会经济实践中，这一尺度的运作，需要具体化地斟酌。创新的研究表明，在 2008 年国际金融危机之后，在世界上各个开放了金融衍生品市场的国家或地区，都需要高度理性地遏制金融衍生品的交易，不要使其市场再次发展到极端疯狂的程度。即使在现时代还做不到永远地告别金融危机，也绝不要频频发生全球金融危机这样的灾难。在新的经济理论指导下，不论是哪一个国家或地区，都要对具体化地理性遏制金融衍生市场竭尽全力。

6. 对宏观调控理论的挑战与创新

传统的宏观调控只是针对实体经济运行的货币总量控制，并不直接涉及虚拟经济领域。因此，由虚拟经济疯狂引起的国际金融危机无疑对传统的宏观调控理论提出了不容回避的重大挑战。从理论上讲，迎接挑战必须建立新的虚实一体化的宏观调控体系，而且其中最重要的是建立对虚拟经济的资本市场进行直接调控的机制。通过2008年国际金融危机，现代经济学的研究需要认识到，国家在宏观上不干预股票市场，股票市场就要在宏观上影响国民经济的正常运行。国家在宏观上不干预金融衍生品市场，金融衍生品市场的泛滥就可能造成国民经济的严重危机。也就是说，在宏观上不干预虚拟经济，虚拟经济就要影响国民经济。在现代如此高度发达的社会，政府必须在宏观上直接调控资本市场，不能任由各类资本市场兴风作浪，为所欲为。在火箭升天由于一个小小的密封圈损坏就可能酿成大祸的时代，社会对于成千上万亿资金的市场虚拟交易任凭自发，只设规矩，不求控制，是社会理性严重不到位的表现，是现代经济学研究严重落后于自然科学发展的事实，也是现代经济学研究必须给予创新的基础要求。

三 创新需要从基础起步

对以上方面经济理论挑战与创新的分析表明，在现代经济学的理论和基础理论研究方面，创新还是严重不足的，实际存在的惰性还是很大的，说明现代经济学在理论和基础理论的研究方面跟上新时代的发展要求并不是一件容易的事情。尽管如此，就目前来说，现代经济学界还是需要竭尽全力推进创新的理论和基础理论研究，推动学科的发展大步前进。而且，这种推进应当从基础做起，扎扎实实地从基础理论的研究方面取得开创性的进展，以为整个学科的研究创新奠定牢固的基础。对此，当前的研究至少应从以下四个最基础的理论研究创新起步。

1. 劳动理论的创新

劳动是经济学研究的最基础范畴，是经济学的研究基点。劳动理论是经济学研究的最基础理论。在《资本论》第一卷第五章，马克思对于劳动范畴做了一个高度概括性的定义式的阐述："劳动首先是人和自然之间的过程，是人以自身的活动来引起、调整和控制人和自然之间的物质变换的过程。"[①] 这一定义表明，劳动是一种过程，凡是劳动都必定有一个过程，不论过程的长短，都是一定要有过程的，即劳动等同于劳动过程；劳动的过程是人与自然之间的过程，不能没有作为劳动主体的人，也不能没有作为劳动客体的自然（包括人化自然和人的自然化），劳动必定是劳动主体与劳动客体的统一，任何劳动（具体劳动和抽象劳动）都是具有整体性的，即都是劳动主体和劳动客体统一发挥劳动整体作用，任何劳动成果都是在劳动整体作用下取得的。在 21 世纪的今天，受马克思的劳动整体性理论思想的启示，现代经济学的研究需要自基点起步创新，建造新的理论大厦，跟上时代发展需要的步伐，不再以完全主体化的劳动范畴为研究基点。除此之外，即在确认科学的劳动范畴具有整体性，是劳动主体与劳动客体的统一之外，还要全面创新拓展对于劳动范畴和劳动理论的认识。一是认识劳动的常态性。确认自人类劳动起源以来，历史与现实的劳动都是带有一定的动物性的常态劳动。常态劳动是正态劳动与变态劳动的统一。正态劳动是人与自然之间进行生产交流的活动，是真正的人的本质的体现，是为人类获取物质生存资料和文明的社会生存条件而形成的人与自然的对抗。而变态劳动则是动物的求生方式在人类社会的延续，变态劳动分为暴力性的军事变态劳动与寄生性的剥削变态劳动。二是认识劳动的有益性。这是指研究生产劳动与非生产劳动的问题。当年，马克思对亚当·斯密的生产劳动与非生产劳动理论进行了一系列的批判，并且原计划以生产劳动为核心范畴进行政治经济学研究，其认识成果主要见于《资本论》以及《剩余价

---

① 〔德〕马克思：《资本论》（第一卷），人民出版社，1975，第 201、202 页。

值学说史》等著作。在马克思之后，关于这一问题的研究情况更为复杂了，至今未能形成一致意见。而创新的研究指出：生产劳动范畴所讲的生产，实质上指的是对社会的生存和发展所起的有益作用性。生产劳动即是对社会的生存和发展具有有益作用性的劳动。有益的益，并非泛指任何有益性，而是特指对社会生存和发展的有益性。因而，对社会的生存和发展起不到有益作用性的劳动，即使在社会经济生活的其他方面具有有益性，也是非生产劳动。明确界定这种劳动有益性的含义，应是 21 世纪现代经济学研究生产劳动理论的根本性创新与现实性的突破。三是认识劳动的复杂性。劳动发展的复杂化程度决定社会经济发展的水平。需要明确的是，简单劳动与复杂劳动并不等同于非熟练劳动与熟练劳动。复杂劳动的发展，一方面扩展了人类的生活内容和生活水平，表现出人类社会进步的趋势；另一方面又刺激了更多更高的对自身发展的向往和追求。具有整体性的劳动内在的人与自然关系的发展趋势更加鲜明地体现在复杂劳动的发展上，人与人化自然关系的发展趋势体现为复杂物质劳动的发展趋势，人与人的自然化的发展趋势体现为复杂精神劳动的发展趋势。这两个方面的复杂劳动的发展分别满足社会物质生活和社会精神生活的需要，反映人类社会生存的客观发展要求，是人类劳动内部矛盾发展推动人类劳动发展的外在的集中体现。四是认识劳动的发展性。创新的研究指出：认识劳动的发展性，必须深入认识历史与现实的人类劳动的内在矛盾发展，即认识人类劳动内在的主客体作用关系之间的矛盾变化。这就是说，人类社会的发展是由人类劳动内部矛盾的发展决定的。政治经济学的基础理论研究不能用商品经济发展的程度来解释社会经济的变迁，不能用外在的人与人的关系来认识社会经济形态的变化。在认识的创新中，理论研究的深刻性必须表现在以人类劳动的内部矛盾发展变化反映的人与自然的关系变化来阐释人类社会的历史发展进程。总之，劳动理论蕴含着人类经济生活无比丰富绚丽的生动性，需要现代经济学给予更进一步地深入系统的研究创新。

2. 价值理论的创新

传统的价值论是劳动主体价值论，在坚持和发展劳动价值论的前提下，创新的科学的价值理论应是劳动整体价值论。这种创新的核心就在于对

"劳动"范畴的认识创新。在新的历史条件下，需要重新认识劳动和劳动价值。劳动具有整体性是马克思的基本思想，是马克思留给后人的最重要的学术遗产。从劳动主体价值论创新发展到劳动整体价值论，正是对马克思劳动整体性理论思想的坚持和继承。进一步讲，劳动具有整体性，既是马克思最先做出的科学认识，更是人类劳动客观存在的基本事实。从价值创造的角度讲，传统的价值理论中认为全部价值源于劳动主体的创造，劳动客体不起任何作用；而创新的价值理论依据劳动的整体性，指出价值的创造必然是劳动整体作用的结果，而不仅仅是劳动主体发挥作用，必定包括劳动客体作用在内，也就是说，劳动创造价值的作用必然是劳动整体的作用。从价值归属的角度讲，传统的价值理论认为价值应全部归属劳动主体，而创新的劳动整体价值论同样强调价值只能向劳动主体归属。由于传统的价值理论坚持只能向主体归属价值的思想是其理论的核心思想宗旨，所以，创新的劳动价值论实质上是对传统的劳动价值论最好的坚持和发展。也就是说，价值是劳动整体创造的，但只向劳动主体归属，是劳动整体价值论的基本思想表述，这与传统的劳动价值论所讲述的价值是劳动主体创造的并向劳动主体归属是有重大区别的，但承认价值是整体创造的基本思想来源于对马克思提出的劳动整体性认识，更是符合最普遍存在的客观事实的基本认识。科学的现代经济学研究进展必然要求劳动价值论由劳动主体价值论走向劳动整体价值论。或者说，只有劳动整体价值论才是科学的劳动价值论。由只承认劳动主体创造价值到确认劳动整体创造价值，这体现了现代经济学的价值理论研究的创新发展要求。

3. 价格理论的创新

现代市场经济已经高度复杂了。传统的价格理论认识已经跟不上市场高度发展的现实。人们看到的事实是，2008 年爆发国际金融危机的直接原因是美国发生了次贷危机，造成美国次贷危机的直接原因是美国房地产市场价格的跌落。因而，通过这一次在 21 世纪发生的国际金融危机，现代经济学的研究必须创新，必须明确认识到，在新时代，对于市场经济中的价格刚性原则需要给予高度重视。在现代市场经济条件下，维护价格刚性，就是维护币值稳定，就是维护国民经济的正常运行秩序；因为币值的稳定直接关系到金融的稳定，而一个国家或地区的金融稳定，必定是保持国民经济良好运行秩序的基本条件。事实上，在 2008 年国际金融危机爆发之前，美国的房地产价格一下落，美国的金融就无法承受了，直至引发美国次贷危机，然后祸及全球，形成了全球性的金融风暴。在这其中存在着一个由货币传导的内在机制。非常明确的一点就是，如果美国的房地产价格不下落，那么美国的次级贷也就没有问题，美国撒向全球的次级债就可能不会给全世界造成那么大灾难。所以，如果当初经济学界能够明确地指出这一点，美国政府能够有效地制止房地产价格大幅下落，美国就依然能够继续推行它的让人人拥有自己房屋的计划，也不会给全世界带来经济高度发达时代的金融危机。所以，创新价格理论的研究是时代发展的需要，现代经济学界不仅要高度重视对于价格刚性理论的研究，而且更需要根据社会经济发展的更为复杂的市场现实将至今尚未取得一致认识的价格形成理论的研究向前推进，做出超越传统的对于价格范畴高度概括的新的科学认识。

4. 货币理论的创新

传统的货币理论是实体性货币理论，因而，面对 21 世纪人类社会经济高度发展的现实，客观要求现代经济学的研究必须尽快建立新的虚拟性货币理论。因为自 20 世纪 70 年代布雷顿森林体系崩溃之后，人类社会经济的发展就进入了以使用虚拟性货币为主的新的历史时期，相应需要新的虚拟性货币理论，不能再依旧停留在传统的实体性货币理论的认识阶段。现实告诉人们，虚拟性货币不同于实体性货币，实体性货币本身是一种具有相对购买力价值的货币，实体性货币的自身价值是充当一般等价物的价值，而虚拟性货币本身是不具有相对购买力价值的货币，虚拟性货币的自身价值仅是自身的制作费用，因而，严格地讲，虚拟性货币已不是充当一般等价物的特殊商品，而仅仅是现代社会经济中充当一般等价物的信用工具。现时代货币由实体性的转化为虚拟性的，经历了货币的虚拟化过程，已成为现代经济的一个最为突出的特征，这无疑需要现代经济学货币理论研究给予深入的探讨和认识的创新。相应之下，在这方面，现代经济学的研究未能跟上时代发展的表现是十分突出的。现在的情况是，虚拟性货币早已经产生，已成为现代社会普遍使用的市场通用货币，而各个国家或地区的政府有关机构仍然还是以实体性货币理论的要求来认识和匡正虚拟性货币的运行。这必然造成很多的认识扭曲和政策失误，引起不必要的误解和混乱，难以将金融的创新和发展导向正轨。所以，现时代的社会迫切需要的是，现代经济学的研究必须尽快创新和完善虚拟性货币理论。

四　开创性的效用理论研究

劳动理论、价值理论、价格理论以及货币理论都是经济学的基石，即经济学必须研究的基础理论。以上对于劳动理论、价值理论、价格理论以及货币理论的阐述强调了这四个方面在新的时代创新认识的必要性，阐明这四个方面的研究创新对于推进现代经济学研究创新的基础性和重要性。这四个方面的研究创新都属于现代经济学的开创性研究，体现了现代经济学的创新必须大力推进开创性研究的基本面。当然，必须进行理论创新的现代经济学的开创性研究还需要涉及经济学研究的各个方面，即现代经济学在各个方面都需要进行开创性研究。这其中就包括还需要进行基础性的效用理论方面的开创性研究。

在传统的经济理论中，对于效用的研究是基础性的，也是没有展开深入研究的，留下的是并不清楚的对于效用范畴的界定，并且只是在这种前提下做出了基数效用与序数效用的区分，对于效用的研究最重要的是确定总效用与边际效用的存在以及对于边际效用递减规律的认识。

在传统理论看来，既然效用是指对于消费者通过消费或者享受闲暇等使自己的需求、欲望等得到的满足的一个度量，那么，这种度量就可以区分为基数效用与序数效用。

传统的以消费者心理感受为界定的基数效用就是指按1、2、3等基数来衡量效用的大小，这是一种按绝对数衡量效用的方法，这种基数效用分析方法为边际效用分析方法。

传统的以消费者心理感受为界定的序数效用就是指按第一、第二、第三等序数来反映效用的序数或等级，这是一种按偏好程度进行排列顺序的方法。序数效用采用的是无差异曲线分析法。

传统的以消费者心理感受为界定的总效用就是指消费者在一定时期内，消费一种或几种商品所获得的效用总和。同样，传统的以消费者心理感受为界定的边际效用就是指消费者在一定时间内增加单位商品所引起的总效用的增加量。因而，传统理论认为总效用与边际效用的关系是：当边际效用为正数时，总效用是增加的；当边际效用为零时，总效用达到最大；当边际效用为负数时，总效用减少；总效用是边际效用之和。

在以往的效用理论研究中，最为重要的是，传统理论提出了边际效用递减规律和需求定理。传统理论认为：边际效用递减规律就是指在一定时间内，在其他商品的消费数量保持不变的条件下，随着消费者对某种商品消费量的增加，消费者从该商品连续增加的每一消费单位中所得到的效用增量即边际效用是递减的。边际效用递减规律决定需求定理：需求量和价格成反方向变化。因为消费者购买商品是为了取得效用，对边际效用大的商品，消费者就愿意支付较高价格，即消费者购买商品支付价格以边际效用为标准。按边际效用递减规律：购买商品越多，边际效用越小，商品价格越低；反之，购买商品越少，边际效用越大，商品价格越高。因此，商品需求量与价格成反方向变化，这就是需求定理。

边际效用分析方法属于基数效用的分析方法，在传统效用理论的研究历史中，还有使用序数效用做分析的无差异曲线分析方法。在 19 世纪和 20 世纪初，经济学界普遍使用基数效用的分析方法，而到了 20 世纪 30 年代，用序数效用做分析的无差异曲线分析方法又被经济学界普遍接受。现在，这两种分析方法都收录在经济学教科书中，但又都不能用于指导实践，因而，这使得传统的效用理论几乎丧失了活力。从 21 世纪的实际来看，传统理论在这一方面的研究仅仅能反映简单商品经济的情况，不要说对于高度发达的市场经济是不够用的，就是对于高度发达的商品经济的适应性也是差得很多的。现代经济学不能将科学的研究置于主观的心理感受之上。传统的效用研究甚至一度认为效用是个人快乐的数学测度，这只能是在经济学学科创立初期才会出现的情况，在 21 世纪的经济理论研究中是绝对不允许以这样的态度对待经济科学研究的。

现在看来，在 21 世纪，基于以前的研究成果，对于效用理论还需要做进一步的开创性研究。一是 2008 年国际金融危机的爆发对于现代经济学的研究提出了全面的挑战，其中就包括对于现有的效用理论不足以认识复杂的经济运行实际情况的挑战，应对这一挑战，经济基础理论包括效用理论在内必须进一步加深研究，尤其是需要进一步加深对于互联网时代的效用理论研究。二是新型工业化的实践表明在新技术革命之后人类社会的产业结构和生活方式都发生了重大变化，反映社会生产消费和生活消费构成的效用理论必须相应提高认识的高度和精度，不能仅仅停留在对各种效用的内部性和外部性区分的认识水平上，必须对效用范畴展开进一步的深入研究，必须对非理性的效用创造和效用优化问题展开更深入的学科分析。三是现代战争的频仍与升级，以及全球恐怖主义猖獗造成的人世间苦难，迫切需要从人类必须保持生存延续的角度，全方位地深入现实生活之中展开对于效用理论的新的开创性研究。鉴于效用是经济学研究的基础范畴，是对于人类劳动成果作用的社会性评价，因此，在当今的网络经济时代，继续开创性地深入研究效用理论进而更精细地研究现代市场经济中的不同效用的区分，必将有力地带动和推进现代经济学的基础理论研究创新发展。

第一章　效用的界定

对效用的界定是效用理论研究的起点。长期以来，作为经济学研究的基础范畴，有很多的研究者是延续学科初创的认识，将效用范畴界定为消费者通过消费或者享受闲暇等使自己的需求、欲望等得到的满足的一个度量，即是一个主观心理决定的范畴。这样的界定实际上是对于经济学学科的科学性挑战，因此，在21世纪，现代经济学的研究必须回归客观性的立场，从反映客观经济实际出发，依据经济学的最基础范畴——劳动，对效用范畴进行客观性的科学界定，并据此展开效用理论包括中间效用理论的创新研究。

一　劳动与效用

同对所有的经济学范畴的界定一样，效用范畴也不能是依据经济学家的主观想象界定的，而必然是要依据对于客观经济实际的认识做出的。从基础上讲，经济学研究的客观实际就是人类劳动发展的实际，任何对于经济学范畴和理论的研究都离不开对于劳动的研究，对于效用范畴的研究和对于效用范畴的界定也是这样的，即离不开对于效用与劳动的关系的研究。

与劳动不同，效用是劳动创造的结果，不是劳动本身。劳动创造的效用是体现在劳动的成果上，即效用是指劳动创造的劳动成果的有用性。事实上，有什么劳动就有什么劳动成果，有什么劳动成果就有什么劳动成果的效用。没有人类劳动的创造，就什么效用也不会有。由于"劳动首先是人和自然之间的过程，是人以自身的活动来引起、调整和控制人和自然之间的物质变换的过程"①。所以，劳动是具有整体性的，劳动是一种过程，凡是劳动都必定有一个过程，不论过程的长短，都是一定要有过程的，即劳动等同于劳动过程；劳动的过程是人与自然之间的过程，不能没有作为劳动主体的人，也不能没有作为劳动客体的自然（包括人化自然和人的自然化），劳动必定是劳动主体与劳动客体的统一，任何劳动（具体劳动和抽象劳动）都是具有整体性的，即都是劳动主体和劳动客体统一发挥劳动整体作用，任何劳动成果都是在劳动整体作用下取得的；劳动的过程是以作为劳动主体的人实施的有目的的过程，这种人以自身的活动来引起、调整和控制人和自然之间的过程，是一种劳动主体与劳动客体之间的物质变换的过程，所以，这一过程既离不开劳动主体的主导，也离不开劳动客体的作用，这种物质变换的过程就是创造劳动成果的过程。因而，劳动成果是劳动创造的，就是说劳动成果是劳动整体创造的，创造劳动成果的劳动整体作用中既有劳动主体的作用也有劳动客体的作用。同样，这也就是说，劳动成果的效用是劳动创造的，即是劳动整体创造的，创造劳动成果效用的劳动整体作用中，既有劳动主体的作用，也有劳动客体的作用。认识效用与劳动的关系，必须首先确认劳动的整体性，并由此厘清劳动成果的效用与劳动整体作用的关系，不能将效用的创造归于单纯的劳动主体作用或单纯的劳动客体作用。

劳动创造的效用与劳动创造的价值不同。虽然价值与效用都是劳动创造的，即都是劳动整体创造的，但是，现代经济学的研究必须明确，价值是劳动作用的凝结，即劳动整体作用的凝结，而效用是指劳动整体创造的劳动成果的有用性。显然，劳动成果的有用性与劳动作用是不同的，因而，效用与价值是不同的经济学范畴。在现代经济学的研究中，不可以将效用与价值混同，更不可以将效用作为价值的衡量尺度。这就是说，在传统的效用理论研究中，曾经产生的效用价值论和边际效用价值论都是不成立的。效用价值论认为，一切物品的价值都来自它们的效用；无用之物，便无价

---

① 〔德〕马克思：《资本论》（第一卷），人民出版社，1975，第201、202页。

值；物品效用在于满足需求；一切物品能满足人类天生的肉体和精神欲望，才成为有用的东西，从而才有价值。边际效用价值论认为，价值量取决于边际效用量，即满足人的最后的亦即最小欲望的那一单位商品的效用，即价值尺度是边际效用。这两种价值论存在的问题都是对劳动作用与劳动成果有用性的混淆，对价值范畴的误解。在这两种价值论中，都是用劳动成果的有用性表示价值，实际就是混同了价值与效用。本来劳动成果的有用性就是效用，就很确切了，而再说这种效用就是价值源泉即价值，就将效用与价值这两个不同的范畴等同了，就搞糊涂了对价值范畴的认识。所以，现代经济学的研究一定要明确价值是创造劳动成果的劳动整体作用的凝结，一定要将表示劳动成果有用性的效用范畴与表示创造劳动成果的劳动整体作用凝结的价值范畴区分开来。

作为经济学研究的基础范畴，效用是劳动成果的自然有用性与社会有用性的统一，即经济学意义上的效用都是自然效用与社会效用的统一，都是市场承认的效用，而非脱离市场、脱离社会经济关系的效用。劳动成果的社会有用性是以劳动成果的自然有用性为基础的，即劳动成果的社会效用是以自然效用为基础的，没有劳动成果的自然有用性，就不会产生任何劳动成果的社会有用性，而没有劳动成果的社会有用性，就不存在经济学意义上的效用范畴，即不属于经济学要研究的劳动成果的有用性了。劳动成果的自然有用性就是劳动成果本身的自然属性，即自然是什么就是什么，比如，劳动成果是黄瓜，那么黄瓜具有的物种的自然品质就是黄瓜的自然有用性；而劳动成果的社会有用性就是社会或者具体说就是市场对劳动成果的自然有用性的承认和评价。有了这样的社会承认和评价，劳动成果的自然有用性才能在人类社会的经济生活中真实地发挥作用，否则，得不到这样的社会承认和评价，对于社会来说，劳动成果的自然有用性是没有发挥作用的，创造这样的劳动成果的劳动是无用劳动，不属于经济学研究的社会有用劳动范畴。所以，现代经济学要研究和界定的效用范畴都必定是既具有自然效用又实现了社会效用的效用范畴，即都必定是自然效用与社会效用相统一的效用范畴。

二 效用不应是主观性范畴

经济学是研究客观经济实际的学科，其基础范畴不能是主观性的。这也就是说，经济学的理论研究不能建立在主观性范畴的基础上。然而，在以往的经济学解释中，效用就是表示一种人的主观"满足"，效用范畴就是指人们消费商品享受到的满足感。这就将效用范畴理解成消费者纯主观心理感受的反应了。也许，如此认识效用范畴，恰恰表明经济学的研究还处于起步阶段。至少，在迄今为止的经济学讨论中，还缺少对于这种主观性范畴界定的批判。准确地讲，当将效用解释成一种满足感时，经济学的研究就已经偏离科学认识的轨道了。不光是对效用范畴，任何将经济学的基础范畴解释为主观性范畴的企图，都必定将经济学的研究引入歧途。

经济学的研究必须符合人类劳动发展的客观实际，脱离了这一客观实际的经济学研究是不科学的，达不到为社会经济生活运行提供科学理论的目的。效用就是人类劳动成果的自然有用性与社会有用性的统一，是一种明确的客观存在，没有任何神秘性可言，更不能任意将其主观化，将其看成一个主观性范畴。以往的研究之所以存在问题，关键在于缺少对于劳动的认识，或者说对于人类劳动的经济学研究严重不足，这是直接导致以往对于效用的认识走偏的理论根源。因而，从对劳动的研究出发，确定效用是指劳动成果的有用性，是劳动成果的自然有用性与社会有用性的统一，而不再用主观心理满足感来界定效用，是现代经济学对于效用范畴研究应当持有的最基本的科学态度。

在传统的意识中，经济学家们甚至没有想到，如此以人的自身体验描述满足感，是一种科学研究最忌讳的以偏概全。在先哲们留下的文字中，讲到效用和效用递减，无不是以苹果、面包等食品为例，通过吃这些食品来确定满足感。可是，经济学研究面对的商品和劳务，绝不仅仅是可以入口的食品。所以，消费者通过自身体验找到的吃的满足感，并不能适用于所有的商品和劳务。苹果可以吃，煤炭就不能吃，钢铁也不能吃，实际上，现代经济中的商品能入口吃的只占很少的比重，而且，所有的劳务也都是不能吃的。对于效用认识的这种主观性体验式的理解，这种明显的以偏概全的认识方法，只可能出现在经济学学科创立的起步阶段。显然，进入 21世纪之后，特别是在经历了 2008 年爆发的国际金融危机之后，现代经济学的研究对于效用范畴的认识绝不能再继续停留在学科研究的起步阶段了。

三　效用不应是闲置性范畴

效用是经济学的基础范畴，是经济学用来解释人类社会经济活动的一个重要范畴。但是，由于长期以来存在的以偏概全的认识，造成的事实是，这一范畴已经几乎被闲置化了。不论是发达国家还是欠发达国家，在各个国家或地区的经济学家对各个国家或地区的国民经济以及对全球化的世界经济的分析中，现在已经见不到效用范畴的踪影。而且，在现代经济学的教科书中，有关效用范畴和效用理论的阐述，也都是很少的，甚至，在有的教科书中已经是只字不提。在 20 世纪中期，经济学家们还津津乐道的基数效用、序数效用，现在都没有人谈起了，更不要说应用了。只是，在各种版本的经济学辞典中，还保留着效用范畴的一席之地。无疑，在某些人看来，同国际贸易、反倾销、流动性、股票、债券、金融衍生品等范畴相比，效用范畴似乎该进入经济学的历史了。造成这种局面，将效用范畴闲置起来，将这一基础范畴虚化或淘汰掉，固然与传统对于这一范畴的认识偏差有关，但是，这绝不意味着效用范畴过时了，这一基础范畴在现代经济学的研究中没有用了。应该说，在经济学的学科建设中，凡属基础范畴，到任何时候都是有用的，都是不可或缺的。看不到效用范畴存在的重要性和必要性，自觉或不自觉地将这一基础范畴闲置，同近年来有些研究者有意回避价值范畴一样，不是经济学研究的进步表现，而是一种认识上的退步。

必须深化对于劳动的研究，才能改变将效用范畴虚化或闲置的状态。劳动创造效用，这是确定无疑的。没有劳动的创造，就没有任何的劳动成果，没有劳动成果，就无从谈起劳动成果的有用性，也就是没有任何的效用。所以，只要有劳动的延续，就会有效用的延续，经济学就需要研究效用而不能将这一范畴抛弃或闲置。对于劳动的研究将开辟效用研究的新天地。只要现代经济学的效用研究不再延续传统的效用研究之路走下去，回归将效用视为劳动成果的有用性，将效用范畴与劳动范畴紧密联系起来，那么，随着对于劳动范畴和劳动理论研究的不断深入，现代经济学对于效用的研究就一定能够取得开创性的新成果，使这一范畴重新获得广泛的应用性，更加巩固其基础范畴的地位和发挥其基础范畴在经济学研究中的必不可少的作用。

四　效用是商品或劳务有用性的一般化

以上讨论表明，效用不应是主观性范畴，也不应是闲置性范畴。将效用界定为主观性范畴，必定会使效用的研究失去活力，使效用成为一种闲置性的经济学范畴。因此，通过对效用与劳动的关系的深入分析，明确效用是指劳动成果的有用性，是劳动成果的自然有用性与社会有用性的统一，那么，在现时代，经过对传统认识的反思，将劳动成果进一步确定为经过市场交换实现了自身价值的商品或劳务，现代经济学的研究可以科学地确定效用是客观性范畴，这一范畴就是指商品或劳务有用性的一般化。在经济学研究的意义上，这种一般化就是指自然效用与社会效用相统一的一般化。经济学不研究商品或劳务的具体的自然有用性，即不单纯研究自然效用，但是要研究具有一般化性质的商品或劳务的有用性，即要抽象地研究表示商品或劳务一般化有用性的效用范畴。这样走出历史的偏见，重新界定效用范畴，将这一基础范畴回归为客观性范畴，是现代经济学的认识进步，是人类理性对于自身经济活动认识的一个方面的时代进步。由新时代的视角审视，作为重要的基础范畴，效用蕴含着丰富的可挖掘的经济思想内容。而所有的关于效用的新的理论研究的开始，都要建立在对于效用范畴重新界定的基础上。只有这样，现代经济学的研究才能通过更正长期以来对于效用范畴的认识偏差，积极地发挥运用这一基础范畴分析人类社会经济生活的重要作用。在界定效用是商品或劳务有用性的一般化的基础上，深化对于新技术革命之后的现时代社会经济的认识，这是现代经济学有别于传统经济思想的一个重要的起点，也是现代经济学的理论研究融入现代高度复杂的经济现实的一条必要的可行路径。

五　价格与效用

在界定效用是客观性范畴，是指商品或劳务有用性的一般化之后，还需要进一步讨论价格与效用的关系。就以往的研究来讲，不仅对于效用的认识出现了很大的偏差，而且价格理论的研究也不完善。所以，在这样的前提下，讨论经过重新界定的效用范畴与价格关系，还是要先将目前的价格理论作以一定程度上的必要的梳理。

1. 价值决定价格论

对于价格，经典的价值决定论对价格含义的阐述是："商品价值的货币表现。如 1 双鞋值 4 元，4 元就是一双鞋的价格。价值是凝结在商品中的抽象人类劳动。商品价值不可能从商品体本身得到表现。只有当一种商品同其他商品交换，才能表现出来。在货币出现以后，各种商品都首先同货币交换，使自己的价值在货币身上表现出来。商品价值的货币表现，就是价格。"① 而实际上，分析和讨论价值决定论的重心在于确定什么是价值，不在于什么是价格。马克思说："一切劳动，从一方面看，是人类劳动力在生理学意义上的耗费；作为相同的或抽象的人类劳动，它形成商品价值。"②而劳动怎样表现价值呢？马克思说："作为价值，一切商品都只是一定量的凝固的劳动时间。"③这就是说，在价值决定价格的理论中，明确无误地表述了价格的高低取决于劳动时间，即市场交换的价格是按劳动时间计算的。恩

---

①　许涤新主编《政治经济学辞典》（上），人民出版社，1980，第 379 页。

②　〔德〕马克思：《资本论》（第一卷），人民出版社，1975，第 60 页。

③　〔德〕马克思：《资本论》（第一卷），人民出版社，1975，第 53 页。

格斯在对《资本论》的增补中，曾对此强调："中世纪的农民相当准确地知道，要制造他换来的物品，需要多少劳动时间。"①

经济理论永远是社会经济实际的反映，价格理论也同样是社会经济实际中的市场交易的反映。现在看来，价值决定论的思想无疑也是一定时期的市场交易关系的反映，即在市场发展的历史进程中确实存在过只以买卖双方交换商品的劳动时间决定的价格。但那时，也就是恩格斯所说的中世纪，社会生产还十分简单，市场交换也十分简单。在那简单的时代，市场的交换双方可以相互省略除劳动时间之外的其他一切生产条件的存在，只以生产商品的劳动时间为价格进行交换。可是，不用说是从今天看，就是从 18、19 世纪看，那一时代也早已过去了。在现时代，市场早就不是只有商品交换市场了，表现契约价格的生产要素市场的出现标志着市场经济取代商品经济的开始，价格也早就不是只有实体经济的市场价格了，相比之下，在某些时候，虚拟经济的市场价格表现得更加活跃。在这样的时代背景下，懂得理论研究与社会生活实际内在联系的人，知道劳动时间决定价格曾经是人类历史中的真实存在；而缺少历史意识的经济学人，或是仍然坚持以劳动力的劳动时间为价值的决定价格的理论，或是毫不负责地对这一价值决定论不屑一顾。

2. 成本决定价格论

生产价格概念的提出，构成了对于市场价格认识的成本决定论。马克思指出："求出不同生产部门的不同利润率的平均数，把这个平均数加到不同生产部门的成本价格上，由此形成的价格，就是生产价格。生产价格以一般利润率的存在为前提；而这个一般利润率，又以每个特殊生产部门的利润率已经分别化为同样大的平均率为前提。——商品的生产价格，等于商品的成本价格加上按一般利润率计算，按百分比应加到这个成本价格上的利润，或者说，等于商品的成本价格加上平均利润。"②

在马克思的著述中，生产价格理论占据重要位置。那么，为什么资本主义时代的价格一定要是生产价格，生产价格又是怎样形成的呢？马克思

---

① 〔德〕马克思：《资本论》（第三卷），人民出版社，1975，第 1016 页。
② 〔德〕马克思：《资本论》（第三卷），人民出版社，1975，第 176 页。

说："由于投在不同生产部门的资本有不同的有机构成，也就是说，由于等量资本可变部分在一定量总资本中占有不同的百分比而推动极不等量的劳动，等量资本也就占有极不等量的剩余劳动，或者说，生产极不等量的剩余价值。根据这一点，不同生产部门中占统治地位的利润率，本来是极不相同的。这些不同的利润率，通过竞争而平均化为一般利润率，而一般利润率就是所有这些不同利润率的平均数。按照这个一般利润率归于一定量资本（不管它的有机构成如何）的利润，就是平均利润。一个商品的价格，如等于这个商品的成本价格，加上生产这个商品所使用的资本（不只是生产它所消费的资本）的年平均利润中根据这个商品的周转条件归于它的那部分，就是这个商品的生产价格。"[①]

显然，成本决定论不同于价值决定论。成本决定论的特点在于承认存在成本价格。就一般情况讲，商品的出售是不能低于成本价格的，或是说，一定要高于成本价格，不管是加上平均利润，还是加上利润，总之是要加上一些盈利的。这是生产厂家进入市场交换的基本意愿，也是为所有的买家所熟知。恩格斯在坚持劳动时间决定价格的同时，也说明价格并非仅包括劳动时间，这与马克思对于生产价格的阐述是一致的。恩格斯说："中世纪的人能够按照原料、辅助材料、劳动时间而相当精确地互相计算出生产费用——至少就日常用品来说是这样。"[②]这样讲，明显是考虑到成本，而不是只以劳动时间为价格依据。

成本决定价格，这样的价格思想流传久远，似乎既实用又实际。但是，这种价格思想已经遇到现时代网络经济的挑战。市场发展了，网络产品出现了，其特点是成本不必增加，而销售却可以无限增加。这是当初考虑成本价格时没有任何人想到的，却确实成了今天市场上的现实。这种网络交易关系的出现，几乎颠覆了价格中的成本概念，成为需要改变现行市场规则的事情，社会理性如何处理这一问题，无论如何还是需要付出时日深入探讨的。只是，这表明成本价格的普适性已经不复存在了。事实上，现时代的市场价格，在较大的范围内，早就不是简单地用成本加利润能解释的

---

① 〔德〕马克思：《资本论》（第三卷），人民出版社，1975，第 177 页。
② 〔德〕马克思：《资本论》（第三卷），人民出版社，1975，第 1017 页。

了，即使人们能够用其解释实体经济中的产品交换价格，也断然不可能用其解释虚拟经济的价格形成机理。更何况，现时代的实体经济中还存在着契约价格，持成本决定价格的认识不是不能解释某些商品的价格形成，而是遇到生产要素组合中无生产成本存在的契约价格，就无以应对了。

3. 供求决定价格论

认为供求关系决定价格的思想，包括稀缺性概念和价格弹性理论，说明不同的价格对应不同的供应量和需求量，按照一定价格形成的供求均衡决定此价格为均衡价格。不过，供求决定价格论阐述的所有这一切，在2008年国际金融危机的冲击下全部被粉碎。当时，石油的期货价格从每桶147美元，直落到32美元，相隔仅数月，不论是供还是求，都没有发生大的变化，只是价格的变化惊人。而且，即使没有爆发国际金融危机，供求决定论的价格观也是值得商榷的。到底是价格决定供求，还是供求决定价格，在这一价格思想的运用中，始终说不清楚。市场上供应的萝卜多了，使价格下滑；焉知在此之前，也可以说是价格上涨，使得萝卜供应增多。所以，在供求决定价格的框架下，反之讲价格决定供求也是说得通的。好像一进入供求决定论，就是又一个鸡生蛋还是蛋生鸡的说不清楚的问题。

早在约80年前，凯恩斯就对供求决定论发表了至今仍具有准确的针对性的见解："只要经济学家们论及什么是所谓的价值论时，他们总是习惯于说：价格取决于供给和需求状况；而且，特别是边际成本和短期供给弹性的变化起着重大作用。但是，当他们进入第2卷，或另成一书，讨论所谓货币和价格理论时，我们就再也听不到这些平常而易懂的概念，而恍若进入另一个世界，在这个世界里，价格取决于货币数量，取决于货币的收入流通速度，取决于相对于交易量而言的流通速度，取决于货币贮藏，取决于强迫储蓄，取决于通货膨胀和通货紧缩，如此等等。很少或者根本不再试图把这些空泛的名词同以前的供给和需求弹性的概念联系起来。那么，如果思考一下我们正在接受的传授，并且设法使之合理化，则在比较简单的讨论中，似乎是假定供给弹性必然等于零，需求与货币量成比例地变动；而在更深奥的讨论中，我们就像是堕入云里雾中，什么都不清楚，什么都可能。我们这些人都习惯于发现我们有时在月亮的这边，有时又在月亮的那边，不知道把这两边连接起来的道路是什么，这种情况有点像我们在清醒时和睡梦中的关系。"①

按照凯恩斯当年的说法，在 20 世纪初期，即与今相距整整一个世纪之前，经济学界对于价格形成的主流认识，就是供求决定论与货币决定论并存，就是孰轻孰重不分，模棱两可。货币决定论在今日也可称为金融决定论，其致使很多的人相信现代市场的价格是由金融决定的，至少具有期货市场的大宗商品的价格形成机理是这样的，在某种程度上不再迷信供求决定价格了。

4. 金融决定价格论

在现时代的市场交易中，人们还能看到不少的供求状况影响市场价格的实例；但是，经历了 2008 年国际金融危机，确实可以感受到金融表现出对于价格更大的支配力量。不过同时也能够明确，就在如此强势的金融支配力量下，关键时刻，金融还是控制不了价格。甚至给予现代社会人们的真实感觉是，成也萧何，败也萧何。

现在的问题是，从美国出现次贷危机到全面爆发国际金融危机，这个由金融支配的市场垮了，垮得一泻千丈。那么，今后还有没有人动用巨额资本炒作大宗商品的期货价格呢？应该说，肯定还是有的，而且，那些主权基金，那些机构投资者，那些积极的和消极的投资者们，恐怕还是一个都不能少，都要继续在这一领域牟利。所以，从现代市场发育的角度来认识，似乎是没有悬念的，在今后相当长的时期内，现代金融控制不了基本的市场价格是一个常态，现代金融能够决定某些时期的某些大宗商品的价格也是一种常态。人类现在仍然是生活在常态社会里，有很多可以理性但很无奈的事情还可能要保持较长的时期。由金融决定价格，是进步，还是退步，现在还不能定论，经济学界可以继续深入地进行探讨，但无论如何，现代金融对于真实的市场价格的支配力量是存在的，这是复杂的现实社会的市场表现，我们每一个人都只能顺从地接受。而能不能在全球范围内做到对此扬长避短，或以此为转折点创新和提升现代的市场机制，关键是要

---

① 〔英〕凯恩斯：《就业、利息和货币通论》，九州出版社，2007，第 511 页。

看现代经济学的价格理论研究能否推进社会理性对于价格的认识，要看未来世界各个国家或地区的理性的社会经济管理如何发挥具体的作用。

5. 效用决定价格论

供求决定价格论与金融决定价格论都是以往的现代经济学研究关于价格形成理论的主流认识，虽然不能透析地阐述价格形成机制，但是，在20世纪的经济学界依然占据着强势的话语权。除此之外，在2008年国际金融危机爆发之前，关于价格的研究，还有一种更为基础的不同于价值决定论的效用决定论的解释。可以说，如果不包括虚拟经济的交易在内，那么，迄今为止，明确指出商品或劳务的效用决定商品或劳务的价格应该是对市场价格形成机理的最为贴近的解释。

人们进行市场交易，价格是双方最关心的问题。在现代市场经济中，存在交换价格，也存在契约价格，不论对于哪一种市场交易价格，效用决定论的解释都是，劳动的作用不直接对应交易，只是劳动成果的有用性直接对应交易，交易双方都需要的是具有一定有用性的劳动成果，即真实的市场交易都是效用对应交易，对应价格，效用的多少决定价格的高低。价格是效用实现的度量标准。这种标准与被衡量的物相比是有区别的，尺度不能代替被衡量的物。但是，在抽象的描述中，价格可以作为尺度表现一定的被衡量物的效用。无论是在理论上还是在实际中，人们都可以用价格表示效用量，即价格高是效用大的表示，价格低是效用小的表示。这也就是说，价格的实现与效用实现的一致性，在市场上表现为价格是对实现效用的量化。这种量化是对自然效用与社会效用统一的量化，是对由社会效用实现决定的对具体劳动成果的效用的量化。由于价格是市场决定的，是社会性的表现，所以，价格对于效用的量化是一种社会性的量化，不是自然性的量化，自然性的量化是以自然的标准对具体效用的量化，而价格的量化是对效用的一般化表现，即表示各种效用之间在社会性上的可通约性。

问题的深刻性在于：效用对应价格，或者说，价格对应效用，表现的是劳动成果有用性的一般化，市场交易是按照这个一般化进行的，不是按照生产投入的劳动作用的一般化进行，即不是必须按生产过程的投入量交易，而社会各个行业的生产则必须按投入量补偿才能正常延续，商品社会的经济生活或者说生产与交易的基本矛盾就在这里。人们既不能因为生产的要求与交易的要求不同而使交易按生产的要求进行，也不能不使生产按照交易要求的结果进行调整，即这一基本矛盾最终是要在生产领域得到解决的。

现在看来，效用决定论关于价格与效用关系的阐述基本上是正确的，符合一般商品或劳务即劳动成果市场交易的事实，既明确了劳动成果的自然有用性是价格形成的客观依据，劳动成果的社会有用性是价格形成的实现条件，市场实现的价格表现了劳动成果客观的自然有用性与社会有用性统一的效用量；又阐明了价格与效用的关系是表现与被表现、衡量标准与被衡量物的有用性之间的关系，价格必须体现社会对于各种不同的劳动成果有用性的一般化通约的市场交易尺度。只是，确定了效用是指各种具体的劳动成果的有用性或使用价值的一般化，那么也就是说，以效用度量或决定现代市场经济中的非劳动成果交易品的价格是无法实现的，或者说，是没有逻辑联系的，效用决定论在不做任何变通的条件下似乎只能适用于劳动成果交易价格的形成，包括对那些疯狂的实物产品的期货价格都具有一定的解释力，却无法对非劳动成果交易品的价格形成给出合乎统一逻辑的认识。这说明，面对 21 世纪越来越复杂的现代市场交易内容，现代经济学对于全部市场交易价格形成的准确的概括性认识还需要做出更进深一步的研究和探讨。

6. 结语

从以上关于价值决定价格论、成本决定价格论、供求决定价格论、金融决定价格论以及效用决定价格论的阐述和分析表明，虽然价格理论相对复杂，但目前的研究还是可以肯定：价格不能表现价值，因为市场交易的是劳动成果的有用性，现代市场已经走出了依据劳动主体的劳动时间交易的时代。价格也不是由成本决定的，尽管市场交换的劳动成果都是有成本的，而且一般不能低于成本出售，但是价格与成本并不等同，价格应为生产者带来利润。价格由供求关系决定只是一个表面化的假象，至今供求决定价格是缺乏说服力的，因为同样的事实也可以说是价格决定供求。说金融决定价格是资本市场和期货市场高度发达之后的认识，有一定的事实支持，但离开资本市场与期货市场的连接还无法做出普遍性的解释。目前来看，只有效用决定价格论的认识比较贴近事实，客观地阐明了价格就是效用的衡量尺度，效用是交换对象，价格是衡量交换对象的货币表现。只不过，效用决定价格论解释的效用与价格的关系，只适用于劳动成果的交换，至于非劳动成果交换的价格与效用是没有任何关系的，因为效用是指劳动成果有用性的一般化，不表现任何非劳动成果内容，所以与任何非劳动成果的交易价格都没有关系。

进一步讲，价格是一个反映比价关系的社会性范畴。价格的决定不在于一个买家和一个卖家的关系，而是连接着全社会，是各个买家和各个卖家联系着全社会，每一种商品或劳务的价格都是与其他所有商品或劳务的有用性进行了社会性的比较才形成的。所以，认识效用与价格的关系，必须明确价格是一个社会性概念，而效用是自然效用与社会效用的统一，也是具有社会性的，因此，价格才能现实地成为效用的衡量尺度，效用的大小才能真实地通过市场由价格具体地表现出来。

第二章　市场经济中的效用区分

在现时代，创造各种劳动成果效用的人类劳动已经高度发达了，交换各种劳动成果效用的市场也已经高度发达了。而且，社会经济形态也已经由商品经济转为市场经济了。与只有商品交换市场的商品经济相比，市场经济既有商品交换市场又有生产要素市场，且现代市场经济的生产要素市场已形成高度发达的证券化的资本市场。面对这样的市场经济，效用理论的研究需要对效用进行不同角度的区分，以此奠定进一步开拓效用理论研究的基础。

一　正态劳动效用与变态劳动效用

人类劳动的起源决定人类、人类社会的起源。这就是说，人类、人类社会是在动物劳动向人类劳动的转化过程中随之产生的，没有动物劳动向人类劳动的转化，就没有类人猿向猿人的转化，没有动物社会向人类社会的转化。然而，在400多万年前，人类、人类社会起源之时，由动物劳动转化而来的人类劳动还带有很大的动物性，这种动物性就是指动物的生存方式在人类社会的延续，因而，自起源至今，人类劳动是人类常态劳动，不是完全正态的人类劳动。人类常态劳动是正态劳动与变态劳动的统一，正态劳动是人性的劳动，是决定人类起源的劳动；变态劳动是动物性的劳动，包括暴力性的军事劳动和寄生性的剥削劳动。由人类常态劳动决定，自起源至今，人类和人类社会还是常态人类和人类常态社会。所以，在常态人类和人类常态社会发展的历史与现实中，人类常态劳动创造的效用，也就相应地被区分为正态劳动效用与变态劳动效用。正态劳动效用是指具有人性的正态劳动创造的劳动成果的效用，变态劳动效用是指带有动物性的变态劳动创造的劳动成果的效用。在人类常态社会的经济生活中，正态劳动效用与变态劳动效用是具有自然效用与社会效用统一性质的社会劳动效用的一种最基础的区分。在现时代的市场经济中，正态劳动效用与变态劳动效用也是并存的。

正态劳动效用是普遍存在的人类赖以满足生存需要的物质和精神劳动成果的效用。在第一次产业、第二次产业和第三次产业中大量存在的劳动成果基本上是具有正态劳动效用的劳动成果。农业劳动是第一次产业的劳动，农业劳动的成果除去满足变态的军事劳动的需要之外，都是正态的劳动成果，也就是都属于可起到正态劳动效用的劳动成果。而满足变态的军事劳动需要的劳动成果的效用不属于正态劳动效用，而是属于变态劳动效用。这就是说，正态劳动效用与变态劳动效用不是以商品或劳务的自然之类区分的，而是以生产或创造商品或劳务的劳动态势差别为区分的。只有正态劳动创造的劳动成果才具有正态劳动效用，变态劳动的劳动成果只具有变态劳动效用。同样是生产粮食的农业劳动，创造的劳动成果，满足人民和平生活需要的就是正态劳动效用，而满足军队需要的，不论是在战争时期还是在非战争时期，都属于变态劳动效用。工业劳动是第二次产业的劳动，工业劳动的成果除去满足变态的军事劳动的需要之外，也都是正态的劳动成果，即也都属于可起到正态劳动效用的劳动成果。而满足变态的军事劳动需要的工业劳动成果的效用同样不属于正态劳动效用，而是属于变态劳动效用。这其中，最典型的就是军事工业劳动，其劳动成果的效用全部属于变态劳动效用。服务业劳动是第三次产业的劳动，服务业劳动的成果除去满足变态的军事劳动的需要之外，也都是正态的劳动成果，即也都属于可起到正态劳动效用的劳动成果。而满足变态的军事劳动需要的服务业劳动成果的效用不属于正态劳动效用，也是同样属于变态劳动效用。

变态劳动效用是特殊的带有暴力性或寄生性劳动成果的效用。军事变态劳动创造军事变态劳动效用，剥削变态劳动创造剥削变态劳动效用。对此，只是依据劳动具有的暴力性或寄生性的动物生存方式进行的区分，不再给予其他方面的解说或界定。从原始社会到现代社会，军事劳动的性质都是一样的，不管原始社会的军事劳动多么简单野蛮，也不管现代社会的军事劳动多么复杂尖端，凡是军事劳动发挥的社会作用都属于变态劳动效用的实现。侵略军的劳动效用是变态的，反侵略的军事力量的劳动效用也是变态的，即也是带有动物性的。这是对于军事劳动的基本性质的认定，不涉及具体的侵略与反侵略性质的划分，也不涉及军事劳动其他方面的具体区分。至于剥削劳动创造的效用，更需要给予深刻的认识。就寄生性的剥削劳动本身来讲，剥削劳动主体即剥削者是不参与到生产过程之中的，因此对于被剥削劳动实际生产创造的劳动成果不起任何作用，剥削者仅凭占有生产要素而占有劳动成果的一部分，因此剥削者可以寄生性地享受一定的劳动成果，他能起到的只是对生产要素的占有作用，而他占有的生产要素在实际生产过程中是发挥具体的生产要素作用的。所以，对于剥削者的这种寄生性，需要给予变态性的概括。而问题的复杂性在于，剥削劳动与剥削者劳动并不等同，剥削劳动只是剥削者劳动的一个方面，而另一个方面则是剥削者在生产过程中发挥的管理劳动作用。在《资本论》中，马克思曾批评资产阶级政治经济学家在考察资本主义生产方式时，"把从共同的劳动过程的性质产生的管理职能，同从这一过程的资本主义性质因而从对抗性质产生的管理职能混为一谈"①。马克思认为："资本主义的管理就其内容来说是二重性的，——因为它所管理的生产过程本身具有二重性：一方面是制造产品的社会劳动过程，另一方面是资本的价值增殖过程。"② 所以，对于剥削者同一个人的劳动，也应做出剥削劳动和管理劳动的区分，只要剥削者的管理劳动不属于对军工生产的管理，那他发挥的管理作用还是正态劳动效用；只有剥削者作为剥削劳动的主体，他起到的剥削作用才是变态劳动效用。

---

① 〔德〕马克思：《资本论》（第一卷），人民出版社，1975，第 369 页。
② 〔德〕马克思：《资本论》（第一卷），人民出版社，1975，第 368 页。

二　生产劳动效用与非生产劳动效用

生产劳动效用是指生产劳动创造的劳动成果的效用，非生产劳动效用是指非生产劳动创造的劳动成果的效用。对于效用范畴给予生产劳动效用与非生产劳动效用的划分，首先涉及关于生产劳动与非生产劳动的划分问题。

经济学研究的生产劳动与非生产劳动，这一对范畴的论域并不是社会化劳动。社会化劳动包括有用劳动和无用劳动，无用劳动是没有劳动成果的劳动，划分生产劳动与非生产劳动要依据劳动成果的作用性质，当然要将无劳动成果的劳动排除在外，因而，只有对社会化劳动中的有用劳动才可以做生产劳动与非生产劳动的划分，也就是说，社会化劳动中的有用劳动是生产劳动与非生产劳动的论域。对此，相应还需要确定，非生产劳动并非指生产劳动以外的一切劳动，而是只指社会化劳动的有用劳动中除生产劳动以外的劳动。在市场经济的现实中，有用劳动表现为实现社会使用价值和价值的社会必要劳动，因而也可以说，市场经济劳动中的生产劳动与非生产劳动的论域是社会必要劳动。市场经济的非生产劳动就是社会必要劳动中除生产劳动以外的劳动。18世纪英国经济学家亚当·斯密的生产劳动理论是重商主义和重农学派生产劳动理论的发展，又是马克思生产劳动理论研究的来源。当年，马克思对亚当·斯密的生产劳动与非生产劳动理论进行了一系列的批判，并且原计划以生产劳动为核心范畴进行政治经济学研究，其认识成果主要见于《资本论》以及《剩余价值学说史》等著作。在马克思之后，关于这一问题的研究情况更为复杂了。同其他社会主义国家一样，中国经济理论界自1962年开始讨论生产劳动问题，至今历时50多年，仍未能形成一致意见。"文化大革命"前的讨论，主要集中在生产劳动划分的社会基础和社会主义生产劳动的划分标准两个方面。由于"文化大革命"，这一讨论中断了十多年。直到1980年，才得以继续。重新开始的讨论的焦点集中在社会主义生产劳动与非生产劳动的划分上。大体形成了宽、窄、中三大派观点。

　　在 20 世纪末 21 世纪初，中国经济理论界在深化劳动和劳动价值理论认识的前提下又广泛地展开对这一问题的讨论。目前，关于如何划分生产劳动与非生产劳动的争论主要有以下七种观点。

　　第一种观点认为，只有从事物质产品生产的劳动才是生产劳动，不从事物质产品生产的劳动就不是生产劳动。毫无疑问，这种观点是将物质劳动等同于生产劳动，将非生产劳动等同于物质劳动之外的所有劳动。

　　第二种观点认为，生产劳动一般主要限于物质生产领域的劳动，但物质生产劳动不仅包括生产物体形态产品的劳动，也包括提供不具有物体实在形态的某种能量，或者提供某种物质性服务和生产性服务的劳动。此外，还包括体现在物质产品中的一部分精神劳动。这种观点对于生产劳动界定的外延要比第一种观点拓展了一些。

　　第三种观点认为，生产劳动不能只以物质产品生产为限，而应扩大其外延，提出各种劳动都是生产劳动的观点。这是最宽派的观点，实际上是取消了关于生产劳动与非生产劳动的区别。

　　第四种观点认为，现实的生产劳动应是在物质生产领域或非物质生产领域以物质产品、服务或精神产品形式为社会创造的具有国民经济统计意义的社会有效劳动。而不应该以是否创造物质产品，也不以价值的实现方式或产品的购买方式作为判断的标准，只要创造出价值，具有国民经济统计意义的有效劳动都是生产劳动。以此为依据，认为科学技术、教育、管理和社会科学等都具有生产属性。这是新的观点，但这一观点是将具有国民经济统计意义的社会有效劳动界定为生产劳动，只是没有解释为何非生产劳动不具有国民经济统计意义，为何不属于社会有效劳动。

　　第五种观点从不同的角度考察生产劳动和非生产劳动。其一从单纯劳动过程来考察，凡是生产物质产品的劳动，都是生产劳动。这里又可以分为两种情况：一种是个体生产者的劳动过程，其劳动的一切职能结合于劳动者一身，劳动者参加劳动的全过程；另一种是社会化的集体劳动过程，劳动的不同职能由不同的劳动者担任，产品成为总体劳动者协作劳动的产物，生产劳动和生产劳动者的概念也随之扩大，凡是参加物质生产过程的一切成员——体力劳动者和脑力劳动者都是生产劳动者。但是不同意从此引申出物质生产领域以外的职业如歌唱家、教师等都是生产劳动者的观点。其二从资本主义生产过程来考察，凡是生产剩余价值的劳动便是资本主义生产劳动。资本主义生产劳动是生产使用价值的劳动与生产剩余价值劳动的统一。非物质生产部门的剩余价值是对物质生产部门剩余价值的一种分割。从资本主义生产关系的单纯表现形式来考察，凡是能给资本家提供利润的雇佣劳动，都是生产劳动。这种观点很复杂，但依然是双重角度的划分，缺乏必要的统一性。

第六种观点认为，创造价值的规定性与生产劳动的规定性没有必然联系，创造价值的劳动是为社会创造使用价值的劳动。因为生产劳动概念和创造价值劳动概念的经济关系内含是不同的。生产劳动的第一个定义是从简单劳动过程得出的，它所包含的是人与自然的关系。生产劳动的第二个定义是从劳动借以实现社会形式中得出的，它所包含的是特定的资本主义生产关系。可见，创造价值劳动的规定性也是从生产的社会形式中得出的，但它所包含的却是一般商品经济关系。特别是生产劳动概念和创造价值劳动概念在外延上虽然有交叉但不是重合的。若将马克思的价值论归结为生产性劳动价值论，不仅缺乏根据，而且造成重大理论误解。对这一观点最值得肯定的是明确区分了创造价值的劳动与生产劳动的规定性。

第七种观点认为，生产劳动范畴所讲的生产，实质上指的是对社会的生存和发展所起的有益作用性。生产劳动即是对社会的生存和发展具有有益作用性的劳动。从价值范畴讲，劳动相对应的是价值，生产劳动相对应的是有益价值。有益的益，并非泛指任何有益性，而是特指对社会生存和发展的有益性。因而，对社会的生存和发展起不到有益作用性的劳动，即使在社会经济生活的其他方面具有有益性，也是非生产劳动。经过深入的研究，现在需要认识到这一观点明确界定了生产劳动具有劳动有益性的含义，是20世纪末21世纪初研究生产劳动理论实现的根本性理论创新与现实性的重大认识突破。因此，关于生产劳动效用与非生产劳动效用的划分就相应需要依据劳动成果是否具有这样的有益性。

生产劳动与非生产劳动以社会必要劳动为论域表明，社会自发实现的劳动，即市场经济中得到社会承认的劳动，并非都是对社会的生存和发展具有有益作用的劳动。因此，社会必要劳动一是表现出自发性，包括能自发地实现社会的生存和发展所需要的劳动；二是表现出社会实现劳动的范围已经超出社会的生存和发展的需要。而对生产劳动的认识则是对社会自发实现的劳动是否对社会的生存和发展具有有益作用性的理性的确定。这种确定目前还不能阻止社会自发地去实现非生产劳动，却是衡量社会实现的劳动的作用的标尺，是使社会能够自觉地实现生产劳动的理论依据。由此界定，在人类常态劳动的发展之中，有三类劳动属于非生产劳动。第一类是奢侈性劳动，即生产奢侈性消费品的劳动。这一类劳动的劳动成果对于社会的生存和发展不具有有益作用性，因此是非生产劳动。这一类劳动的效用是非生产劳动效用。第二类是娱乐性劳动，包括文艺类娱乐和体育类娱乐。这一类劳动的劳动成果对于社会的生存和发展也是不具有有益作用性的，因此也是非生产劳动。这一类劳动的效用同样是非生产劳动效用。第三类是消极性劳动。这主要是指宗教劳动。宗教是永恒的，但将来未必还需要专职的宗教人员为社会服务。所以，在人类社会的历史与现实中，宗教劳动是消极性的劳动，其劳动成果对于社会的生存和发展也不具有有益作用性，因此也是非生产劳动。宗教劳动的效用也属于非生产劳动效用。除去上述这三类劳动的效用是非生产劳动效用，社会必要劳动中的其他劳动都是生产劳动，生产劳动创造的劳动成果的效用都是生产劳动效用。

三 生产消费品效用与生活消费品效用

自古至今，人类劳动分为正态劳动与变态劳动，分为生产劳动与非生产劳动，此外，还分为生产生产消费品劳动与生产生活消费品劳动。生产生产消费品劳动创造生产消费品效用，生产生活消费品劳动创造生活消费品效用。生产消费品效用与生活消费品效用的区分不同于正态劳动效用与变态劳动效用的区分和生产劳动效用与非生产劳动效用的区分。也就是说，这是对效用范畴的另一个角度的区分，是对劳动成果效用是用于生产消费

还是用于生活消费的区分。在正态劳动效用中存在生产消费品效用与生活
消费品效用的区分，在变态劳动效用中亦存在生产消费品效用与生活消费
品效用的区分。同样，在生产劳动效用中存在生产消费品效用与生活消费
品效用的区分，在非生产劳动效用中亦存在生产消费品效用与生活消费品
效用的区分。只是在此，由于不是讨论正态劳动效用与变态劳动效用和生
产劳动效用与非生产劳动效用的区分问题，所以下面在对生产消费品效用
与生活消费品效用作以区分时，不再涉及正态劳动效用与变态劳动效用的
区分和生产劳动效用与非生产劳动效用的区分，即不再区分生产生产消费
品劳动与生产生活消费品劳动中的正态劳动与变态劳动和生产劳动与非生
产劳动的区分。

　　生产消费品效用是衡量社会存在与发展程度的标志。在人类原始社会，
生产消费品主要是石器工具，生产消费品效用主要是石器工具的效用。在
奴隶社会，生产消费品主要是青铜器工具，生产消费品效用主要是青铜器
工具的效用。在封建社会，生产消费品主要是铁制工具，生产消费品效用
主要是铁制工具的效用。在资本主义社会初期，生产消费品主要是社会化
生产使用的机器，生产消费品效用主要是那些用于社会化生产使用的机器
的效用。在当代资本主义社会和社会主义初级阶段社会，社会化大生产已
经高度发达了，生产消费品的生产与使用因而也是高度发达和复杂了，除
了用机器生产的机器之外，生产消费品还包括各种生产原料、燃料、辅助
材料、厂房、运输设备、电子设备、软件、商用机器人等，这些生产消费
品的效用构成现代社会的最主要的生产消费品效用，代表了现代社会的生
产高度发达水平。更重要的是，现代社会的生产消费品不仅种类众多，而
且质量精良、效用高超，已有智能化的生产消费品进入社会生产领域。在
20世纪中叶新技术革命之后，生产消费品出现的最大变化就是有了延展脑
力作用的劳动工具——电子计算机，而在此之前最重要的生产消费品只是
延展体力作用的劳动工具，如机床、水压机、汽车、火车、飞机等。这表
明，现代社会的生产消费品效用已非以往的历史可以相比，现代的生产消
费品已经为人类的生产方式转变发挥了巨大作用，现代的生产消费品效用
已经撑起了一个新的世界。现在，用机器代替人力比比皆是，而用机器人

代替人力也已经呈现于世。这反映了人类智力的发展已经达到了相当高的水平，生产消费品发展的现实，最好地表现出人类智力发展的作用和当代人类智力发展的水平。

生活消费品效用是满足人们生活需要的劳动效用。现代社会的生产消费品效用的发达决定了现代社会的生活消费品效用的丰富和现代化。在现代社会，生活消费品效用早已不是仅仅满足人们的温饱了，而是有了极大的创新与发展。在发达国家，现在的每家每户都必备家庭轿车，而不久的将来家用机器人也要走进千家万户。人们饮食需要的生产消费品效用、人们穿衣需要的生产消费品效用、人们居住需要的生产消费品效用、人们出行需要的生产消费品效用，都属于传统的生活消费品效用，也是现代社会人们不可缺少的生活消费品效用，只是现代社会与传统社会相比，这些衣食住行需要的生活消费品效用也有了更多的新内容或转型升级。过去的吃，只是粗茶淡饭，少有鸡鸭鱼肉，而今，最大的变化，还不是吃什么，而是怎么吃。自己做饭吃，城里人基本用上了燃气灶，方便得很；农村人也有用燃气灶的，也有用电磁炉的，烧煤烧柴做饭的已经很少了。再有，现在的一些城里人根本不做饭，而是叫外卖，或是到饭店去就餐。特别是，到了过年过节，一家一家到饭店去吃年夜饭的多得很，这表现出现代的人们在吃的方面与过去相比已经有了很大的变化。而过去的穿，只是要求能遮羞能保暖就行，现在完全不同了，再不讲究的人也不穿补丁打补丁的衣服了，一般的人是冬有冬衣，夏有夏服，讲究一些的人都购许多套衣服，一年四季都能让自己穿得漂漂亮亮的，甚至还是一身的名牌服装。就过去的住来说，一家人能有一间屋就很不错了，现在可就不一样了，作为还是发展中国家的中国，进入 21 世纪之后，很多的家庭住进了大单元房，先是卧室与客厅、饭厅分开，再是客厅与饭厅分开，现在是卧室、客厅、饭厅都分开了。而且，农村的情况也有了很大的变化，在一些先富起来的地方，农家的住房比城里人住的都好。过去的出行更是不能与现在相比。过去的出行很少，最奢侈的也就是走个亲戚出出门，现在可不是这样了，有一点儿条件的家庭，每年至少要外出旅行一次，而且出行不是坐飞机就是乘高铁，便捷舒适。就中国来说，现在出国旅游的人越来越多，为很多的国家带去了中国人的旅游消费。据有关部门报告：2017～2021年，这五年中国出境旅游将达到7亿人次。与过去相比，这是多么大的变化呀！

更大的生活消费品效用变化是，在人们的生活消费中，娱乐性消费的比重越来越大。这就是说，现代社会的人们已经不满足于衣食住行需要的生活消费品效用了，他们的生活已经由温饱型转为享受型，尽管世界上还存在着相当多的贫困人口，但是对于已经富起来的家庭来说，他们在解决了基本的生活需要之后，一定会有对更丰富的生活内容的追求，其中就包括对于娱乐消费的更多的社会化市场化的需要。这是现代社会生活消费品效用规模扩大的一个主要的来源。特别是对中国来说，现在的生活消费品市场的变化也正在适应着这种效用需求结构的变化要求。

据美国著名的《福布斯》杂志网站2017年1月17日报道，《福布斯》记者采访了中国万达集团的创始人和亚洲首富王健林先生。身家约为310亿美元的企业家王健林一直在收购西方的娱乐资产，他相信从电影行业的长期发展来看，它在中国之类的新兴经济体发展前景最好。王健林对记者表示，新兴经济体的娱乐业人均消费只会继续增长。王健林认为："娱乐产业的机会主要还是在发展中国家，尤其是在中国。反观美国，无论是电影产业还是体育产业，在过去的几十年里都增势趋缓。虽然其平均支出是中国的10倍，但那里基本上没有（增长）空间了。相比之下，我觉得对中国而言，增长才刚刚开始。尽管2016年中国电影产业可能出现小幅回调，但仍在正常范围内。这个产业将继续增长。再来看看体育产业。中国的体育产业正在迅速增长，虽然目前这方面的支出只占美国的五分之一左右。只要想想这一点：中国人口是美国的四倍以上。万达院线是全球第一家跨国院线企业。万达院线正朝两个方向发展：在全球发展和在国内发展。今天电影业正在发生巨大变革。单纯在电影院卖爆米花的模式将逐渐被淘汰。你可以在电影院吃饭、喝咖啡，享受其他一些服务。电影放映设备也有了很大变化。过去昂贵的IMAX现在变得更常见。影院将继续存在，但无论是硬件还是服务都将遭遇挑战。"

王健林对于未来娱乐业的发展前景是十分看好的。这是一位优秀的中国企业家对于生活消费品市场发展趋势的认识，由此为他的企业发展做出了全盘的战略安排。而从根本上讲，未来的这一市场是由消费需求趋势变化决定的。在现代社会生活消费品效用中，娱乐性消费的比重提高是必然的。人们吃饭只有一个肚子，穿衣每天只能穿一身衣服，睡觉只需要一张床，旅游需要有假期，他们的收入提高了之后，只能是将更多的钱用在娱乐消费上。这是客观的必然趋势。现代社会的生活消费品效用的结构变化就是由此而形成的。

四 实物效用、劳务效用与知识效用

除了正态劳动效用与变态劳动效用的区分、生产劳动效用与非生产劳动效用的区分、生产消费品效用与生活消费品效用的区分，现代经济学的研究还需要对效用范畴做出实物效用、劳务效用与知识效用的区分。正态劳动效用与变态劳动效用的区分是依据劳动的态势差别做出的区分，生产劳动效用与非生产劳动效用的区分是依据劳动是否对社会的生存和发展具有有益作用性做出的区分，生产消费品效用与生活消费品效用的区分是依据劳动成果是用于生产消费还是用于生活消费做出的区分，而对实物效用、劳务效用与知识效用的区分则是依据劳动成果的形态不同做出的区分。实物效用就是指实物形态的劳动成果的效用。劳务效用就是指劳务形态的劳动成果的效用。知识效用就是指知识劳动创造的知识形态的劳动成果的效用。将知识劳动的成果有用性单列为知识效用，而没有混同于实物效用或劳务效用，是因为知识效用的存在具有特殊性，是人类社会存在和发展的基础，是人类劳动创造的独有的产物，是价值可以积累、效用可以延续使用的劳动成果。区分知识效用与实物效用、劳务效用不同的学术意义就在这里，知识效用是人类劳动成果体现的一种特殊的效用。若除去知识效用，那人类劳动创造的劳动成果效用从形态上区分，就或是属于实物效用，或是属于劳务效用。

实物效用包括实物型的生产消费品效用，也包括实物型的生活消费品效用，不包括知识性的生产消费品效用和知识性的生活消费品效用。实物效用是人类生存与发展需要的最基础的物质资料效用，人类劳动创造的物质性主要体现在实物效用上。各种农作物（主要是各种粮食）是人类生存必需的物品，这些物品被消费的都是实物效用。民以食为天，更准确地讲，就是民以粮为天。农业劳动和劳动成果的重要性和必要性就体现在这里。个别人可以不从事农业劳动，但整个社会必须有一定的劳动力务农，并且要做粮农。说到底，这是由人类的生存对于粮食的需要决定的。正因如此，唯物主义的历史观始终强调认识人类的历史必须从物质生产这一基础出发。只是，从现时代来看，从物质生产出发，不能是笼统的，只讲实物效用，不顾及其是正态劳动的实物效用，还是变态劳动的实物效用。变态劳动的实物效用与正态劳动的实物效用都是物质性的，即都是物质生产创造的，但其代表的劳动态式不同，一种是人性的物质生产创造，一种是动物性的物质生产创造。比如说，打仗用的飞机大炮，同样是物质生产的创造，但这些具有实物效用的劳动成果是杀人的武器，其具有的物质性与生产人类和平生存的物质资料具有完全不同的性质，是不能将二者混为一谈的。这样分析认识实物效用，是唯物史观的认识进步，是人类对于自身和自身历史的认识进步，同时也是对于效用范畴的认识拓展。从历史来看，在过去漫长的岁月里，主要是实物效用支撑着人类社会的生存与发展，即生产之中和生活之中主要消费的是实物效用，生产资料主要是实物型的生产资料，生产资料的升级换代也主要是实物型的生产资料的升级换代。生活资料也是同样，人民生活消费的效用也主要是实物效用，即实物型生活消费品效用。当然，时至今日，人类的生产生活消费依然以实物效用为基础，这一点是不会改变的。

劳务效用不同于实物效用。劳务效用包括劳务型的生产消费品效用，也包括劳务型的生活消费品效用，但不包括知识性的生产消费品效用和知识性的生活消费品效用。劳务效用是服务型劳动创造的效用，在过去漫长的历史岁月中，服务性劳动是很少的，因而劳务效用也是很少的。但是，在20世纪中叶新技术革命之后，这种情况有了转变，即新型工业化与传统工业化的区别之一就是服务性劳动占社会劳动的比重大幅度增长，现在已成为占有比重最大的劳动种类，因而劳务效用也已经成为社会总效用中占有比重最大的效用。这是现代劳动分工和现代经济的一个重要特点，是需要现代经济学给予认真研究的问题。这既表现了现代劳动分工的发展趋势，又体现了现代社会生活的内容变化。过去的社会分工不是很发达，没有发达的物流，没有发达的运输，更没有互联网服务，而现在的社会分工十分发达，不仅有发达的物流与运输，而且生产商品的设计与制造也可以分开，生产商品的制造与销售也可以分开。在一种商品从设计到销售的过程中，可以将之间的环节分离为社会化的中间服务，这些中间服务就形成了社会化的为生产服务的劳务效用，即劳务型的生产消费品效用。而就现代的社会生活来讲，更多的劳务效用成了生活消费的新内容。过去的人们吃饱了穿暖了就足够了，而现在需要有更多社会化服务享受。娱乐消费已经是人们生活支出的一个大项，特别是旅游消费已成为千家万户的消费时尚，沐足业也已经成为拥有众多就业者的新兴产业，甚至现在就连家庭整理（收拾房间和打理生活用品）也已经成为生活服务中一个新的消费内容，而所有这些生活消费的都是劳务效用。这是目前人们的生活消费的变化，也是现代生活服务业快速发展的缘由。与实物效用不同的是，实物效用可以保存一定的时间，而劳务效用是边创造边消费的。对于劳务效用，可以预定，但不可以保留。即创造劳务效用的过程，就是消费劳务效用的过程。因此，创造劳务效用的劳动安排多了，超过了市场的实际需求，会造成一部分劳动者闲置，无法发挥社会作用，同实物效用的生产过剩一样，是一种劳动的浪费。而创造劳务效用的劳动安排少了，不能满足市场的实际需求，也会给社会生产生活带来一定的不便，无法实现市场和谐，同实物效用的生产不足一样，是一种劳动供给的结构不当。

知识效用包括生产消费需要的知识效用和生活消费需要的知识效用，也包括既用于生产消费又用于生活消费的知识效用。知识效用是知识劳动即所有创造知识的脑力劳动为社会奉献的劳动成果的效用。人类社会就是在人类劳动不断创造知识和不断积累知识价值和知识效用的基础上发展起来的，没有知识的创新就没有社会的进步。知识效用是持续的，是耐久的，只要知识不被新的知识取代，就永远具有价值与效用。创造知识效用的劳动，有的是专门从事研究工作的脑力劳动，也有不是专门从事研究工作的脑力劳动，总之，知识是人类劳动的创造，更准确地讲，是人类的脑力劳动创造的。知识效用与实物效用、劳务效用的最重要的不同在于，实物效用和劳务效用被消费之后就不存在了，而知识效用被消费之后依然存在。这就是知识效用的魅力和可贵之处。如果一个家庭贫困，原因可能是多方面的，根本的原因未必是知识的创造和知识效用积累的不足。但是，若一个国家或地区陷入贫困，那根本的原因一定是知识的创造和知识效用积累的不足。这也就是说，知识的创造和知识效用积累的多少，决定一个国家或地区的社会经济发展状况，只有具有旺盛知识创造能力和雄厚的知识效用积累的国家或地区才能是社会经济高度发达的国家或地区。

更进一步讲，明确区分知识效用的范畴，对于现代经济学的研究来说，将阐明一个道理：天下不是没有免费的午餐，只是没有免费送到嘴里的免费的午餐。这就是说，免费的午餐是有，但是需要自己跑跑路和动动手去吃，没有免费送到嘴里的。用经济学的语言确定地讲，有价值没有价格的劳动成果就是免费的午餐。这种午餐就是指不再有专利保护或知识产权保护的知识效用。$1+1=2$看似简单，但它是永恒的知识，具有永恒的效用，它就是有价值没有价格的劳动成果，谁都可以用，谁也不需要为使用它而付费。它就是免费的午餐，吃到免费的午餐的人只需要付出学习的成本。事实上，在现代社会，存在着很多的这样的免费的午餐，只是看一个相对社会经济发展落后国家或地区愿不愿意付出学习的成本，知识效用是免费的，而学习的费用还是需要有一定付出的。愿意付出学习的成本，相对社会经济发展落后国家或地区就能很快增加知识效用的积累和获取更强的知识创造力，由此脱离贫困，走上经济迅速发展之路。所以，摈弃传统的天下没有免费的午餐的错误认识，建立天下有免费的午餐——确立知识效用的存在和作用这一现代经济学新的研究成果，将有助于更加理性地推进发展中国家发展，解决世界庞大的贫困人口的脱贫致富问题。根据对知识效用的界定，提出的天下有免费的午餐的理论，不仅是落后国家或地区可以赶上发达的国家或地区的理论依据，而且是发展中国家或地区必须大力发展优质的高等教育和积极引进最新科技成果的战略思想渊源。

五　终点效用与中间效用

现代经济学中表示商品和劳务有用性一般化的效用范畴，都是自然效用与社会效用的统一，在此前提下，可有各种不同划分角度的区分。最为传统的区分是基数效用与序数效用的区分以及边际效用与非边际效用的区分。此外，现代经济学的研究，还对效用范畴做出了正态劳动效用与变态劳动效用的区分、生产劳动效用与非生产劳动效用的区分、生产消费品效用和生活消费品效用的区分以及实物效用、劳务效用与知识效用的区分。在作了这些方面的区分之后，需要进一步给以明确的是，为推进效用理论的研究，客观上还需要对于效用范畴做出一种新的区分，一种对于分析现代市场经济运行问题非常重要的区分，这就是还需要做出终点效用与中间效用的区分。

终点效用是指最终供人们生活消费或生产消费的效用。也就是说，凡属成为人们最终生活消费或生产消费的商品或劳务，它们具有的一般化的有用性，都属于终点效用。

在生活消费领域，人们实际得到的终点效用消费是福利，是社会福利的提供以保持人类生存延续的需要。在国民经济中，虽然存在生活消费品终点效用的结构问题，但是，人们对于终点效用的追求与对于社会福利增加的愿望是一致的。每一个人的衣、食、住、行等方面的生活消费品的实际消费，都是对终点效用的实际消费。这其中，有对实物效用的消费，有对劳务效用的消费，还有对知识效用的消费。就对具体的生活消费品的实际消费而言，也还是可以区分为对生产劳动效用的消费和对非生产劳动效用的消费。比如，一个人对于普通生活用品的消费都是对生产劳动效用的消费，对于生活奢侈品的消费、娱乐消费以及宗教活动的消费都是对于非生产劳动效用的消费。但不论人们对于实物效用的消费、劳务效用的消费，还有对知识效用的消费中的消费是生产劳动效用的消费，还是对于非生产劳动效用的消费，凡属得到了实际的消费福利的消费，都无一例外地属于终点效用的消费。

在生产消费领域，人们在生产过程中必需消费的劳动成果效用是终点效用。一般说，这种必需的生产消费主要是对于属于生产资料的实物效用或知识效用的消费，而属于生产劳务效用的消费往往不在必需的生产消费的终点效用之内，即在现代经济中大量存在的生产劳务效用基本上不能进入终点效用的概括范围。无论是哪一个行业，对于生产设备和生产原料的消费，都必定属于终点效用消费。在生产领域的终点效用消费中，即使存在浪费或过度的消耗，也不改变这些用于生产的实物效用或知识效用属于终点效用的性质。进一步讲，在正态劳动效用与变态劳动效用中都存在着一定的生产消费的终点效用，在生产劳动效用与非生产劳动效用中也存着一定的生产消费的终点效用，而在生产消费品效用中也存在着一定的终点效用，因而必须明确，生产消费品效用并不完全都是终点效用，其中有许多的生产劳务效用不属于终点效用。

粮食、蔬菜、水果、食糖、咖啡、茶叶等，还包括可能让人喝醉的酒，肯定有害健康的香烟，这些生活基本必需的商品提供的都是终点效用。钢铁、石油、煤炭、木材、水泥等，还包括治病救人的药品，用于作战或维护社会治安的武器弹药，这些生产物资或战略物资提供的也都是终点效用。更需明确的是，在现代经济中，沐足服务，保姆提供的劳务，戏剧的演出，医务和保健人员的服务，等等，其被社会和市场承认的一般有用性，也都属于终点效用范畴，因为这些方面的消费能够增加人们的社会生活福利的享受。

只是，被界定为终点效用的效用从根本上讲绝不涉及虚拟经济领域。从具体的交易来讲，虚拟经济的市场只能提供虚拟性的中间效用。可以这样确定，在实体经济中，有一部分劳务效用不属于终点效用，但无论如何，凡是属于终点效用的商品或劳务效用，不论是在生产领域还是在生活领域，永远也不会脱离实体经济。这也就是说，只有实体经济才能给社会提供终点效用，从宏观上讲虚拟经济不能给社会提供终点效用。

中间效用是与终点效用相对应的效用范畴。在人类社会劳动的效用创造中，除去终点效用，其余的都归为中间效用。确切地讲，中间效用是指不属于最终供人们生活消费和生产消费的效用，是只能起到帮助人们实现终点效用消费作用的劳动成果效用。一般说，中间效用的主要存在方式是劳务效用，包括实体经济中的一部分劳务效用和虚拟经济中全部的效用创造。从社会历史的发展进程来看，当出现了社会商业大分工，出现了服务性质的商业劳动，也就产生了中间效用。当社会经济高度发展了，服务业成了社会经济中的最大产业，劳务交换比重大幅度提高了，中间效用的比重也就相应大幅度地提高。当虚拟经济领域相对独立地呈现，国民经济高度地虚实一体化了，中间效用的规模就大大地扩展了，这时的中间效用中有相当大的一部分是由虚拟效用构成的，即凡是虚拟效用都属于中间效用。因而，中间效用是历史性范畴，其外延是随着社会的发展而发展、其构成是随着经济的复杂而复杂的。

在生活消费领域，中间效用是非福利性的生活消费效用，是人们消费后并不能增加自身福利享受的效用。在整个社会福利中，没有中间效用的内容。中间效用提供的劳务有用性，不能增加人们的生活福利。比如，人们需要商业服务，不论是网购还是去商场购买，都是为了获取最终需要的商品，而不是为了享受商业服务过程，因此，所有的商业劳动创造的都是中间效用。

在生产消费领域，所有的中间效用都是生产劳务效用，都属于非必需的生产消费效用。虽然在生产消费的过程中增加中间效用消费同样要使生产成本增加，但是无论怎样增加中间效用，这些属于生产劳务创造的中间效用，不会成为生产必需消费的效用。这也就是说，在生产过程中，与生活消费一样，同样也是终点效用与中间效用并存，而且，也同生活消费的中间效用一样，所有生产消费的中间效用都是劳务中间效用。

在现代市场经济条件下，按行业划分，创造中间效用的劳动主要包括：交通运输业劳动、物流业劳动、商业劳动、银行业劳动、证券业劳动、广告业劳动、律师业劳动及其他市场中介服务业劳动等。

六 区分终点效用与中间效用的意义

在区分基数效用与序数效用、边际效用与非边际效用、正态劳动效用与变态劳动效用、生产劳动效用与非生产劳动效用、生产消费品效用和生活消费品效用以及实物效用、劳务效用与知识效用的基础上，进一步区分终点效用与中间效用的不同，是具有现代经济学研究的学术意义和现实意义的。

首先，区分终点效用与中间效用是现代经济学研究思想的拓展。长期以来，经济学的研究的一种倾向是研究生产关系，即人与人的经济关系，强调对人类无差别劳动作用的共同性认识的意义，而对于劳动创造的劳动成果的使用价值缺少系统性的研究，一直以为关于使用价值的研究不属于经济学研究的任务。还有一种倾向是研究资源配置，以资源的有效配置为研究目的，以保证社会资源能够得到最有效的利用，满足人们对于商品或劳务的需求。但是，这两种研究倾向都存在着经济研究思想上的不足。对于生产关系的研究，显然没有认识到经济学研究生产过程或者说劳动过程的必要性和重要性，没有认识到对于劳动价值的创造及其分配的研究不能取代对于劳动成果一般化的有用性即效用的研究，经济学即使不研究劳动创造的劳动成果的具体有用性，也一定要深入地研究劳动创造的劳动成果的一般化的有用性，因为这是人类社会经济生活需要的所有的物质基础的复杂性所在，缺少对于劳动成果的一般化有用性的研究，就无法探究人类社会经济生活的全部内容和全部的规律性。而对于资源配置的研究，在有效性上由于缺少对于劳动成果一般化有用性的社会配置区分，仅仅从个体的配置探求其有效性，也是难以对社会化的大生产的研究及其市场化的资源配置研究做出合理的科学分析的，即缺少对于终点效用与中间效用的区分，经济学的资源配置研究就难以具有社会劳动分工整体视角的基础意义。因此，区分终点效用与中间效用表现了现代经济学的研究思想与传统经济学研究思想的不同，表明现代经济学的研究思想已经有了新的开拓。一方面是将人类劳动创造的劳动成果的一般化有用性明确纳入经济学的基础理论研究领域，而不是再将效用范畴闲置，使得经济学的研究缺少全面性。另一方面是可将对于人类劳动创造的劳动成果的一般化有用性的经济学基础研究引向深入，不再只具有个体化的资源配置效率的局限性，而是可以体现出对于全社会劳动分工的资源有效配置意义，发挥出经济学的研究对于指导社会实践的作用和意义。如果到了 21 世纪，经济学的研究思想还停留在 19 世纪和 20 世纪的水平上，那是不符合现代社会对于经济学研究需要的，也从根本上制约了现代经济学研究发展。

其次，区分终点效用与中间效用将进一步深化效用理论的研究。自经济学学科创立时起，对于效用理论的研究都是属于对于笼统的效用范畴的研究，其对于基数效用与序数效用的研究，对于边际效用与非边际效用的研究，都没有做出终点效用与中间效用的区分，这表现出经济学研究在初始阶段的认识简单化。而在当今的 21 世纪，一旦做出了终点效用与中间效用的区分，就可以将效用理论的研究大大地引向深入，更好地发挥出基础经济理论研究的作用。理论的研究是学科担负的基本任务，理论研究的推进表现出学科发展的进步。效用理论的推进就是现代经济学理论研究推进的组成部分，代表了在效用范畴研究领域学科认识的进步。以往的效用理论研究实际上都属于终点效用理论的研究，因为没有对于终点效用与中间效用的区分，基本上讲到效用都是终点效用的含义，没有中间效用意识。所以，区分了终点效用与中间效用之后，效用理论最重要的推进就体现在中间效用理论的创建上。中间效用理论是对已有的效用理论的扩展，是新的效用理论研究成果，也是对于效用理论研究的深化。中间效用理论的研究将确切地深化经济学对于效用范畴的认识，打开经济学基础理论研究的新思路。区分中间效用与终点效用的不同，可以给经济学的研究带来不同于传统的新认识，将从中间效用的视角更加深刻地认识现代社会经济运行与发展的复杂性。可以肯定地讲，如果没有对于终点效用与中间效用的区分，还是停留在将终点效用与中间效用不做区分的认识水平上，那是难以推进效用理论研究的，对于现在复杂的社会经济运行与发展中的很多问题是看不透彻的，也是难以获得理论上的认识创新的。就此而言，区分终点效用与中间效用对于创新效用理论研究是十分重要的，是必不可少的。因此，即使目前的现代经济学的研究已经对效用范畴做出了多角度的区分，为了推进效用理论的研究，也还是必须再做出终点效用与中间效用的区分。

最后，区分终点效用与中间效用之后的理论研究将有助于增强现代经济学对于现实经济的解释力和指导作用。理论是用于指导实践的，经济理论是用于指导社会经济实践的。缺乏科学理论指导的实践，只能是自发的实践或盲目的实践。在传统经济学的研究中，区分了基数效用与序数效用、边际效用与非边际效用，这样的理论研究对于指导实践是具有重要意义的。在现代经济学的研究中，区分了正态劳动效用与变态劳动效用、生产劳动效用与非生产劳动效用、生产消费品效用与生活消费品效用以及实物效用、劳务效用与知识效用，这样的理论研究对于指导实践也是具有重要意义的。而在此基础上，进一步区分终点效用与中间效用的不同，明确中间效用的存在，深入地研究中间效用理论，更是为了能够更好地指导实践。对于理论研究来说，如果没有建立中间效用范畴，缺少对于中间效用的认识，那做出的理论是无法科学指导实际上存在中间效用的社会经济实践的。更重要的是，只有理论正确，才能对实践具有解释力，即才能准确认识实际的社会经济状况。如果没有终点效用与中间效用的区分，那效用理论实际上都属于终点效用理论，就没有中间效用理论，那缺少中间效用理论的效用理论是无法对社会经济实际做出准确认识的，即没有中间效用理论的效用理论是对实际经济缺乏解释力的。所以，根据实践的需要，在21世纪，现代经济学的研究是必须对终点效用与中间效用进行区分的。这样，建立了中间效用理论之后，现代经济学的理论就可以更准确地认识和解释现实经济，更好地指导现时代的社会经济实践。

第三章　终点效用与中间效用的
规模与结构

　　社会经济的发展，从社会劳动实践的结果考察，就是终点效用的规模扩大以及中间效用的随之增长。全社会的终点效用与全社会的中间效用构成全社会的效用总量，这一总量就是由一定的效用结构即各种不同的效用构成的效用规模。在区分终点效用与中间效用的基础上，通过对于终点效用与中间效用的规模与结构的分析，可从抽象的劳动成果的一般化有用性的角度，细致地对国民经济的运行与发展做出有现实意义的经济学分析。

一　终点效用的财富性与中间效用的服务性

　　终点效用与中间效用的规模是由终点效用的规模决定的，终点效用与中间效用的结构也是由终点效用的结构决定的。从现代经济学的角度来认识，终点效用的规模与结构之所以能够对社会总效用的规模与结构和中间效用的规模与结构起到决定性作用，就是因为终点效用是具有财富性的效用，是最终使人们得到生活消费福利享受或供生产消费的生产资料效用。这种财富性的效用是最终满足生活或生产需要的，而中间效用不具有这种财富性，中间效用只是为人们的终点效用消费或社会生产的终点效用消费提供的服务性劳动创造的劳动成果效用。这就是说，人类社会的生存与发展是必须依赖于终点效用的，所以，并非劳动创造的效用都是社会财富，不能笼统地讲劳动创造的效用就是财富，因为只有劳动创造的终点效用才是社会财富，而劳动创造的中间效用就不是财富。中间效用是为终点效用的创造提供服务的，但中间效用本身不是财富，起不到最终满足人们生活或生产需要的作用，尽管创造中间效用的劳动也属于社会必要劳动。财富性与服务性是终点效用与中间效用的最重要也最明显的区别，即凡是具有财富性的效用都必定属于终点效用，而非财富性的服务性效用都肯定应归于中间效用，当然，财富性的效用也有表现为服务性的劳动成果有用性的，但是，只要不是财富性的效用就都属于中间效用。

具体地讲，终点效用首先包括满足人们最基础需求的生活消费品效用，即人们衣食住行需要的效用。人们买的衣服可能不穿或不怎么穿，造成浪费，但衣服本身的效用属于终点效用。人们拥有的衣服越多，就是对衣服类的终点效用的消费越多。人们拥有的衣服越高档，就是对衣服类的终点效用的消费越高档。在市场经济条件下，消费多少衣服和消费什么样的衣服，这完全是个人的偏好问题，是一个人根据自己的劳动能力获取的收入做出选择的问题。对此，只有必要的最低点和最高的收入限制点，没有社会的统一标准。更进一步说，人们的饮食消费的差别也是很大的。有人比较讲究吃，有人对于饮食就不那么讲究。有人愿意多去饭店吃饭，有人就愿意在家里自己做饭吃。有人喜欢吃鸡鸭鱼肉，有人就不喜欢吃鸡鸭鱼肉，只喜欢吃青菜、萝卜和豆腐。在对终点效用的界定中，不管人们喜欢吃的是什么食品，只要是用于吃的劳动成果，都是具有财富性的劳动成果，即都是饮食类的终点效用。再说人们居住的房屋，也是有大有小，有高档的和一般的区分，也是建造在不同的地段上，只是这些住房不管建在哪里，也都属于家庭生活必需品，这也就是说，在市场经济条件下，人们的住房依然是生活消费必需品，不是投资品。如果将住房变成了投资品，将商品房市场变成了投资市场，必定要搞乱市场秩序，必定要影响国民经济的正常运行。至于人们的出行，那也是要消费终点效用的。现代生活的最典型需要是家庭轿车，这在传统的社会生活中是根本想不到的事情，现在却成了社会之中普遍化的需求。一家有一辆轿车的比比皆是，就连还是发展中国家的中国，也已经有几个城市宣布限制购买家庭轿车，因为这些城市里的家庭轿车已经太多了，造成了城市交通的严重拥堵。另外，发达的航空运输和铁路、公路运输也为现代人的出行创造了便利的条件，让人们的出行非常快捷便利。这些都是现代人享受到的基本的财富性的生活终点效用。

人类生存与发展的基本的生产资料的效用都是财富性的终点效用。生产资料不是人们生活消费的物品，但是制造人们生活消费品必不可少的物质财富。人类社会的发展就体现在这方面的物质财富的创造能力上。所以，生产资料是最宝贵的财富。生产资料的效用是最宝贵的具有财富性的终点效用。在市场经济的现实中，谁拥有了生产资料，谁就拥有了投入生产过程中的生产资料的收益权，所以，生产资料效用的财富性是十分明显的，一般说，一个人拥有的生产资料越多，他能够占有的社会财富就越多。只是需要明确，生产资料是用于生产的劳动成果或自然资源，生产资料只有投入生产中去，才能作为劳动客体发挥创造劳动成果的劳动整体作用中的劳动客体作用，才能在经济组织经营盈利的前提下，作为生产资料的所有者或占有者获取收益。生产资料在闲置的状态下，或是投入生产经营之后未能盈利，都是不能获取收益的。可以说，没有收益的生产资料也是具有财富性的终点效用，只是这样的终点效用没有发挥出应有的作用。明确这一点很重要。这说明，生产资料是作为劳动客体进入生产过程的，并且进入生产过程的生产资料要发挥劳动客体在劳动整体中的作用，这种作用不是占有生产资料的人的作用，而是物的作用。因此，获取收益的人实际上是占有了生产资料的物的作用。现代经济学的研究需要分开生产资料具有的物的作用和生产资料所有者或占有者的人的占有作用，明确界定生产资料具有财富性的终点效用。

在社会生活中终点消费的生活劳务效用也是具有财富性的终点效用。这就是说，在市场经济条件下，在现实生活中，有一部分劳务也是人们的最终消费品，它们的效用也是终点效用，也是具有财富性的，即是增加人们的福利享受的。比如，沐足，服务人员就是为消费者提供最终消费的，消费者需要的就是服务人员为他洗脚的享受，在洗脚的过程中服务人员还要给他做身体其他部位的按摩，这是消费者购买的最终消费品。这种沐足消费虽然是接受服务的消费，但是同样具有财富性，因为这种服务提供了社会终点福利，所以，不能以其服务性将其定为提供的是中间效用，而要根据其具有的财富性而将其归于终点效用，明确其提供的是社会福利享受。再如，人们去医院，接受的是医疗服务，但这种医疗服务提供的也不是中间效用，而是实实在在的终点效用。而且，医疗服务同工业生产一样，需要装备各种设备，即需要很多的器械，有检查身体用的器械，也有治疗疾病的器械，包括做各种手术的器械与设备。有病的人需要医院为他提供医疗服务，良好的医疗服务是每一位病人都企盼的。所以，为众多的病人提供的医疗服务具有的效用是终点效用，不是一般服务性的中间效用。可以说，凡是为人们提供的是终点消费需要的服务性的劳动成果，其有用性都无一例外地属于具有财富性的终点效用。

与终点效用不同，中间效用只具有服务性，不具有财富性。这就是说，创造中间效用的劳动都是从事服务性工作的劳动，不管是为生产服务的劳动，还是为生活服务的劳动，都是服务性劳动。这种单纯的服务性劳动与既具有财富性又具有服务性的劳动是有所不同的。既具有财富性又具有服务性的劳动是创造终点效用的劳动，不属于创造中间效用的劳动，只有单纯的服务性劳动创造的才是中间效用。财富性是不能加在创造中间效用的劳动之中的，单纯的服务性才是创造中间效用劳动的本分，有了财富性不影响其劳动还可具有服务性，只是这样地具有服务性不能列为创造中间效用的劳动。可以这样说，理发师的劳动就属于既具有财富性又具有服务性的劳动，理发师的劳动肯定是服务性劳动，但是，理发师的劳动是满足人们理发需要的劳动，是为社会提供一种生活消费福利的劳动，所以，理发师的劳动创造的是终点效用，而不是服务性的中间效用，他的劳动提供的是人们的社会福利，就像人们需要吃饭一样，人们也需要理发师为他们提供理发服务。同样的道理，沐足师的劳动也是提供终点效用的劳动，虽然不会像理发那样人人需要理发师，需要沐足师的人会比需要理发师的人少许多，但是沐足师属于创造终点效用的劳动是与理发师一样的。理发和沐足这两种服务性劳动都同婚姻介绍所的劳动不同，婚姻介绍所的服务劳动，包括提供婚恋服务的电视节目，都是毫无差异的创造中间效用的劳动。

就像社会需要婚姻介绍所一样，在社会经济的发展进程中，随着人们的生活方式的转变和生活水平的提高，在生活服务领域，会不断地涌现新的创造中间效用的劳动，甚至这方面的劳动发展还会是很快的。在以往，人们需要买东西，都是去商店、去百货公司，最近十几年又可以去超市，这种购物的生活模式已有悠久的历史，成为一代又一代人的难忘的生活记忆。对于消费者来说，这是历久弥新的生活方式。对于商家来说，这是老辈子留下来的做生意的方式。而如今，没有想到的是一种新的创造中间效用的购物方式兴起了，而且是以前所未有的速度发展起来，网购的兴起颠覆了所有的商业传统观念，让人们看到还可以这样买东西。这种网购是典型的单纯服务性劳动，在本质上与传统的商业劳动是一样的，只不过为消费者服务的本质特征更加鲜明了。一般说，有些人对于商业劳动本质的认识并不很清楚。有三种情况：一种情况认为商业劳动是为卖家服务的，还有一种情况认为商业劳动是为卖家和买家即消费者共同服务的，再有一种情况认为商业劳动是为买家即消费者服务的。而其正确的认识只是第三种情况，即商业劳动是为买家即消费者服务的。在过去的市场实际中，有一些企业的想法是第一种或第二种情况，即不是认为商业劳动是为卖家服务的，就是认为商业劳动是为卖家和买家即消费者共同服务的，都达不到对于商业劳动本质的准确性认识。而现在的网购兴起，让人明显地看到商业劳动就是为消费者服务的。每天，那么多的送快递的劳动者奔波在大街小巷，奔波在乡间村里，为人们送上各种各样的网上购买物，可以说，都是服务到家了。

目前看来，不仅是在生活消费领域，网购发达；而且，在生产领域，物流更加发达了。这更加突出地证明了，随着时代的发展，有什么生产需要的服务就有什么生产服务会跟上大发展。为生产服务的中间效用基本上是劳务效用，物流业就是新兴的创造劳务效用的产业，发达的现代物流业推进了现代社会经济的发展，起到了很好的中间效用创造为终点效用创造服务的作用。有了发达的物流业，几千千米之外的新鲜水果可以迅速地准确送达用户手中，几千种商品可以迅速无误地送达全世界每一个角落。这是过去想都不敢想的事情，现在通过物流业的发达全部实现了。现代物流业是现代中间效用创造的一个典型。对此，在生产领域，需要分清生产劳务的中间效用的内部性与外部性。在一个经济组织内，有生产劳务形态存在的创造终点效用的劳动和具有内部性的创造中间效用的劳动。在整个社会经济系统之中，存在着专门的具有外部性的创造中间效用的劳动。具有外部性的创造中间效用的劳动与具有内部性的创造中间效用的劳动不同，不在于劳动工种不同，而在于组织机构是不是独立。凡是独立机构从事为生产提供服务的劳动都属于具有外部性的创造中间效用的劳动。凡不是独立机构而是附属于生产组织专为生产提供服务的劳动都属于具有内部性的创造中间效用的劳动。具有内部性的创造中间效用的劳动与一个经济组织内部的创造终点效用的生产劳务劳动的不同在于，前者只是提供服务性劳动，而后者提供的是既有财富性又有服务性的劳动。企业内部的维修系统的劳动就属于与单纯创造中间效用的服务性劳动不同的既有财富性又有服务性的创造终点效用的劳动。

财富性的终点效用结构决定服务性的中间效用的结构。没有财富性的终点效用的创造，不会有为之服务的中间效用的产生。这就是说，具有单纯服务性的创造中间效用的劳动始终要保持与具有财富性创造终点效用的劳动的对应，中间效用不会自行产生，中间效用产生的前提，在生产领域，必定是有创造中间效用的劳动对其有需求。金融业是既为生产服务又为生活服务的创造中间效用的劳动行业，它是服务业劳动，但其服务要受到服务对象的约束。在生产领域，金融业是要受到实体经济生产发展约束的。金融业的自行发展壮大是不允许的，脱离了实体经济生产发展的需要，金融业的发展不仅是没有意义的，而且可能起到反作用。所以，发展任何服务性的中间效用的前提都是，看有没有为之服务的终点效用的需要。若有这样的需要，那就可以发展为之服务的中间效用；如若没有这样的需要，那就不可以发展为之服务的中间效用，绝不能不管不顾地贸然发展。由此可见，社会经济发展的基础在于具有财富性的终点效用的创造，而不在于只是单纯具有服务性的中间效用的创造。中间效用的创造不仅要跟随终点效用的发展，而且必须符合终点效用发展结构的要求，即必须是有什么样的终点效用结构，随之形成什么样的中间效用结构，这两种结构必须保持一致性，国民经济的运行与发展才能保持顺利有序。

二 终点效用的基本类别与中间效用的存在期间

在更深入的效用理论研究中，对具有财富性的终点效用需要进一步做出基本类别的区分。对于从属于终点效用创造的只具有服务性的中间效用也要进一步展开其创造和存在形态的研究。下面，先将终点效用作以知识类、实物类、劳务类三个部类区分，并逐一进行考察。

知识类终点效用就是知识效用。知识效用包含着丰富的内容，是人类社会生存与发展的最重要的基础。创造知识效用需要付出艰辛的劳动，甚至有些知识效用的获得要经历几代人的接续努力。知识效用最大的特征是经历一定的知识产权保护期之后，基本上就成了有价值而没有价格的劳动成果，而且可以长期或较长期地保存价值，形成一定的价值积累。其实，从本质上讲，国家或家庭的经济实力的不同，就在于知识效用的价值积累的差别，在于这种价值积累的多少。从人类社会的历史与现实来看，知识效用的价值积累包括方方面面：有基础生活知识效用的价值积累，有数学知识效用的价值积累，有科学技术知识效用的价值积累，还有哲学社会科学以及人文知识效用的价值积累，等等。每一种有价值没有价格要求的知识效用实际上都是"免费的午餐"。确定知识效用的特殊性存在，表明传统经济学理论认为天下没有"免费的午餐"是错误的，是过时的且必须给予更正的认识。现代经济学必须强调，有知识效用的存在就说明有"免费的午餐"的存在，只是没有"直接送到嘴里的免费的午餐"，要想吃到"免费的午餐"，就需要付出学习的成本，即知识是免费的，但学习是需要费用的，关键是，不能因为学习需要费用而否认知识本身是免费的。知识效用是"免费的午餐"，这一点是具有重要的经济学意义的，这不属于市场交换的内容，却是整个社会资源配置的研究对象，尤其是为发展中国家或地区可以发展成为发达国家或地区提供了理性的依据。

科学技术知识效用的发展决定社会经济的发展。在没有先进的科学技术知识的时代，人们只能依靠笨重的体力劳动满足生存需要。就农业劳动来说，一年干到头，累死累活，打下的粮食未必能够吃饱肚子，遇到灾年更是苦不堪言，会使很多的人活不下去。而现在，在世界上最发达的国家，依靠最先进的农业生产技术，一个农民种地一年收获的粮食可以满足120多人一年的食用需要。在工业生产领域，更是技术决定效率，目前有许多的行业早已脱离了劳动密集型行业，成了技术密集型行业，用机器代替人力，获得了更高的生产效率。在十几年之前，人们出行乘坐普通列车，一个小时只能走行100多千米，一次超过2000千米的旅行，至少需要一天一夜的时间。而现在，有了先进技术的高速列车，同样是2000千米的旅程，只需要不到7小时，大大地缩短了人们的乘车时间，方便了人们的出行。在现时代，不论是哪一个国家或地区，只要整体上技术水平的提高能够达到先进水平，其社会经济一定会取得较大的发展而走进发达国家或地区行列。

哲学社会科学以及人文知识效用的发展决定社会文化文明的发展。哲学社会科学的发展是人类对于自身基础认识的发展。在20世纪之前，由于自然科学本身的发展还未能取得重大的突破，人类对于自身的基础认识还存在着当时时代的局限性。在20世纪末，由于自然科学的发展已经推动了哲学社会科学的发展，人类对于自身基础认识的发展取得了重大的成果。而在21世纪，学习和传播人类对于自身基础认识已经取得的重大发展成果，将大大地推进世界文化的发展和人类文明水平的提高。这些现时代迫切需要的哲学社会科学知识与科学技术知识同样是"免费的午餐"，是有价值没有价格要求的劳动成果。还有，各个国家或地区特有人文知识也同样是"免费的午餐"，同样是各个国家或地区社会文化文明发展的基础。比如，中国的古代诗词，博大精深，优雅隽永，任何人包括非汉语国家的人都可以学习和欣赏，从中得到美的享受和积极振奋的力量。所以，在现代社会，各个国家或地区都高度重视本国或本地区特有的人文知识效用，一方面要继承光大，另一方面还要创新发展。

实物类终点效用就是实物效用。凡是实物效用都属于实物型终点效用，没有任何的实物效用不属于终点效用。这是实物效用的特点。而且，实物效用是满足人们日常生活的终点效用，人们的生活一天也离不开实物效用。实物效用包括人们每天衣食住行需要的物质资料，也包括生产人们每天衣食住行需要的物质资料的生产资料。人们穿的衣服、人们吃的粮食和副食、人们住的房屋、人们乘坐的车辆——从牛车、马车到自行车,从汽车、火车到轮船、飞机,对于人们来说,消费的都是实物效用。而生产这些实物效用的生产资料也都是实物效用。只是,随着科学技术的进步,生产生活用品的实物效用也是在不断地演变发展的。最初,在原始社会,人们的生产工具只有简单的石斧之类石器。在奴隶社会,普遍使用的劳动工具是青铜制作的,且是相当简陋的,即使能够做出精美的青铜器皿的工具,也不是很复杂的。封建社会,是铁制农具的天下,由于是处于农业经济时代,劳动工具主要是简单的农具供农民使用。到了资本主义社会,劳动工具才逐步地复杂起来,先是实现了用机器生产机器,而后出现了大型的机器和大型自动化生产线。在 20 世纪中叶,产生了新技术革命,实现了劳动工具由以延展肢体作用为主向以延展脑力作用为主的重大转变,创造了人类社会前所未有的极大的生产力,奠定了人们网络化智能化现代生活的物质基础。这种时代的变化既是实物型终点效用本身的发展变化带来的变化,也体现了实物型终点效用本身发展的变化。

与知识型终点效用具有无偿性和永久性不同,实物型终点效用都是有偿性的,而且几乎都不具有永久的保存性。在市场经济条件下,获取实物型终点效用,即实物效用,一般要经过市场交换,通过货币购买,没有无偿的,即使是有人愿意赠送,若赠送物不是他自己创造的,那也是购买的,至少市场上会有同类物品出售,有一定的价格存在。具有无偿性的效用只能是知识效用,除了知识效用,其他效用必定都是有偿性的,所以,也可以说,对于实物效用,没有"免费的午餐"。这种有偿性是市场交换规则的体现,是人们全都认可的,对实物效用是无一例外的。这是一种常识,对于现代经济学的研究来讲,只是不能将这种常识性的认识扩张到对于知识效用的认识上,即不可混淆知识效用具有无偿性与实物效用具有有偿性的差别。必须明确,不论是否认知识效用具有无偿性,还是无视实物效用具有有偿性,都是错误的认识。更进一步讲,知识效用具有的可永久保存性也是实物效用不具备的。实物效用一般不能保持长久,更没有能够永久保存的。今天看到原始社会的石斧,已经是具有文物价值了,已不是石斧原有的效用了。不能长久保持是实物效用的一般特征，但要说明，实物效用不能长久保存并不等于不具有一定的保存性。有些实物效用，比如房屋，是可以几十年保存使用寿命的，甚至有的房屋可以保存几百年的效用。只是对于大多数的实物效用的保存时间没有那么长，一般的真空包装食品也就是有半年的保质期，过了保质期就失去效用了。而一般不带真空包装的食品，即使是放在冰箱里，只要不冷冻，那也放不了几天，几天不吃就会坏了。而只要是吃掉了或用掉了，实物效用也就没有了，这也是实物效用与知识效用之间绝对的不同之处。

劳务类终点效用是又一种类型的终点效用。这一类型的终点效用不能称之为劳务效用，因为劳务效用中更多的是中间效用，并不全都是终点效用。在劳务型的生产消费品效用中，存在一部分劳务类终点效用；在劳务型的生活消费品效用中，也存在一部分劳务类终点效用。认识劳务类终点效用，需要把握两个要点：一个是劳务型，即是以劳务形态出现的劳动成果；另一个是财富性，即不属于中间效用的劳动成果，确定无疑是终点效用的组成部分。对此，不能因为劳务类终点效用表现为劳务效用而否定其是终点效用，更不能因为劳务类终点效用属于终点效用而无视其劳务形态的存在。无论如何，劳务类终点效用与知识类终点效用是不同的，劳务类终点效用与实物类终点效用也是不同的，劳务类终点效用是终点效用中比较特殊的一类劳动成果效用。在生产劳务中，存有不同于中间效用的终点效用，即用于生产领域的劳务类终点效用。在生活劳务中，也存有不同于中间效用的终点效用，即用于生活服务领域的劳务类终点效用。

对于生产设备进行正常的维修工作就属于用于生产领域的劳务类终点效用的实现。生产设备是需要定期和不定期进行维修的，大到钢铁厂的高炉或转炉，小到一部生产运输车辆，都需要定期保养维修，或是出现故障时必须及时维修。只有维修工作做好了，做到位，才能保证生产的顺利进行。所以，维修工作在实体经济的企业里，是十分重要的一个生产环节，不可或缺。而且，能够担任维修工作的骨干员工都是技术高超且工作责任心极强的员工，是企业里的中坚力量。这些员工虽然不直接生产产品，只是做为生产服务的维修劳务工作，但是他们的工作创造的不是中间效用，而是具有财富创造性质的终点效用。

在生活服务领域，现在呈现出越来越多的劳务类终点效用。不用说，最为传统的医疗服务也在逐步地更新扩展。以前只是看看病，打打针，吃吃药，最多不过动动手术，现在可好，医疗美容和医疗保健已形成新兴消费的大趋势，占据医疗服务较大比重。在现代生活中，已经有不少的人，言必美容或言必保健，这是在传统的生活方式下没有的，而在今天看来都是很正常很自然的了。这方面社会生活方式的改变，极大地促进了医疗美容和医疗保健业的发展，吸引了大批的医疗人才进入这一行业就业，创造了生活服务的一个新的内容。尽管医疗美容可以改变一个人的容貌，但追求这一结果就是要接受医疗美容服务，服务结束了，结果也就定型了，要想再改变，还要再次接受服务。这同传统的寻医问药没有服务性质的本质差别，结果是服务的结果，服务本身是留不住的，服务过程结束了，劳动过程也就结束了，消费者得到了劳务性的服务，只不过这种服务不是中间性的，消费者得到的不是中间效用，而是留下了终点效用。

中间效用的创造及存在与劳务类终点效用的创造及存在相类似。终点效用可以分为知识类终点效用、实物类终点效用以及劳务类终点效用，但中间效用只有劳务类中间效用。可以说所有的中间效用都是劳务效用，但不能说所有的劳务效用都是中间效用，因为有一部分劳务效用是劳务类的终点效用。都属于劳务效用，这是中间效用与劳务类终点效用的共同之处。但其二者的不同之处还在于中间效用不具有财富性，而劳务类终点效用是具有财富性的效用。作为劳务效用，中间效用是留不住的，效用发生的过程存在，效用存在；效用发生的过程结束，效用结束，不再留存。这是劳务效用的特征，也是中间效用与劳务类终点效用的一种共同的特征。必须明确，效用是指劳动成果的作用，不是指劳动的作用，也不是指劳动成果作用产生的后果。劳务劳动不同于物质劳动与精神劳动，劳务劳动本身是以劳动过程作为劳动成果的，所以，劳务劳动的劳动过程是与劳动成果混合在一起的，但是，从理论上，还是要区分劳务劳动的劳动作用与劳动成果作用，明确消费者实际购买的是劳动成果作用，即是效用，而不是劳动本身，这与消费者购买商品的道理是一致的。就此确定之后，还要确定效用不是指劳动成果发生作用之后的结果，这就如同吃饭一样，饭是劳动成果，吃饱了是劳动成果作用的结果，而这一结果不是效用，只是效用发挥作用的结果。所以，对于劳务效用来讲，这一结果可以长存，但劳务效用不能长存。劳动过程结束了，效用就不存在了，保存不下来。

就新兴的生活服务业来说，快递同以往的邮局邮寄服务的性质是一样的，都是将消费者需要的物品或信件从某处传递到某处，不同的只是以往邮局是等消费者上门，而现在快递是上门服务。再有，现在的快递实在是快，近处可能是当天送到或第二天送到，远处也不过几天就能送到。快递是一种劳务服务，本身创造的是一种中间效用，并不给人们带来福利，不具有财富性。快递再多，也是服务性的，也不能算作财富。人们可以享受快递服务，而不能以快递为最终福利。快递只是由于自身的存在而方便了人们邮寄物品或信件的需要，毕竟人们最终需要的是快递送来的物品或信件，而不是快递本身。问题就在于，快递劳动提供的中间效用是不可保存的，快递员送达快件，快递员创造的中间效用就没有了，不可保留。若再送，那就再来，那是又一次的中间效用，不是上一次中间效用的延续。任何人都不能认为，快递员送来的物品或信件还在，就是快递员的劳动效用还在。中间效用不同于非劳务类的终点效用，中间效用是不可以保存的，中间效用的创造过程与其存在期间是相同的，创造过程结束了，就意味着中间效用的存在期间也结束了。在这一点上，中间效用只是与劳务类终点效用相同。在社会的劳动分工中，只可以为中间效用的创造准备力量，不可以要求创造中间效用的劳动者保存中间效用。对于社会不断产生的中间效用需求来说，只能是随用随创造，随创造随消失，这不可能像大米、猪肉等具有终点效用的物品那样，可提前储备好备用，那些物品是能够保存一定时期的。

三　追求终点效用的最大化

在传统的经济学视野中，追求效用的最大化是天经地义的。但是，由于传统经济学对于效用范畴的作为主观性范畴的界定与本书对于效用范畴的作为客观性范畴的界定不同，所以，与本书对于效用的研究存在前提认识的不一致性，传统经济学讲的追求效用最大化是指市场交易行为的结果，即市场上消费者的追求效用最大化，是用一定的货币购买到心理更多满足效用的商品或劳务。作为一种基本假设，传统经济学关于效用最大化行为的分析，并不是说任何一个市场主体的每一种经济选择和经济决策行为都达到了效用最大化的目标，而只是说市场经济主体的行为可以用这样的对于效用最大化的认识加以分析和预测。按照传统经济学的推理，这种追求效用的最大化还涉及"消费者剩余"和"生产者剩余"两个范畴。传统经济学认为，"消费者剩余"又称消费者净收益，是指消费者在购买一定数量的某种商品时愿意支付的最高总价格和实际支付的总价格之间的差额。消费者剩余衡量了买者自己感觉到所获得的额外利益。在自愿交易的市场条件下，消费者通过选择最优的消费数量可以使自身的利益情况得到改善。消费者剩余达到最大的条件是边际效用等于边际支出。"生产者剩余"是指生产者在市场上得到的净收益。生产者剩余等于生产者即厂商生产一种产品的总利润加上补偿给要素所有者超出和低于他们所要求的最小收益的数量。或者说生产者剩余就是指生产者即卖者出售一种物品或劳务得到的价格减去卖者的生产成本。确切地讲，"消费者剩余"和"生产者剩余"，就是买者和卖者实际上从市场活动中获得的收益，其两者相加是"市场总剩余"。

传统经济学讲到的效用最大化是指市场消费者的一种个人选择。当消费者最为满足的时候效用达到最大。消费者对市场上若干消费品的选择，在达到每一种消费品的单位货币支付所得的边际效用相等时，实现最大总效用，即效用最大化。然而，本书讲到的追求效用最大化不是传统经济学讲的这个意思，而是指劳动者创造的劳动成果效用最大化，即同样的劳动付出而得到的劳动成果效用不同，可以追求最大化的劳动成果效用。这是不同于对效用作主观性范畴界定而形成的追求效用最大化的理论，是对效用作客观性范畴界定后合乎逻辑的创新认识，是可以具体化应用的一般经济学思想。可以说，无论市场怎样变化，传统理论讲的效用最大化都是要依据消费者的主观心理感受确定的，全无客观标准，消费者感受效用大就是大，感受效用小那就是小，这虽然与传统经济学对于效用的界定保持着逻辑的统一，但是与实际上的市场应用却难以对号。传统经济学这样讲，只能使经济学挂在云里雾里，无法落地，无法有效地应用。相应之下，本书对于效用的界定是实实在在的，就是指劳动成果的有用性，本书提出的追求效用最大化也是具有客观性的，就是指创造具最大有用性的劳动成果。所以，本书提出的追求效用最大化是可以放到实际经济生活中去应用的。只是，对此必须强调，现实生活中的人们追求效用最大化，只能是追求终点效用最大化，不能再笼统地讲追求效用最大化。

客观地讲，追求终点效用最大化，就是指追求创造终点效用的劳动能够获得最大的产出，这不过是一种努力的目标，一种美好的愿望，而实际上，这种追求是要受到劳动者的体力因素、劳动的技术因素、劳动的自然条件因素以及市场因素等方面制约的，并非可以一味地无限度地追求终点效用的最大化。

在实际的生产中，对于追求终点效用最大化来说，最基本的制约因素就是劳动者的体力。劳动者在劳动中的作用分为体力作用和脑力作用。劳动者的脑力作用主要体现在技术和管理方面，对于劳动创造具有决定性意义，即决定劳动能力的高低。但在既定的劳动能力运用中，劳动者的体力因素就明显地表现出对于生产结果的约束。尤其是在劳动密集型产业，这种由劳动者的体力因素产生的对于追求终点效用最大化的影响就更为突出了。

乌桕（wūjiù），又名蜡子树、木油树，大戟科乌桕属，落叶乔木，其种子含油量高，出油率高达40%以上，为四大木本油料植物（乌桕、油茶、油桐和核桃）之一。乌桕全身都是宝，仅从其种子中提取得来乌桕油（乌桕油包括存在于乌桕种子外壳的蜡质油脂，简称乌桕皮油或乌桕脂，和存在于种子壳内的液状油脂，简称乌桕梓油或桕油）可用作食用油源、工业油源，又可作为动力油源，是一种取之不尽的可再生油源。大力种植乌桕油料作物，发展成生物能源供应地，对解决"三农"问题有重大的意义，既可以增加农民收入，提高农民的生活水平，又能够带动农村及周边地区的经济社会发展，为振兴农业发挥了重要作用。但采集乌桕种子只能是人工作业，而且相当困难。乌桕树高可达15米，枝条舒展，叶菱状卵形，全缘，羽状脉，树冠圆形。由于树姿美丽，种植在园林或马路两旁都很适当。到了秋季，乌桕的叶子变红了，为园林平添了绚丽的色彩。只是对于人工采集乌桕种子来说，乌桕的美丽是不相干的，人们要想得到乌桕种子，必须费力地爬到乌桕树上。乌桕原产中国，已有 1000 多年的栽培历史了。在人们长期辛勤的培育下，出现了许多优良品种，其中著名的有鸡爪柏、葡萄柏、长穗柏、铜锤柏等，它们树形都很高大，适应性强，结实多，产量高。不过，乌桕树越高，对于采集种子越不利。秋末冬初，乌桕枝头挂果累累，蒴果球形，褐色三裂。种子三颗，表面附有一层白色蜡质，叫作"皮油"或"柏蜡"。用种子榨的油叫梓油，又叫青油，浅黄到暗褐色，它的物理化学性质可跟桐油媲美。《天工开物》中说："乌桕种子榨出水油，清亮无比。贮小盏之中，独根心草燃至天明，盏诸清油所不及者。"皮油可以用作蜡烛、肥皂的原料，蜡质还可以用来生产硬脂酸。连制造蜡纸、护肤脂、固体酒精、高级香料和金属防锈涂料等都少不了皮油，制造电影胶片、塑料薄膜等也需要硬脂酸。用除去蜡层的种子榨出的青油可以用来制造高级喷漆，具有易干、光滑、色泽鲜艳等优点，也可用来制造蜡烛、肥皂和化妆品，还可用作机械润滑油、油墨、蜡纸等原料。榨油后的乌桕子饼可作饲料，也是一种优质有机肥料。据测定，每 100 千克柏子饼中所含的氮、磷、钾，比茶子饼、桐子饼中所含的氮、磷、钾要高；而且它有肥效长、结子壮、能改良土壤、抗病虫等优点。乌桕化工的现实就是必须人工采集乌桕种子，就目前来说，这需要很多的劳动者进行人工作业，每一位劳动者辛苦一天也只能采集到不多的乌桕种子。所以，要想实现乌桕化工的效用最大化，最大的制约因素就是人工采集乌桕种子的困难，因而每年都有相当多的乌桕种子采不下来，无法用于制油的生产。目前，在不能使用机器采集乌桕种子的情况下，乌桕化工的发展受到约束，只能是依靠人工采集乌桕种子，人工采集乌桕种子的规模有多大，乌桕化工的生产规模也就只能有多大。

技术是劳动者智力的体现，生产设备是技术的应用物化形式。在生产领域，追求终点效用最大化，不仅要受到劳动者体力因素的制约，还要受到生产技术的约束，即技术水平决定生产的产出，在一定的技术水平下只能获得相应的劳动成果产出，不可能有更多的终点效用实现。以钢铁业为例，2014 年 2 月，总部设在英国的钢铁工业和市场分析公司（MEPS）发布全球钢铁产量和不锈钢产量报告。2013 年中国以 7.79 亿吨的粗钢产量位居世界第一，占全球粗钢产量的 48.5%，而中国 2013 年不锈钢产量也达到约 1800 万吨，占全球总产量的 48.3%。根据 MEPS 报告，2013 年全球粗钢产量首次超过 13 亿吨，比 2012 年增长 3.5%，尽管包括美国、欧盟和南美洲各国的产钢量都出现了不同程度的下滑，但得益于以中、日为核心的亚洲国家以及非洲国家的增长还是促进了粗钢产量的再次增长。报告称，尽管 2013 年第四季度的信息尚未完全统计，但预计 2013 年全球不锈钢粗钢产量将达到创历史新高的 3730 万吨，较 2012 年增加 5.5%。尽管 2013 年韩国、欧盟和日本产量低于 2012 年，中国台湾和美国不锈钢产量却有所复苏，同比增加逾 2%。更重要的是，中国和新兴市场国家不锈钢产量增速远高于发达国家和地区，2013 年前 9 个月产量达到 1366.4 万吨，比 2012 年同期增长 15.7%，全年预计产量可达 1800 万吨。1996 年中国粗钢产量首次突破 1 亿吨大关，中国粗钢产量跃居世界第一以来，中国粗钢产量随后呈连年增长的趋势，并且钢产量一直位居世界第一。中国的不锈钢产业则在近十年里取得了飞速增长，2001 年，中国不锈钢粗钢产量仅为 73 万吨，占全球当年产量的 3.8%，随后中国的不锈钢产量连续 10 年呈现超过 20% 的年均增长率。2006 年，中国不锈钢粗钢产量 561 万吨，首次位居世界第一，至今，中国的不锈钢粗钢产量已经占据世界总产量的近一半。事实上，2016 年 1~11 月全球粗钢产量为 14.68 亿吨，同比增加 0.4%。2016 年中国粗钢产量达到 80837 万吨，占世界产量的一半以上。也可以说，进入 21 世纪以来，世界钢铁产量的大增主要是中国钢铁业的贡献。十几年来，中国钢铁业的产量每年都以数千万吨的数量增长，直接拉动了世界钢铁产量的迅速攀升。只是，人们必须明确，不管是世界钢铁产量的剧增还是中国钢铁产量的剧增，都取决于钢铁技术的进步。若没有转炉炼钢技术对于平炉炼钢技术的替代和出钢技术的新的连铸对于原来的浇铸的替代，现在的钢铁产量不可能有这样迅速的提升。也就是说，炼钢的新技术应用决定了 21 世纪世界钢铁产量的剧增。在有这两项新技术突破之前，原有的炼钢技术只能支撑原先的钢铁产量，那时追求钢铁效用最大化是受到原有技术约束的，不突破技术的约束，就不可能有钢铁产量的大幅度提升。而且，即使有了新的技术，现在的钢铁产能也是与现在的新技术相匹配的，不可能无限制地提升钢铁产量，即终点效用的创造不可能脱离既定的技术去追求最大化。

劳动中的自然条件也能对追求终点效用最大化产生约束性影响。这一点突出地表现在劳动内部自然条件起相对主要作用的农业劳动中。农业劳动依靠的自然条件主要是土地，因此，土地的能量和质量就会对农业劳动追求终点效用最大化产生制约。在同样的劳动主体付出之后，一块优质土地可以生产较多的粮食，一块劣质土地只能生产较少的粮食。而且，即使是最为优质的土地，能够收获粮食也是有限度的，不可能突破限度，生产更多的粮食。这就是自然条件对于追求终点效用最大化的约束存在。也就是说，任何劳动都不可能不顾及自然条件的约束去追求终点效用最大化，任何的终点效用最大化都是指一定的自然条件约束下实现的终点效用最大化，离开自然条件的约束去追求终点效用最大化是违背客观准则的。世界著名水稻专家袁隆平2001年以来指导选育成大面积示范亩产800千克、米质优良的第二代超级杂交稻，并于2004年提前一年实现第二期超级稻目标。2006年，第二期超级杂交稻开始推广，袁隆平提出"种三产四"丰产工程，即运用超级杂交稻的技术成果，力争用三亩地产出现有四亩地的粮食。2007年率先在湖南20个县启动实施，取得了非常好的效果。2011年种植面积达800万亩，在大面积生产上比第一期超级稻高50千克/亩以上。袁隆平仍不满足，进一步提出了将常规育种与生物技术结合，攻关第三期超级杂交稻大面积示范每亩900千克目标，经过努力，2011年、2012年超级杂交稻第三期目标攻关百亩示范分别达亩产926.6千克、917.7千克，标志中国超级杂交稻第三期目标实现。截至2012年，累计示范推广面积2000多万亩，增产20多亿千克，为粮食持续稳定增产做出了新的贡献。2013年9月29日，国家杂交水稻工程技术研究中心证实，经农业部测产验收，由袁隆平科研团队攻关的国家第四期超级稻百亩示范片"Y两优900"中稻在湖南省隆回县羊古坳乡牛形村实现百亩平均亩产达988.1千克，创世界纪录。随后，2013年又启动亩产1000千克的超级杂交稻第四期目标攻关。2016年11月19日，袁隆平以及相关技术专家、测产验收专家来到兴宁，对其指导实验的华南双季稻年亩产三千斤绿色高效模式攻关项目进行测产验收。现场实割测得晚稻平均亩产705.68千克（干谷）。同样该攻关模式，2016年7月20日在兴宁经过专家组实割测得早稻平均亩产832.1千克，加上本次实割产量，实现双季超级稻年亩产1537.78千克，创双季稻产量世界纪录。问题就在于，土地的能量是有限的，不是无限的，即使是最高产的土地，也就是达到袁隆平创造的世界纪录的亩产水平，不会再有更多的产量了。追求终点效用最大化，不论是在哪行哪业，都必然会遇到劳动中的自然条件制约。

在现代市场经济中，对于追求终点效用最大化的最大约束是来自市场的约束。也就是说，现代市场对终点效用创造形成了最为直接的约束，即没有市场需求，就不能有终点效用的创造，有多大的市场需求，才能有多大终点效用创造，任何行业任何企业都不能脱离市场需求去追求终点效用最大化。目前，由于技术的进步和投资的冲动，世界钢铁业的产能很大，但是，世界钢铁业能够依据产能去追求钢铁的终点效用最大化吗？显然是不能的！实际的钢铁产量必须是与市场需求相匹配的，绝不能是有多么大的产能就搞出多么大的产量。在生产约束时代，生产的能力有限，人们可能是尽最大的努力生产，也难以满足市场的需求，所以可以不用考虑市场的约束，而现在不同了，由于新技术的发展，各行各业的生产能力已经普遍地大幅度提高了，这时候的产能不论对于哪一方面的商品或劳务的市场需求的满足都是绰绰有余的，因此，在这个时代就不能不考虑市场对于生产的约束了，创造终点效用的任何行业任何企业都不能盲目地追求终点效用最大化了。这是由生产约束时代向市场约束时代转变产生的最明显的变化。现代经济学的研究必须揭示出这种变化，必须明确而深刻地认识这种变化，不能将经济学的认识仍停留在生产约束时代，不能无视市场约束的现实，还是十分盲目地笼统地讲追求效用最大化。

总之，追求效用最大化只能是追求终点效用最大化，而追求终点效用最大化是受各种客观条件约束的，只能是在劳动者的体力因素、生产技术因素、自然条件因素以及市场需求的约束之下实现终点效用最大化，绝不可以脱离这些客观条件的约束去追求终点效用最大化。

四 终点效用的结构平衡与中间效用的结构配套

现代社会的生产是相对复杂的，在满足生存需要的前提下，必须保持分门别类的终点效用的结构平衡和中间效用的结构与终点效用生产的配套。其中，既要实现生产资料生产的终点效用与生活资料生产的终点效用的结构平衡，也要保持生产劳务的终点效用结构平衡，还要保持生产资料生产的终点效用、生活资料生产的终点效用以及生产劳务的终点效用的综合结构平衡和各个门类的中间效用随之的结构平衡。

生产资料生产的终点效用是保障社会生产正常运行的基础。生产资料生产的终点效用不仅要保持自身的结构平衡，而且要保持与生活资料生产的终点效用的结构平衡。生产资料生产的终点效用的种类众多，保持结构平衡是要求有多少种类就要保持多少种类的结构平衡，不能缺少任何一个种类的平衡。当然，最主要的生产资料生产的终点效用尤其要求优先保持结构平衡。对于工业生产来讲，首先需要保持钢铁、煤炭、石油、木材、建材、机械等生产的结构平衡，不能过多地或过少地生产钢梯、煤炭、石油、木材、建材、机械等生产资料，过多地生产是浪费，会将一部分煤炭、石油、木材、建材、机械等生产资料闲置起来，造成这些闲置的生产资料不能正常发挥效用，还可能使生产企业的生产经营遇到实际困难，影响企业的正常运营，影响企业员工的正常收入和家庭生活。而更进一步讲，在钢铁、煤炭、石油、木材、建材、机械等生产内部，也还存在结构平衡问题。钢铁分很多的品种，各个品种都需要保持结构平衡，不能是有的钢铁品种产量过多，而其他品种的钢铁产量又不够用，不能满足市场需求。对此，即若出现这种结构不平衡的情况，必存在管理或技术方面的原因。就目前来讲，有些国家因技术原因不能生产某些种类的高级合金钢，只能生产技术要求相对较低的普通钢材。这样，若要保持钢铁终点效用的平衡，就只能通过国际贸易来调节，进口本国不能生产的某些种类的高级合金钢，出口一部分本国市场消化不了的部分普碳钢材。对于其他生产资料，道理也是同样的。不论是哪一种生产资料，都需要始终保持内部的效用结构平衡。如果因技术或管理的原因保持不了内部的或总量的结构平衡，那就都需要依靠国际贸易来进行调节。如果通过国际贸易还不能达到调节目的，那就会影响自身的国民经济的正常运行，就需要对自身的生产能力进行进一步的挖掘，通过自身的调整和补救来解决生产资料生产的终点效用结构平衡问题。

生产资料生产的终点效用还需要与生活资料生产的终点效用保持结构平衡。也就是说，生产资料生产必须在结构上满足生活资料生产的需要。为了这种需要的满足，生产资料生产不仅要自身保持合理的生产结构，而且生产资料生产的结构必须与生活资料生产的结构保持一一的对应。比如，在某一个国家或地区，一年需要生产100万辆家庭轿车，那生产资料生产就要提供生产100万辆家庭轿车的生产设备、钢材、轮胎、玻璃、其他仪表、涂料等辅助材料，凡是用于生产这100万辆家庭轿车所需要的生产资料一样都不能少。由此决定，在生产资料生产的内部，这些生产资料生产的结构必须合理配置，即必须与满足生产100万辆家庭轿车的需要相对应。

生活资料生产的终点效用结构需要与市场需求的结构相对应。这也就是说，在客观上，生产资料生产的结构与生活资料生产的结构都是由市场需求结构决定的，经济学对于终点效用结构的研究是具有客观性的，是以市场需求结构的客观存在为基础进行研究的。对于生活资料生产来说，只能是市场需要什么，就生产什么，市场需要多少，就生产多少。生活资料生产既不能生产不对路，也不能过多或过少生产。这是一个基本原则。生活资料生产必须遵守这一原则。并且，根据这一原则，生产资料生产的结构必须与生活资料生产的结构始终保持一致性。而复杂的问题在于，生产有时也会影响市场需求，市场需求总是变化的，不会是一成不变的。就现实讲，生产影响需求的最典型的例子就是手机，没有手机生产的时代，没有人需求手机，甚至手机已经研究出来了，也有很多的人并不看好手机的使用，但是，事实上，智能手机问世之后，现在手机几乎是人手一部，手机消费已经产生了一个巨大的市场。而电脑既是生产资料，也是生活资料，作为生活资料的电脑，现在也形成了巨大的市场。这都是时代进步和科技发展带来的市场需求的变化。这样的市场需求变化使得人们的生活进入了更高的水平，更加丰富多彩了，也使得生活资料生产的终点效用更加复杂多样了。由于有了高科技的普遍应用，现在的许多儿童玩具有了很大的科技含量，更为丰富好玩了。只是，人们必须记住，不论科学技术发展到多么高的水平，生活资料生产的结构必须服从市场需求结构。即使是手机生产影响了人们对于手机的需求，但是一旦产生了新的手机市场需求之后，手机的生产同样必须服从手机市场需求的客观约束，即手机的生产量必须与手机的市场需求量相适应，手机生产的品种必须与市场需求的品种结构相适应，也就是说，供给创造需求的前提是供给必须适应需求，而不是可以脱离需求去任意地供给。在现代市场经济条件下，归根结底，市场需求是决定性因素，生活资料的生产不能不服从市场需求，生活资料生产的所有的终点效用都要符合市场需求，否则，不符合市场需求的终点效用就不能得到有效的消费，只能是造成社会浪费。抽象地讲，现代人们的生活已经开始走向智能化了，现代人的生活方式发生了很大的变化，现代人尤其是城市人口的生活水平已不是以往可以相比的，但是，从本质上讲，人们的基本生活需求还是没有改变的，人们还同以前一样，需要每天的衣食住行，所以，面对这样的现实，生活资料生产的规模和结构还是可以做到与市场需求的规模与结构基本相适应的。在这里，提到生活资料生产的规模，是因为与结构的相适应必须有生产量的满足，与市场需求结构的相适应不允许脱离生产的规模。

在现代市场经济条件下，生产劳务的终点效用与生活劳务的终点效用也都需要保持结构平衡。同样，这种平衡也是客观的市场需求结构决定的生产终点效用的结构平衡。在生产领域，不可过多或过少配置劳务型的终点效用，劳务型的终点效用不能单独存在，必然是为实物型终点效用的生产服务的，所以，劳务型的终点效用生存要与实物型终点效用的生产在结构上保持一致性。实物型的终点效用生产需要多少劳务型终点效用，就只能安排多少劳务型终点效用发挥作用。在这之间，存在前者对于后者的约束关系，即后者对于前者的服从关系。融入生产过程中的劳务型终点效用与为生产终点效用生产服务的中间效用不同，劳务型终点效用是生产的必要组成部分，而为生产服务的劳务型中间效用则是连接生产过程的必要组成部分，这是必要的区分，不能因其都是生产劳务而混为一谈。如果对此不做区分，那就失去了终点效用与中间效用区分的意义了。当然，在明确存在劳务型终点效用之后，还必须明确也存在生产领域中的劳务型中间效用，明确生产劳务型的中间效用的具体存在。例如，为生产服务的物流业创造的生产效用就是典型的生产领域存在的劳务型中间效用，其与生产企业中为检修生产设备设立的维修部门的劳务提供不同，不属于融入生产过程之中的生产劳务终点效用，而是外在地为生产过程服务的中间环节。所以，为生产过程服务的外在的相对独立的物流业的劳动创造属于中间效用，包括为生产服务的中间效用，也包括为生活服务的中间效用。

　　为生活服务的劳务效用也分为终点效用与中间效用，其中的为生活服务的劳务型终点效用也存在着受市场客观需求约束的结构问题。而且，这种结构问题同样是不可忽视的。一般说，医疗服务提供的是最为典型的为生活服务的劳务型终点效用。这种医疗服务在整个社会劳动分工中需要确定一个合理的比例和结构，这个比例本身就是一种结构性的约束，这种比例中的结构更是与市场需求息息相关的现实问题。科学地认识这一问题，并不是要求医疗服务占社会劳动分工的比例越高越好，而是要求医疗服务的比例与社会经济发展的水平相一致，不能过高，也不能过低。过高了，社会负担不起；过低了，看病难的问题会特别突出。更重要的是，社会提供的医疗服务还存在地域分布和内部结构问题。不能是东部地区的医疗服务配置比例相对较高，而西部地区的医疗服务配置比例相对较低，更不能是医疗服务的门类不健全，缺少某一类别或某几项类别的医疗服务。比如，或是儿科医生较少，或是妇科医生较少，都是结构上不允许出现的。如果出现这一类问题，就必须进行调整，而不能维护原状。即使不是像医疗服务这样重要的为生活服务的劳务型终点效用，只是一般性的纯属享受类的为生活服务的劳务型终点效用的提供，也需要自觉地接受市场需求的约束，不可配置过多，也要避免配置不足。比如，沐足服务，即洗脚服务。配置过多了，市场需求没有那么多，即客源不足，那经营就会难以为继；配置过少了，就会出现不能满足市场需求的情况，对于有此需求的消费者就很不方便。

对于中间效用的创造来讲，也存在同样的结构问题，其中既存在为终点效用创造的结构对应问题，也存在中间效用创造的自身结构问题。中间效用为终点效用服务是必然的要求，所以，终点效用的结构决定中间效用的结构，终点效用的规模决定中间效用的规模。比如，各行各业的生产规模都扩大了，相应就要求物流产业的规模随之扩大。倘若物流产业的规模不能随之扩大，还是保留既定的规模，服务能力没有提高，那么，各行各业的发展都会受到影响或严重影响，毕竟在现代经济中，哪行哪业都离不开物流产业。所以，在各行各业都需要大发展的前提下，物流产业必须跟进发展，与各行各业的发展保持一致性，必须满足各行各业对于物流服务的需要。为此，就目前来说，随着经济全球化的到来，物流产业的发展不仅要求总的规模扩大，而且要求行业的分工更加专业化。比如，医药物流可以从总的大物流中分化独立出来，成为专业化的物流，专门运送配置药品，这将获得更高的物流效率，达到更高的物流服务水平。而根据长尾理论，服装品种的多样化和个性化的实现，更需要高效便利的专业化物流，以便更加便利消费者的需求，更好地满足消费者追求个性活跃的需要。这种需要可能就是在一大洲配送一件特定样式的服装，及时快捷准确地送到消费者的手中，不给消费者留下任何的遗憾。

中间效用创造的自身也存在结构性问题，即某一种中间效用在总的中间效用中的比例问题。银行业和百货零售业都是创造中间效用的劳动存在，银行业既为生产服务也为生活服务，百货零售业主要是为生活服务的。就银行业为生活服务的方面来说，开设的服务网点不能过多也不能过少，而且地理位置的分布还要适当。银行的服务网点过多，开业的成本就会多很多，不能获得良好的经营效益。银行的服务网点若过少，开业的成本当然低多了，但是对于服务对象来讲，就很不方便了。而若银行网点开设的地理位置分布不是很适当，更可能既不方便服务对象，又不能保证银行获得良好的经营效益。所以，银行业在为民众服务方面，既要考虑规模问题，又要考虑自身的结构安排问题。这个关于行业结构和行业内部的自身发展结构问题，对于百货零售业来说更是需要给予理性的安排。就某一个城市来说，即使经济发展的水平相当高了，留给百货零售业发展的空间也是有限的。于是，不论在哪里，百货零售业也不能盲目地发展，必须与其他产业的发展保持一定的合理结构，不可独家冒进，不顾市场需求的约束。而且，同银行业一样，还存在一个网点设置的地理位置必须适当问题。一家大型的百货公司需要服务于周边的几十万人口，服务的人口过多或过少都是不适当的。服务人口过多，难以保持良好的购物环境；服务人口过少，难以保证良好的经营效益。

第四章　终点效用与中间效用的
创新与发展

在 20 世纪的新技术革命之后，人类的社会生产力大为提高，人类的生存方式发生了根本性的转变。直到如今，网络经济兴起，新技术革命的带动效应还在蓬勃的延续之中，这表现在目前的社会生产之中，终点效用的创造和中间效用的创造仍是在不断地创新与发展。因此，对于效用理论和中间效用理论的研究，必须深刻地揭示出新技术革命之后网络经济时代终点效用创造和中间效用创造的创新与发展的轨迹。

一　现时代的生产资料创新

20 世纪并不是一个神奇的世纪。20 世纪人类社会经济突飞猛进的发展来自 20 世纪中叶的新技术革命。现时代的生产实物发生的变化，现时代人类生产能力的迅速提高，统统来自新技术革命。如果没有新技术革命，恐怕直到今天，人类还保持着工业革命之后的生产水平和生活水平。从现代经济学的研究来讲，是技术的变化引起了人类社会经济的变化，人类的生活水平的提高只能是依靠技术的力量。而技术的进步来源于自然科学的理论突破，自然科学理论的突破反映了人类劳动的智力水平提高，所以，现代经济学的研究必须确认，从根本上讲，新技术革命取得的成就表明，是人类劳动的智力水平的提高决定了人类社会经济的发展。而更具体地就 20

世纪人类社会经济的发展历程讲，人类劳动的智力水平提高推进人类社会经济的发展首先要体现在自然科学的理论突破上，然后才是由自然科学的理论突破推进了生产技术的发展和进步，彻底地改变了现代人类的生存方式，推动了现代人类社会经济的发展更上一层楼，进入了一个前所未有的新时代的高度，即新技术革命的效应已经使现代人类社会的经济生活进入了智能化时代。更重要的是，代表人类劳动智力水平提高的新技术革命的力量终于在 20 世纪打破了地球生存空间的封闭性，制造出了能够摆脱地球引力进入宇宙太空的航天器，使得人类终于看到未来可以生存延续的希望，明确地意识到人类不仅是生活在空间有限的地球上，更是生存在无限的宇宙空间之中。现时代人类制造的通向宇宙的航天器，不论是哪国制造的，都代表了人类的劳动能力已经能够进入宇宙太空。同时，这也代表了新技术革命之后人类对于生产实物的创造和创新的最高水平。

与二次工业革命开启的用机器生产机器不同，现时代已经进入了大机器生产时代。万吨水压机是用于锻造大型钢件的大机器，分为模锻和自由锻两种。模锻水压机是将钢件在近似封闭的模型中整体锻造成型，常用于大批量锻件生产。由于钢件是在模锻过程中整体流动，因此要求水压机的能力较大，例如，一个货车发动机的六拐曲轴的模锻锻造需要 12500 吨的压力机。若是锻件尺寸再大，例如，飞机上的模锻件则需要 3 万吨甚至 8 万吨压力机才能完成。自由锻造是局部变形，通过压力机上下砧座和相关附具，将金属逐步锻打成需要的形状，常用于单件小批量和大型锻件生产。比如，汽轮机转子、大型支撑辊、船用大型曲轴、核电中的压力壳、蒸发器、接管段等。这些大型锻件无法用模锻的方法生产，只能在自由锻造压力机上实现。一般常说的万吨水压机主要是指自由锻造水压机。一个大的锻件在万吨水压机的捶打下像是人们做馒头揉面一样的轻松。

现时代的工业生产不仅有大型机器设备，而且基本上实现了生产流水线的自动化。原材料从自动化的流水线的这头进入，成品可以从自动化的流水线的那头产出，极其便利，能够充分地展示现代化的工业生产的魅力。或是另一种产品装配的流水线，也都实现自动化了，在整个流水线的生产过程中，一件件待组装的配件逐次进入流水线进行组装，最后自流水线的末端下线最后产品。现在的发展趋势是将来会有更多的机器人上流水线工作，将目前的自动化生产进一步推进为智能化生产。

就现在的生产技术的水平而言，各种汽车已能够进行个性化生产。在汽车的总装生产线上，可以做到按照用户的不同要求进行生产，排在生产线上的各色汽车都是用户自定的，而且车内的配置也可以不同，可完全满足用户的个性化需要。这是汽车生产技术现代化的表现，也是汽车产品创新的技术基础。而且，这样的生产不会产生积压，用户订一台车生产一台车，绝不任意生产，汽车在生产线上就知道这台车将来的主人是谁。在现代化汽车生产厂家，高度的自动化与信息化相结合，已经初步地达到了智能化的生产水平。

现在，火车已进入高铁时代。过去的普通列车大部分已改为高速列车，高速列车的时速有 200 千米的，也有 300 千米和 300 多千米的，以后还要生产时速 450 千米的列车。新的高铁列车给人们出行带来了方便和更多的选择。特别是对于中短途旅行实在是最优选择，因为 500 千米的旅程，高铁只需要一个半小时多一点，与乘飞机的时间差不多，可是比乘飞机要方便多了。生产高铁列车需要有先进的技术，这种技术基本上掌握在科技高度发达的国家。目前，中国通过学习也掌握了高铁列车的生产技术，并已成为世界上的高铁列车生产大国。

眼下，航海轮船的制造早已突破万吨级大关，已能够制造几十万吨级的大船，这些大船航行在海上就像是一条条巨无霸。可以说，轮船制造业就是工业的缩影，需要用到各行各业的生产技术。所以，能够生产几十万吨级的大船代表一个国家工业发展到了一定的水平，或是说，一个国家没有相应发达的工业，是无法制造几十万吨级大船的。中国现在已经能够制造几十万吨级的大船，代表了中国工业已经达到了一定的生产水平，中国的轮船制造业已经进入了世界先进行列。目前，中国不仅能够造大船，而且能够制造海上钻井平台。不仅能为中国的海上石油生产建造平台，还能够为其他国家制造海上钻井平台。2016 年 8 月 27 日，据中国新闻网报道：中国船厂首次建造交付的两座 Super116E 型自升式钻井平台"智慧引领幸福 1 号"和"智慧引领幸福 2 号"，8 月 25 日在辽宁大连中远船务公司同时交付，该平台将用于印度西海岸钻探作业，是中国出口平台类海上工业产品交付的"零的突破"。"智慧引领幸福 1 号"和"智慧引领幸福 2 号"船东方为英国福赛特公司，制造方为大连中远船务公司，租用方为印度石油天然气公司。这是中国制造的海工产品首次获得印度石油天然气公司认可并用于印度洋海域作业。"智慧引领幸福 1 号"和"智慧引领幸福 2 号"属新型自升式海洋钻井平台，该钻井平台总长约 74 米，型宽约 63 米，工作水深超过 100 米，钻井深度近 1000 米，适用于印度洋、中东、墨西哥湾等海域。该平台主船体为三角形，主船体生活区可居住 120 人，设有厨房、餐厅、医护室、单元房、电影室、健身房等，完全可以满足船员的海上生活娱乐需求。

在现时代，人类劳动工具最重要的创新是计算机，因而，计算机是现代社会最重要的劳动工具。关键在于，计算机与以往的劳动工具都不一样，以往的劳动工具除了中国的算盘之外，都是延展人的肢体作用的劳动工具，而计算机则是延展人的脑力作用的劳动工具。由于计算机的诞生，加之微型化和网络化的实现，大大地提高了现代人类社会的生产力，以人类能够依靠自己的智力创造出前所未有的巨大财富，彻底地改变了人类的生存方式。作为重要的生产资料，各行各业的企业没有一家能够离开计算机的，计算机已经成为应用最普遍的生产资料物质产品。在许多的白领企业，每个人的办公工具就是一台计算机，整个工作场所就是一个大的计算机房，离开计算机就根本无法工作了。虽然计算机现在也是个人的生活用品，但其更主要的还是劳动工具，还是现代社会最普及的生产资料。几乎每个企业特别是实体经济的企业都是利用计算机开展销售工作的，有的是直接地上网销售，更多的是利用计算机联系客户和存储客户信息及销售信息。过去的银行里，都是学习金融专业的雇员；现在的银行就不同了，除了具有金融知识和具有金融业务能力的人员之外，还有大批的计算机工程人员，这些计算机工程师已经成为各大银行的骨干力量，因为现在的银行业务已经高度智能化了，在一台智能机上可以办理很多项银行业务，甚至有些银行的营业部智能机器比人工服务多得多。而整个银行系统都是靠计算机系统运作的。这是在现代社会发生的金融系统最大的变化。股票交易市场已经断绝了吵吵闹闹的场面，代之的是股民们都在静悄悄地看由计算机控制的大屏幕，而更多的人是在自己的计算机上了解股市信息和完成自己的买进或卖出的交易。在现今时代，还有很多的行业或部门像金融系统一样，对计算机已经形成了不可或缺的依赖性。

时代在发展，技术在进步，但在发展和进步之中最可怕的是军工生产的发展和创新，越来越先进的武器不断地被制造出来。军工生产的武器弹药是军事变态劳动的劳动成果，这种成果是随着科学技术的发展一道前进的。科技越进步，武器越创新。虽然美国扔下的两颗原子弹，迫使日本无条件投降，结束了人类的第二次世界大战，在此之后，原子弹再也没有实际应用过，但是，在这之后的几十年中，原子弹的研制更加普及和升级了，相比现在的威力巨大的原子弹，美国当年在日本扔下的造成30万人失去性命的原子弹，简直就是小小孩，那只是原子弹的初级产品。现在，人类不仅拥有原子弹，还有了杀伤力更大的氢弹，不仅核武器更加先进，而且常规武器也是高度地现代化了。步枪早已不是汉阳造、三八大盖之类的了，而是有了远远优于过去的机关枪的自动化步枪；大炮也不是过去的多大口径的笨重的大炮了，而是有了卫星导航的射程可达几千千米的远程导弹和射程可达几百千米的中程导弹，这都是只能打几千米的大炮不可相比的。二次世界大战时的飞机还都是螺旋桨飞机，而现在各个国家的空军一律都换上了喷气式战斗机。而且，现代军用飞机的种类之多、性能之先进、战斗力之强劲，早已是今非昔比了。侦察有可以飞到20000米高空的侦察机，指挥有性能完备的预警机，加油有高超的加油机，运输有大载量的超先进的运输机，轰炸有性能高超航程超长的战略轰炸机，还有无人机，等等。军舰的发展创新更是与时俱进，大的有核动力航空母舰，小的有核动力潜艇。更重要的是，计算机已经全部装配到各兵种部队，即凡是有军人的地方就有军用的计算机。现在的军队不仅有敢打硬仗、敢打合成战斗的能力，更具有敢打信息战的能力。在计算机的协助之下，军队不必去拼刺刀，只要破坏了对方的信息系统，就能取得对抗性的战斗胜利。计算机不仅极大地提高了人类社会的生产力，创造出巨大的社会财富，同时，也极大地提高了军队的战斗力，使得信息战成为战斗双方军事争斗的焦点。事实上，在这个由于计算机产生而带来巨大变化的现时代，没有比军事武器发展创新更可怕的事情了。尽管，第二次世界大战结束之后，现在看来，还没有发动第三次世界大战的可能，但是，在这几十年中，人类社会并不太平，局部的战争一直未断，硝烟炮火总是弥漫在地球的上空，有很多的人死于这些战火之中，更多的人流离失所，被夺去了幸福安定的生活。而所有的新式武器，除了被禁止的核武器之外，几乎都派上了用场，包括被国际法明令禁止的化学武器。那些饱尝战火苦难的人们，就是现代社会在科技进步之下发展创新的先进武器的直接受害者。这就是说，现代社会的进步，人类劳动的发展，终点效用与中间效用的创造，一方面彻底地改变了人类的生存方式，包括手机在内的各式各样新产品的创造，使人类在今天可以享受到极其舒适美满的现代生活；另一方面在新的科技力量的作用下，不断的军工产品的发展创新，给地球上人类的战争输送了更多更丰盛的养料，不仅直接造成了一部分人的苦难，而且给全世界的人带来了极度的恐怖。走到这一步，到底是人类理性的驱使，还是人类任性的疯狂，这是需要认真思考和研究的。不对人类的历史做出科学的反思，不对人类的未来保持必要的信心，就不能有效地解决现代社会的战争之下的人类极度恐惧问题。如果人类哲学社会科学取得的发展和突破性的新认识得到有力的传播，普及全世界善良人们的头脑，那就确实能够使人类对于自身的认识增添科学理性，能够对促进人类社会的完善发挥作用，对解决现实之中人类对于战争的恐惧问题开启光明之路。所以，在21世纪初，认真而有力地向全世界人民传播哲学社会科学创新和发展的新的理论和新的思想体系，是一件非常重要的大事。

二　现时代的生产服务创新

与生产资料的实物生产不同，不论是生产服务创造的终点效用还是生产服务创造的中间效用，都是劳务形态和劳务性质的。在现时代，这些劳务效用亦有很大的创新与发展。其中，为生产服务的现代物流业和现代金融业的创新与发展尤为突出。

新兴的现代物流业是为社会生产和社会生活服务的专门进行物品传送的现代产业。为生产服务的现代物流业负责生产原材料、辅料及其他一切生产消耗用品和劳动成果从起点至终点的运送过程并伴有相关的运送信息的服务。这样的生产效用的创造是将运输、仓储、装卸、加工、整理、配送、信息等方面的服务劳动有机地结合起来，以形成相对完整的供应链，为生产企业提供一体化的多功能的专业服务。作为新兴产业，现代物流业属于跨行业、跨部门、跨区域、渗透性和融合性都极强的现代复合型产业。现代物流业需要依靠众多的国民经济部门协同工作，主要包括：铁路运输、道路运输、水上运输、装卸搬运及其他运输服务业、仓储业、批发业、零售业、金融业、信息服务业等。

随着现代市场经济的发展，原有的物流业发生了根本性的变化，已由末端行业上升为引导社会生产、促进社会消费的新型先导行业。现代物流业以现代运输业为依托，以信息技术运用为核心，以现代制造业和商业为基础，成为系统化信息化仓储现代化的综合性服务产业。因而现代物流业的兴起，对于优化国家产业结构、增强生产企业发展后劲、提高国民经济运行质量和劳动创造效益都能起到积极的带动作用。

现代物流业并不是传统的劳动密集型产业，而是属于技术密集型和信息技术导引的高科技产业，是现代劳动分工和产业专业化高度发展的产物，具有资产结构高度化、技术结构高度化、劳动力高度化等基本特征。发挥现代物流业的作用，企业可降低成本，提高运营质量和经济效益。过去的企业是以生产为中心，运输和仓储都跟不上，导致周转不灵、运营质量不高。而现在通过依靠现代物流业，就可提高生产效率、降低生产成本，使企业取得更好的经济效益。加快发展现代物流业，也是改善投资环境、扩大对外开放的需要。作为创造中间效用的生产服务性产业，现代物流产业对交通、通信等基础设施的技术水平和完备化程度有相当高的要求，因而可以表现为一个地方投资环境的重要内容，代表一个地方的对外开放水平和形象。

世界上最早发展现代物流业的国家是美国。目前，美国的现代物流业的发展已经较为成熟。早在2000年，美国的现代物流业的产值规模就达到

9000 亿美元，占当年美国 GDP 的 10% 以上，有超过 1000 家专门提供物流服务的公司。美国的物流突出强调"整体化的物流管理系统"，以整体利益为重，不再按部门分管，实行统一规划管理。因而，在这一领域，美国居世界领先地位，以配送中心、速递、第三方物流最具特色。使用第三方物流的企业现在美国占比例超过一半。这种方式的物流，除了承担仓储或运输的业务，还要负责配货、送货、库存管理、收货验货以及调货分装等服务业务。

在日本的现代物流业发展中，政府起到了导向作用。政府通过规划、投入、政策进行引导。规划实施"流通据点集中化"战略，同时建设"城市内最佳配送系统"，要求混载配送，保证配送效率。1997 年，政府制定了《综合物流施政大纲》，依此对主要的物流基础设施提供强大的资金支持。并且出台了鼓励现代物流业发展的各项政策，以利于完善道路设施、改善城市内河运输条件、缓解城市道路阻塞、发展货物联运等。由此，日本的现代物流业随着工业化的实现在短期内得到了迅速的发展。

进入 21 世纪之后，中国的现代物流业发展势头迅猛。各地政府高度重视，做出科学规划，不断加大投入，推动这一产业发展。目前，中国现代物流业的发展趋势体现在以下几方面。一是市场需求迅速扩张。原先的运输业已经不能满足实体经济的需要，现代物流业兴起之后，迅速受到众多行业企业的青睐，越来越多的对于现代物流业的需求促使这一产业得到扩张壮大的机会。二是专业化程度逐步提高。在市场发展前提下，现代物流业不断提高专业化程度，物流功能开始整合，物流业务开始分离外包。销售物流、供应物流、生产物流、回收物流已有细致的分工。简单的仓储、运输业务已经转为供应链一体化的模式。三是物流企业个性化发展。表现为各种专业化服务的创新。专业化物流更加多样化。各个企业开展了各种不同的增值型、创新型业务。四是物流市场发展的国际化趋势明显。物流市场细分后，中国物流成为国外企业关注的市场和投资的重点。国外企业加速了对国内企业的并购。国内的物流企业也开始带着中国产品和服务逐步地走出国门。五是区域市场出现集聚与扩散的并存。集聚表现为沿海港口形成了"物流区"，城市群产生了"物流带"，产业链构成了"物流圈"。

扩散表现为东部物流向中西部转移，农产品进城和工业品下乡形成双向物流，依靠进口的资源型企业向沿海迁移。六是基础建设与整合已成大势。运输设施建设进一步加强，中转设施和综合服务布局进一步完善，物流业的系统性、兼容性进一步提高。各地将改造和建设一批物流服务园区和物流配送中心。

在中国，2009 年 3 月 10 日，国务院印发了《物流业调整和振兴规划》。强调，"要加强石油、煤炭、重要矿产品物流体系"。《煤炭物流专项规划》被列为国家七大专项规划之一。目前，现代物流业与交易市场及运输业的融合是发展方向。今后将大幅度地提升物流与供应链的社会服务价值，开创这一新兴产业持续发展的新局面。

现代金融业分为为生产服务的金融业和为生活服务的金融业。为生产服务的金融业创造的是社会生产的中间效用，为生活服务的金融业创造的是社会生活的中间效用。在讨论现时代的生产服务创新问题时，仅涉及为生产服务的金融业的服务创新。

在实体经济领域，为生产服务的金融业是一个极为重要的部门，是实体经济各个行业企业都离不开的服务部门。为生产服务的金融业要为实体经济各个行业企业提供必要的金融服务。虽然这种金融服务源远流长，但这种金融服务也是不断创新的。目前，在中国经济发展的进一步改革开放之中，中国金融业为实体经济生产服务的主要创新体现在以下几方面。一是优先给技术更新的转型升级企业提供贷款。为实现新型工业化，迫切需要实体经济中的工业企业实现转型升级，成为依靠新技术增强生产实力的企业，成为跟得上时代发展的企业。这样的企业将是实现新型工业化的骨干力量，需要得到金融业的大力支持。所以，中国现代金融业的创新就表现在为进行技术改造采用新技术的转型升级企业优先提供贷款。而不再是平均使用贷款额度，一视同仁地对待企业的贷款要求，以此鼓励企业采用最新技术，尽快实现转型升级。二是坚持绿色贷款原则。绿色贷款的原则就是指银行的贷款一定要支持环境保护和维护生态平衡，不能够给将造成环境污染的项目贷款。这一原则改变了过去发放贷款只讲经济效益不讲环境保护问题的做法，是重大的金融创新，将从源头上对环境污染问题进行把关，将有助于实体经济的生产取得良好的社会效益。三是实行差异化服务的创新。过去金融的服务是以不变对万变，一把尺子量下去，适者就给予金融支持，不适者就不给予金融支持，全无变通的可能性。而今，对此做出了调整，开始采用差异化的服务原则。在坚持金融服务的基本原则不变的前提下，适当调整服务方式，针对不同的企业给予不同的待遇，特别是对于一时有困难的企业，在保证贷款安全的基础上，可以给予优惠的待遇，以帮助企业渡过难关，能够再度振兴发展。四是扩大服务的范围和对象。特别是要扶持小企业的发展和新型农民的创业。过去的金融业只注重为大客户服务，对于一些小企业一概推到银行系统以外去融资，对于新型农民的创业更没有提供任何的帮助。现在不同了，在金融创新主要是为实体经济服务创新的要求下，银行的金融服务开始接纳小客户了，并且已经明确表示要给予新型农民的创业以资金方面的支持。五是依据市场接受的原则发放贷款。过去的银行贷款往往只看计划，贷款项目列入了计划就贷，没有列入计划的就不贷。这是长期以来养成的计划经济体制的做法，不是市场经济体制的做法，必须在改革中改变。造成供给侧结构性问题，不能说与此不相关。所以，金融的创新就要求，贷款的项目必须接受市场的约束，凡是没有市场销路的产品，就不能对其生产给予金融支持，更不能对于这一类产品的扩大产能提供金融支持。

在虚拟经济领域，为生产服务的金融业也将发挥重要的服务作用。由此，这也成为为生产服务的金融业创新的重要领域。一方面，是大的体制或制度的创新，像本来没有金融衍生品市场到设立金融衍生品市场的创新。另一方面，是随着市场变化而变化的金融政策的变化。这种情况是比较多的，也是虚拟经济领域比较常见的金融创新。例如，为了推进和完善中国资本市场的发展，2017年2月16日，有关部门对股指期货进行了三项重要交易的政策调整。一是降低保证金，自2017年2月17日结算时起，沪深300、上证50股指期货非套期保值交易保证金标准，由目前合约价值的40%调整为20%；中证500股指期货非套期保值交易保证金标准，由目前合约价值的40%调整为30%；沪深300、上证50和中证500股指期货各合约套期保值持仓的交易保证金标准仍为合约价值的20%。二是下调交易手续费，自2017年2

月 17 日起，将沪深 300、上证 50、中证 500 股指期货平仓交易手续费调整为成交金额的万分之九点二。三是放宽"过度交易"监管标准，自 2017 年 2 月 17 日起，将股指期货日内过度交易行为的监管标准从原先的 10 手调整为 20 手，套期保值交易开仓数量不受此限。这一次的政策调整是具体的金融创新，可视为 2015 年以来中国对股指期货市场的首次松绑，其直接影响是有望提升股指期货的成交活跃度，这一创新或许是可使股指期货交易"解冻"的关键一环。

三 现时代的生活用品创新

在新技术革命之后，随着社会生产力水平大幅度的提高和社会经济强劲的发展，现时代人们的生活用品的创新是前所未有的，而且范围颇大。这表现在人们的生活享受到各个方面。在 20 世纪的早期和中期，人们要越海长途旅行，基本上只能选择乘坐远洋客轮，当时觉得从亚洲到欧洲或是从欧洲到美洲，能有客轮乘坐就已经是很不错了，有时这样的跨洋旅行要历时十几天或几十天。而现在，同样距离的旅行，人们基本上选择乘坐飞机，因为这样的选择只需要几个小时或十几个小时就能到达目的地，比起以前乘坐远洋客轮快多了。这是人们生活用品的一个显著的变化，用飞机代替了远洋客轮。其实，不用说跨洋旅行，就是几百千米远的旅行，现在也有许多的人选择乘飞机，因为乘飞机就是快，在 1000 千米之内旅行，飞机航行的空中时间也就一个多小时。乘飞机在以前是很奢侈的一件事，现在是很普及的，飞机场也已经是人满为患了，而且，在经济发达国家，飞机场的密度很大，几乎同样的国土面积，飞机场的数量却是发展中国家的 10 倍以上。在各个国家的宽大敞亮的机场候机，真正可以体会到现代生活的舒适与惬意。等坐上飞机，会更感愉快，一路航程平稳静谧，因为现在的喷气式飞机飞得高，不再受一般气流的影响，除了意外情况，可以保证乘客安全顺利地抵达目的地。

过去的人们能听到无线电广播就已经是很不错了，但是，现在的人们看电视都得要彩色的，而且要高清彩色薄型的，变化之大，让当代人感触颇深。新技术革命之后，这才几十年，人们的生活就发生了天翻地覆的变化，人们才懂得了高科技带来的生活享受。现在电视节目的丰富，让人眼花缭乱，在中国，不要说中央电视台，就是每个省的电视台，都开设有几个或十几个频道，而且好多的频道都上卫星播放，再加上有线电视，人们可选择的频道之多，不是以前的人们能够想象的。而洗衣机和电冰箱的普及，更是给现代人的生活带来了舒适和方便。一般说，各个地方通电之后，在有自来水的地方，很难再看到人们手工洗衣了，衣服换下来都是往洗衣机里一扔，凑够了洗一次的数，就开机转一阵子将衣服全洗了，再也不用费力地用人工洗衣了。电冰箱更是为现代人的享受带来了不少的变化，夏天人们可以在家里吃到可口的冷食，可以用其长久地冷冻食物和不太久地冷藏食物，这是过去从来没有过的方便。而这些家用电器的工作原理并不复杂，在国家实现了电气化之后，陆续地被发明出来并传播到全世界，造福了世界每一个角落的现代人。空调给家庭生活带来的享受，使许多的人不敢回首没有空调的旧时代，真不知那时的人都是怎么过来的。其实，在生活面前，有没有空调都是要过日子的，只不过没有空调的时代不如现在有空调的时代好过一些。在酷热的夏天，不管外面怎样热，室内的空调送出的习习凉风确实给人们带来无尽的安慰，让人们感觉到生活是创造出来的，早已是今非昔比了。如今，由于经常出现雾霾天气，室内空气净化器又成了许多家庭的必备电器，如果雾霾天一时半会儿不能退出，那么室内空气净化器很快就会像空调一样在每一个家庭普及。在人们已经习惯了追求生活舒适享受的时代，在人们普遍讲究生活质量的日子里，为了应对雾霾，每一个房间再安置一台室内空气净化器当然会是一种很自然的选择。因为科学技术的发展已经可以为人们的这种追求提供实实在在的终点效用享受。汽车刚刚问世的时候，还只是一种生产资料，即使作为生活用品，也是极其稀少的。但是现在，在经济发达国家或地区，家庭轿车早已是普通家庭的生活必需品，甚至在有的家庭是一人拥有一辆车。作为世界上最大的发展中国家，中国现在也是一个车满为患的国家了。在北京，即使每天限号行驶和限制购车，也还是难免发生堵车的情况。这表明，北京拥有的家庭轿车已经太多了。中国的改革开放给中国人的家庭生活带来的变化太大了。这种变化不是从天上掉下来的，也不是谁的恩赐，这确实是科学技术的发展对于经济发展的推动和促进的结果，是中国经济进入了工业化腾飞阶段的表现，即突出地表现出了中国即将基本实现新型工业化的气势和风貌。

在新技术革命之后，随着经济的发展，创新的生活用品最多的是电子产品，这些创新产品都已经深度地介入民众的家庭生活之中。到现在，计算机也就是电脑已经成为很多人或是说很多家庭离不开的生活用品。但是，最让现代人感到生活用品发生巨大变化或者说现代人的生活用品随着科学技术的发展产生的最大最普及的变化的还不是电脑，而是手机。在20世纪末，最早出现的手机像一块黑转头，又大又沉又贵，但同时也是奢侈品，除了有奢侈能力的人，很少有人问津，绝大多数的人只能是羡慕不已。手机真是太神奇了！不用一根电线，在中国的北京按一下键，瞬间在美国的纽约就能接到电话，这是过去想都想不到的事情，而今已是不容争辩的事实。这是自然科学理论的创新造就的新技术革命带给人们的生活变化，这告诉现代人生活的房间里不是除了看得见的东西就什么都没有了，创新的自然科学阐明每一个房间里都充满了电磁波，整个地球空间里都充满了可利用的物质，正是由于存在这些看不见的物质，人类才能造出手机，实现瞬间即可接通的远洋无线电话。手机技术的应用给人类生活的改变带来了希望，而接下来的手机应用技术的发展确确实实地改变了现代人的生活。第二代手机就不再是黑砖头了，体积小多了，而价格也降了许多，这时用手机的人就多起来了。第三代手机不仅价格更便宜了，而且使用更方便了，这时开始有更多的人买手机用手机了。待到进入21世纪智能化手机产生之后，手机市场空前地暴涨，不是价格上涨，而是买手机用手机的人骤然增多，到现在几乎是人手一部，就连小学生也是人手一部。手机的智能化使得手机打电话的功能只占手机功能的1%都不到，其功能的复杂几乎赶上电脑了，而且可以照相，使得最先进的数码相机也无法与其比普及，还可以看新闻看小说看电影看电视剧，使得手机的用户现在到哪里都可以不闲着。于是，有的人不吃饭可以，一会儿不看手机就不行。众多的手机用户切实地感受到手机的魅力和它对自己生活的改变。

当然，有一利就有一弊。手机带来的生活改变不光是正面的，也有负面的影响。一些学生的自制力根本无法与手机的诱惑力抗衡，往往在上课的时候也要使用手机，而下了课就更是机不离手了。这样时间长了，不可能不影响学生的学习。在前几年，还仅仅是过度依恋电脑玩游戏影响学生学习，现在又加上了一个手机，其影响就更大了。这需要家长、学校、政府部门、社会一起想办法解决，不能因噎废食，而要因势利导，将手机的负面作用向正面作用转化，不给学生们的一生留下遗憾。相比之下，这新出现的情况要比以前的学生厌学情况更复杂了，也是更难以改变的，也许这更不能是开展一般化的教育，更需要采用个性化的办法解决，即一个学生一种解决方式，因人而异。最基本的要求就是在小学阶段就解决这个问题，因为随着年龄的增长，学生越大越不好管。现在的大学生迷恋手机的也不在少数，将大学生的这种习惯改过来，肯定要比帮助中学生改变这种习惯难得多。即使是这样，对于大学生依恋手机的情况也不能不管，而是要更严格地管，更下气力地管。要将手机对于人类生活方式改变的影响讲清楚，帮助学生更好地认识自然科学发展对于人类社会进步的作用，而不要生硬地要求学生改变，促使这部分学生改变对于手机过度依恋的习惯，一定要让学生自己慢慢地去改变，揠苗助长和强行干预都是不行的。

手机普及引起的更大的社会问题是有一些人利用手机实施电信诈骗。这种诈骗已经发生了很多起，影响十分恶劣，还有境外人员与境内人员勾结起来在境外作案的，给警察机关造成很大的压力。由于现在手机已经高度普及，手机的功能已经高度智能化了，许多人的手机已开通了手机银行业务，或是与自己的银行卡捆绑在一起，这就给了一些不法分子可乘之机，可以轻而易举地通过手机骗取人们的钱财。而更多的是，通过非法获取受害人的相关信息，给受害人打手机，编造虚假信息，直接骗取受害人钱款。据报道："2016年8月19日下午，山东临沂女生徐玉玉接到一通电话，对方声称要为其发放助学金。由于此前徐玉玉曾在当地教育部门登记申领助学金，因此未加怀疑。在对方的指引下，她将卡内原本准备交学费的9900元打入了对方提供的账号。对方得手后，电话再无人应答。当晚7点半左右，从当地派出所报警出门后，徐玉玉突然昏厥，抢救两天后不治身亡。经媒体报道后，事件引发舆论关注，教育部官网曾公开发文，提醒广大新生防骗。而当地警方调查获悉，诈骗号码为 171 号段，属虚拟运营商运营。"① 后来，这起电信诈骗案成功告破，犯罪嫌疑人被全部抓获，受到法律的惩罚。这是一起十分典型的案例，给全社会以深刻的反思。这位受害者的死亡告诉人们，在手机普及之后，在手机给人们的生活带来方便的同时，要千万小心坏人利用手机诈骗自己的钱财。有手机没有错，但对于社会上的坏人不保持高度的警惕性就不对了。越是在高科技时代，在智能化手机普及的时代，越应该对使用手机严加防范，不给坏人可乘之机，只有这样，人们才能通过手机的使用安全地享受现时代的高科技生活。

四　现时代的生活服务创新

新技术革命带来的生活变化，有生活用品的创新，也有生活服务的创新。同享受手机一样，在现时代，人们还可以享受到经济社会发展之后的更多的生活服务方面的创新成果。就个人或家庭来说，过去享受到金融服务是传统的，现在已经能够得到电子化的金融服务享受了。现在，除了手机银行、网上银行可以为人们提供金融服务，还有支付宝、信用卡等工具可以让人们享受到便捷的金融服务。手机银行是过去人们想都不敢想的，那时去银行汇款，排队可能会排上大半天，而现在通过手机银行自己在手机上按几下就可以将钱款汇出去，方便得简直是无法形容。在现时代，手机是人们拥有的最为普及的电子生活用品，手机银行则可以使人们享受到最为便捷的个人生活中的金融服务。

手机银行也可称为移动银行，是手机利用自身的移动通信功能和其他智能化功能上网办理相关银行业务的用途。手机银行作为一种移动银行，不仅可以使用户在任何时间、任何地点办理各种银行业务，而且推进了银

---

① 王煜：《山东女生学费被骗身亡：4 名嫌犯落网 2 人仍在逃》，《新京报》2016 年 8 月 26 日。

行的金融服务的发展，使银行能够高效地为人们提供创新的金融服务产品。手机具有的移动通信终端的私密性，使之成为继 ATM、POS 之后，现代银行开展个人业务的最好工具，越来越受到全世界银行业的关注。

手机银行的操作是，人们通过 SIM 卡上的菜单对银行发出指令后，SIM 卡根据用户指令生成规定格式的短信并加密，然后指示手机向 GSM 网络发出短信，GSM 短信系统收到短信后，按相应的应用或地址传给相应的银行系统，银行对短信进行预处理，再把指令转换成主机系统格式，银行主机处理用户的请求，并把结果返回给银行接口系统，接口系统将处理的结果转换成短信格式，短信中心将短信发给最初发出指示的要求银行提供服务的人。由于手机银行是基于发出短信要求的银行服务，所以，凡是可以通过手机短信进行的银行业务都可以通过手机银行实现。手机银行还可以完成传统的银行电话服务无法实现的二次交易。比如，银行可以代用户缴付电话、水、电等费用，这需要经过用户确认，对于手机银行非常方便，只要人们开着手机就可以收到银行发送的信息，从而可在任何时间与地点对付费的划转进行确认。

与网上银行相比，手机银行的优点更为突出。手机银行有庞大的可开发的用户群，这是一个越来越增大的群体。手机银行须同时经过 SIM 卡和账户双重密码确认之后，方可操作，安全性更强。而网上银行只是利用开放的网络运作，很难确切保证在信息传递过程中不受攻击。再有，手机银行实时性好，信息折返时间几乎可以忽略不计，而在网上银行办理相同业务需要一直在线，速度的快慢需要取决于网络拥挤程度与信号强度等许多因素。所以，虽然手机银行是网络银行的派生产品，但手机银行的优越性超过了网络银行，更加便利。

目前，在世界上，俄罗斯、意大利、德国等国家都有一些银行可以办理手机银行业务。在中国，也有多家银行开通了手机银行业务。其中，交通银行在 2004 年推出了中国第一家采用无线上网技术、能同时连接中国移动和中国联通的手机银行，具有免办手续、"零"服务费等特点。其主要功能有：可办理太平洋卡的个人理财业务，包括太平洋卡查询业务、太平洋卡客户转账服务、太平洋卡挂失业务、手机充值业务和分行特色业务；外汇宝业务，已签约的外汇宝客户通过手机银行可进行汇率查询、汇市信息查询、外汇定活期存款互转，并通过即时交易、委托、止损及双向挂单交易，实现不同交易币种之间的买卖；基金业务，通过手机银行向已签约的基金客户提供信息查询和交易等基金业务服务；金融信息服务，通过手机短信向客户提供外汇牌价、外汇行情、外汇咨询、外汇 K 线、环球股指、基金净值查询、股市行情等全方位的信息服务；卡号管理，为客户提供手机银行中常用登录账户的设定、解除及账户的别名设置等一系列的个性化银行服务。

在现时代，电子信息化的生活服务的创新是为主的，起到引领时代潮流的作用，提升了现代社会的人民生活水平。但与此同时，还涌现出其他方面非高科技带动的生活服务创新。沐足业是以前没有的，但随着改革开放和经济发展，这一行业在不少的城市已经落地生根，渐渐地发展起来。这一行业的兴起靠的是中国一部分人富起来之后产生的市场需求，同时还由于有一些从农村来到大城市打工的人可以为这一市场提供劳动力。所谓的沐足，就是洗脚，洗脚也能够成为一种行业，这是以前人们想不到的，但现在已经成为现实。对于沐足的消费者来说，花钱沐足是一种很舒服的享受，通过沐足可以全身放松，达到调理筋骨活血通脉的效果，既是休息，又是疗养，有百利而无一害。而对沐足技师来说，干这个活，即给人洗脚，是相当辛苦的，一个钟做下来，往往满头是汗，累得筋疲力尽。很多沐足技师的手指，由于长年劳作，都有一些变形，特别是手指的手背关节都磨出了厚厚的茧子，形成了极为明显的职业特征。做一次沐足，大约 60 分钟或 80 分钟，价格大约是 60 元或 80 元，也有高价的，需要 100 多元或 200 多元，一次被称为一个钟，不少的消费者喜欢一气做两个钟，一做就是两个多小时，很享受。有些来中国的外国人也喜欢这种享受，也要一来就做两个钟，相对他们在中国的高薪收入来讲，享受两个多小时的专门服务，只花费不到 200 元钱或 200 多元钱，真是太便宜了。相比之下，那些个沐足技师的收入太低了，他们做一个钟的活，最多只能收入 20 元，而他们一天一般只能做 5 个钟的活，因为太累了做不了更多。现在，沐足业的普及度越来越高，有些沐足店已经办在了小城市，甚至在一些大一点儿的城镇，也可以找到能够沐足消费的地方。这也许是中国有特色的行业，也许是中国在特定的时期产生的有特色的行业，但毕竟这是中国现时代的生活服务业中的创新存在。

家庭整理也是现时代的生活服务业出现的创新服务。这个行业的兴起直接与一位名叫近藤麻理惠的日本女生有关。近藤麻理惠从幼稚园大班时起就开始阅读主妇杂志，热爱打扫、整理、烹饪与裁缝等家事，小学六年都在享受"新娘课程"的乐趣，那时她就梦想成为一名"家庭主妇"。到中学三年级时，她开始全心投入收纳整理技巧的研究之中，希望找到一种"任何人都可以做到的，只要整理一次就不会再变乱"的整理方法。大学二年级她开展了自己的整理咨询业务，如今已成为日本知名整理专家。近几年，她写的《怦然心动的人生整理魔法》《怦然心动的人生整理魔法2》《你值得每一天怦然心动的生活》等书已经风靡了全世界，家庭整理师这一家政服务职业也随之在各个国家兴起。目前，在中国从事家庭整理师职业的人还不多。作为家庭整理师，主要是帮助雇主整理衣物和环境，把家里的东西摆放整齐，把家里打理得有条不紊、干干净净。做这样的家务劳动并不容易，需要有专门的技能技巧。作为家庭整理师，一是要把人家家里的东西摆放整齐、得体，有舒适感；二是要求把人家家里的东西归类摆放；三是摆放的东西要让主人找得到，需要为服务对象做备案，留记录，方便主人今后查找。最关键的是所有整理的要求必须符合雇主的生活理念、习惯和要求。按照近藤麻理惠教授的家庭整理原则：客厅要放公共区域的物品，仅限于公共物品；私人物品使用完要带回个人房间。厨房要尽量把所有厨房家电藏起来。整理这一空间内的东西要考虑家人是否易于取出使用。客厅橱柜主要收纳日常使用频率高的物件，如卫生纸、剪刀、扎绳、急救医药箱等。卧室主要放床等，遇到紧急状况（地震）时，最重要的是保护家人。卫生间里要把护肤和彩妆品的使用量精简到最低，要让空空荡荡的抽屉为存放婴儿用品留出空间。储藏柜里要放一些家用工具、体重秤等物件，摆放在易取的地方，要让人一伸手，就可以拿到自己要的东西。书房是守护家人，并提高专注力的空间，可以放所有的画笔和文具等。

在中国的武汉市，受日本的影响，现在也有了家庭整理师，专门从事家政家务整理工作。一天上午，一位家庭整理师来到一位雇主家中，一番观察后，指出她家里存在两大问题：一是孩子已穿不了的衣物、玩不了的玩具等无用的东西太多；二是家里物品存放归类不清晰，比如，孩子的玩具到处都是，不仅孩子的房间里有，书房里也有，卧室里也有。找到问题之后，家庭整理师开始指导雇主收拾。将家里所有的衣物、玩具、化妆品、书籍等物品清理出来，清空储物柜，然后，按照近藤麻理惠的"心动"和"不心动"的原则将物品分类。比如，有的衣物，自己一定还会再穿，就归为"心动"，有的衣物自己不会再穿或基本不会穿，就归为"不心动"一类。孩子玩具、家里的书籍等，也如此分类。3个小时后，分类完成，雇主惊讶地发现，家里"不心动"的东西，远远比"心动"的东西要多。仅塞在家庭角落里的旅游纪念品、出差开会的资料、孩子用过的奶瓶等"不心动"物品，就在客厅里堆成了一座小山。在家庭整理师的建议下，雇主将"不心动"物品全部舍弃——能卖钱的物品当废品全部卖掉，卖不掉的直接丢掉，还有一些半新的衣服等物品，送到小区门口慈善机构设置的捐赠箱里。这些东西，雇主用大编织袋整整装了10袋。丢掉这10袋之后，家庭整理师指导雇主将剩下的东西归类存放：孩子的玩具全都放在一个收纳箱里，雇主自己的化妆品，全都放在衣柜的一格。整理完之后，雇主惊喜地发现家里完全变了样：衣柜、书柜不再拥挤，家里空出了很多储物空间。恋爱时丈夫写的情书，也从角落里给翻了出来，可以很好地保存起来了。雇主对于这次整理很满意，不过她需要向家庭整理师付费，按照中国武汉市现在的市场价格，家庭整理师上门服务每小时需要收费200元。

五 现时代的高等教育创新

在现时代，最需要创新的是高等教育。不论在哪里，高等教育的发展水平都是经济社会发展水平的决定性因素之一。因而，高等教育的创新将带动各个国家或地区的一切领域的终点效用和中间效用的创新。就目前来讲，随着时代的发展，各个国家或地区的高等教育都必须走上智能化的高等教育之路，以适应智能社会和人们智能化生活的需要。由延续多年的常规教育转向智能教育是历史的必然要求，是现时代的高等教育理念的根本性转换，必将开启培养优质的智能型人才的高等教育发展的新时代。

智能教育是指以电子计算机为主要的教学平台和学习工具、以启发大学生的智力和提高用脑能力为主、以培养大学生适应网络时代的自学能力为目标的高等教育理念与实践模式。这种新的教育理念与模式不同于目前已有的常规高等教育理念与模式，具有新时代的特征。具体地讲，贯彻高等智能教育理念，需要落实在两个大的方面：一方面是建立支撑高等智能教育平台的课程体系；另一个方面就是创新和实施适应当今智能时代的教学方式。

2012 年 2 月 21 日《浙江日报》报道《智能教育将在金华起步》（记者方晓、徐晓恩），文中指出："筹建中的浙江科贸职业技术学院提出'培养高智能的一流应用型专门人才'，将是在浙江高等教育中第一家实施智能教育理念的高校，为此，学院将为每一位入学新生免费提供一部笔记本电脑，用作智能教育最基本的学习工具；将构建智能教育课程模块，以实施基础的智能教育；将开发每门课程的智能教育软件，开展全新和全面的专业智能教育。"

这个在浙江高等教育中第一家实施智能教育理念的高校，其实也是在全国高校中第一家实施智能教育理念的高校。2011 年 4 月 25 日，浙江省政府批复同意在金华市筹建浙江科贸职业技术学院，确定全日制在校生规模5000 人，由浙江一唯教育投资有限公司举办，系一所专科层次的民办高等职业学校；要求该学院紧密结合地方经济和社会发展，以面向信息产业和汽车产业，培养应用型人才为办学方向，合理定位，办出特色。之后，浙江科贸职业技术学院一直处于积极的筹建之中，制定了总体规划，明确定位以"培养高素质的应用性智能型专门人才"为目标和特色，实施智能教育理念与实践，坚持办人民满意的教育，为浙江省和金华市的经济社会发展服务。因此，将正式建校的浙江科贸职业技术学院会具有鲜明的时代特色，与其他高校有所不同，既不是以培养高技能的应用性人才为目标，也不是以培养高智能的研究性人才为目标，而是要实施优质的大众化高等教育，培养高素质的应用性智能型人才。

2012 年秋，浙江科贸职业技术学院（筹）第一次挂靠金华职业技术学院招生 200 人。9 月 16 日下午，在浙江科贸职业技术学院（筹）新生见面会上，每一位入学新生，都领取到了学院免费发放的一部高配置的联想笔记本电脑，此举开创了国内高校免费为学生配置个人电脑的先例，成为国内（不包括港澳台）第一所免费给每一位学生发放笔记本电脑的高校。相比不让学生带电脑上学的高校和不反对也不支持的高校，实施智能教育理念办学的浙江科贸职业技术学院（筹）的态度截然不同，不仅建立了校园全覆盖的无线局域网，免费为每一位入学新生提供一部品牌笔记本电脑，还在开学之后的第一学年，为全院学生开设了计算机基础知识课，教会所有的学生使用计算机，力争使每一位学生都能通过全国计算机二级考试。当时，学生们兴高采烈地拿着学院为自己发放的电脑，表示在未来三年的大学学习生活中，一定会好好利用电脑这一学习工具，主动学习，发展智能，不辜负学院对他们的期望。

浙江科贸职业技术学院认为不让带电脑与免费发电脑，这之间存在着较大的思想和理念上的差距。不让带电脑，在思想上，是对新技术革命缺乏深刻的认识，没有认识到电脑开创了人类劳动工具的新时代，实现了以延展人的肢体作用的劳动工具为主向延展人的脑力作用为主的劳动工具的时代转化，电脑是当今智能时代学生最重要的学习工具。在理念上，不让带电脑，表明高校依然奉行传统的教育理念，老师讲，学生听，学生是被动的受教育者。而在当今智能时代，现在新媒体非常普及，学生了解信息、处理文字、强化智能运用，都离不开电脑。高等教育可以依托电脑实现教学方式的根本性改变，学生由被动学习转向主动学习，推行智能教育理念，充分发挥电脑的教育和学习工具的功能作用，做到由课件教学向教学软件的提升。作为第一所提出智能教育理念的高校，不仅不应阻止学生带电脑和用电脑，而且要通过免费给学生发电脑和教会学生用电脑，开启中国高校智能教育之先河，以此有力地推动中国高等教育改革，使中国的高等教育跟上当今智能时代发展的步伐。

在智能教育起步的第一年实践中，浙江科贸职业技术学院设置的智能教育课程模块主要包括以下三个方面内容。一是基础模块课程，包括逻辑学课程、计算机基础课程、高等数学课程。其中计划数学课开三年，分文理班，理科作为专业基础课，文科作为基本素质课，培养文理通才。二是主干模块课程，包括社会学、科技史、创造性思维学、社会心理学、公共关系学、孙子兵法与"三十六计"等课程。三是实践模块课程，主要是开设各种专业实践课程。

筹建中的浙江科贸职业技术学院还要求学生在校期间利用计算机上网进行智能社会的广泛实践，确定智能人才的培养必须高度依赖网络信息。学院将坚定维护培养智能人才的宗旨，使学生接受的智能化教育的效果最先体现在学习能力的提升上，然后体现在就业的优势上，最终体现在为浙江省和金华市的经济社会发展能够普遍地提供高智能的应用性服务。学院要求三年后的毕业生不仅仅能动手，更能动脑，能够依靠高智能为社会创造财富，为自己的一生创造幸福。

2013年5月24日，在职业教育教学资源应用研讨会暨CNKI第九届全国高职院校院长论坛会议上，浙江科贸职业技术学院（筹）院长做了题为《智能教育与数字化教育资源》的报告，提出浙江科贸职业技术学院（筹）已创立了智能教育理念并开展了智能教育的初步实践，受到出席会议的130多所高职院校领导的高度关注。其报告指出：当前数字化教育教学资源开发已成为高等职业院校建设的一项重要工作内容，《国家中长期教育改革和发展规划纲要》提出要加强优质教学资源的开发和利用，《教育信息化十年发展规划（2011－2020）》更是明确了"数字化教学资源覆盖所有骨干课程""以国家技能型紧缺人才培养课程资源为重点，开发优质职业教育资源"等未来10年职业教育信息化的主要发展任务，而这些要求与奋斗目标必须在智能教育的理念下才有可能推行。当前，随着不同类型的海量资源及其管理系统的逐步增多，高职院校教学资源体系在资源建设及资源应用层面存在较大问题。因此，如何合理配置优质外购资源，实现自建资源与优质外购资源的整合互补并切实提高资源应用水平成为高职院校教学资源建设的下一步发展方向。为此，提出智能教育理念并倡导智能教育实践，其意义就是要使教育界认识到传统的高等教育落后的根本所在，要在高等教育的发展中起到具有时代转折意义的改革作用，坚决走出传统教育理念落后的窠臼，一举跟上智能时代发展的步伐。电子计算机不是仅仅用来打字的，更不是用来玩游戏的，而是智能时代的最基本的最普遍的劳动工具和学习工具。只有普及并有效地发挥这种现代化学习工具的作用，中国高等教育的改革与发展才能迈开大步，中国的大学生才能与世界各国的大学生站在学习的同一起跑线上。这需要社会提供充足的数字化教育资源，满足智能教育软件的制作。在此次会议的讨论中，参加会议的代表对于只有开展智能教育才能更好地利用数字化教育资源的观点纷纷表示认同。

第五章　中间效用的基本分类

在现代社会的劳动效用创造中，除去知识、实物和劳务形式的终点效用，其余的劳动成果效用都归为劳务形式的中间效用。中间效用就是指不属于最终供人们生活消费和生产消费的效用，是只能起到帮助人们实现终点效用消费作用的劳动成果效用。中间效用的存在形式是劳务效用，包括实体经济中的一部分劳务效用和虚拟经济中的全部效用创造。从历史看，当出现了社会商业大分工，也就产生了中间效用。当社会经济高度发展了，劳务交换比重大幅度提高了，中间效用的比重也就相应大幅度地提高。当虚拟经济领域相对独立地呈现，国民经济高度地虚实一体化了，中间效用相当大的一部分就是由虚拟效用构成的了。因而，中间效用是一种历史性范畴，是需要现代经济学研究随着社会的发展而发展、随着经济的复杂而复杂的基本经济范畴。

在生活消费领域，中间效用是非福利性的生活消费效用，是人们消费后并不能增加自身福利享受的效用。在整个社会福利中，没有中间效用的内容。中间效用提供的劳务有用性，不能增加社会的福利。

在生产消费领域，所有的中间效用都属于非必需的生产消费效用。虽然在生产消费的过程中增加中间效用消费同样要使生产成本增加，但是无论怎样增加中间效用，这些属于生产劳务创造的中间效用也不会成为生产必需消费的效用。也就是说，在生产过程中，即生产消费之中，与生活消费一样，同样也是终点效用与中间效用并存，而且，也同生活消费的中间效用一样，所有生产消费的中间效用都是以劳务形式存在的中间效用。

研究中间效用的大类划分，即区分实体经济的中间效用与虚拟经济的中间效用，需要先对现实的虚实一体化的市场经济给予必要的讨论和分析。

一　虚实一体化的现代经济

将中间效用做出实体经济的中间效用与虚拟经济的中间效用的区分，这表明了现代经济是虚实一体化的，再也不是单纯的实体经济了，虚拟经济已经发展起来了，并且已经融入了国民经济之中，与实体经济一同存在于现实的市场经济之中了。所以，现实的经济，即现时代的国民经济，都是虚实一体化的经济。由于虚拟经济是为实体经济服务的，是不能单独存在的，因而出现了虚拟经济之后，国民经济也不能完全是虚拟经济，只能是在原有的完全是实体经济的基础上发展为虚实一体化的国民经济。

在现代经济中，只有扣除了实体经济的金融活动之外的金融活动才是虚拟经济。这种认识是从劳动分工的角度界定虚拟经济的存在及其作用的。虽然现代经济学界对于虚拟经济的认识还存在分歧，但有一点是肯定的，这就是所有的人都能够认定：虚拟经济是派生经济，是以实体经济的存在及其作用为根基的，实体经济创造的终点效用才是满足人类社会消费最终需要的。

在虚实一体化的国民经济中，实体经济是人类生存必须依靠的物质生产和非物质生产的劳动内容，包括：农业，畜牧业，养殖业，采矿业，工业，运输业，商业、银行业的部分业务内容以及服务业，等等。相比之下，国民经济的主要构成是实体经济，或者说，即使是在现代市场经济很发达的国家或地区，在虚拟经济高度发达时期，人类社会中绝大多数劳动者还是要从事实体经济范围内的劳动。各个国家或地区的经济发展主要是发展实体经济，各个国家或地区的经济发展水平的提高也主要是表现在实体经济的发展水平的提高上。无论何时，经济学的研究对象都主要是实体经济，这是不会改变的。只是到了现时代，现代经济学的研究不能仅仅是局限于实体经济的研究，尤其是在虚拟经济的发展已经对国民经济产生很大影响的时期，经济学的研究就必须跳出单纯研究实体经济的框架，必须将包括虚拟经济在内的国民经济作为一个有机的整体进行全新的理论研究。

在复杂的虚实一体化的市场经济条件下，虚拟经济是国民经济运行中最敏感的神经，因此，现代经济学需要高度重视对于虚拟经济的研究，高度重视和积极展开对于现代市场经济的虚实一体化研究。确切地讲，股票发行市场属于实体经济，股票交易市场属于虚拟经济，所以，对股票市场的理论研究，就是一种经济学的虚实一体化研究。进一步展开说，虚拟经济中的股票的交易价格与实体经济中的猪肉价格肯定是密切相关的，因为购买股票和购买猪肉使用的是同一货币，不论币值是否发生变化，它们之间都必然具有紧密的关联性。在越来越多的企业涌入股票市场融资的状态下，忽略对于股票交易市场的研究和控制，若一旦发生大量的购买股票的货币转向实体经济领域去疯狂购买猪肉，或是原本购买猪肉的货币突然转向虚拟经济领域去争抢购买股票，那结果都不可能不是灾难性的。在复杂的虚实一体化的市场经济中，不论是由股票的交易拉动整个市场价格上涨还是由猪肉价格的调整拉动整个市场价格上涨，其市场效果都是一样的，如果说哪一方面的影响更大一些，那要看具体的市场运行中的表现。因而，在复杂的虚实一体化市场经济条件下，看到实体经济领域价格发生剧烈波动，就只是治理实体经济领域的价格，那是比较片面的，而虚实经济一体化研究的前沿意义也正是体现在这里。现代经济学基础理论研究的发展表明，虚拟经济与实体经济之间是贯通的，是紧密相连的，现在对实体经济中发生的任何问题，都绝不能无视来自虚拟经济领域的影响；同样，现在对虚拟经济中发生的任何问题，也都绝不能无视来自实体经济领域的基础作用。

虚实经济一体化的初步研究表明，实体经济是基础，国民经济是整体，对于虚实一体化市场经济中的虚拟经济的宏观调控必须为满足实体经济正常运行和健康发展的需要进行，必须是以实体经济的结构调整和运行方式的转变要求为依据，进行全方位和多层次的由完善的市场经济体制规范的宏观调控。因此，各个国家或地区关于现实经济运行的研究，必须依据现代经济学虚实一体化研究的认识成果。更准确地说，在 21 世纪，关于国民经济运行的研究，不论是关于实体经济的研究还是关于虚拟经济的研究，都必须是虚实经济一体化的研究，因为在现实中这两大领域是紧密相连的。

2008 年 10 月 25 日，"第七届亚欧首脑会议在北京圆满结束。在'对话合作、互利共赢'的主题下，亚欧领导人就当前最紧迫而重大的问题坦诚、深入交换意见，达成广泛重要共识。首脑会议意义重大，富有成果，必将对亚欧会议合作进程产生重要而深远的影响，造福亚欧各国人民，开创亚欧合作新局面。亚欧国家是维护国际金融稳定和促进世界经济增长的重要力量，在当前罕见的严重金融危机面前，它们展示了信心、团结与合作，表明了亚欧合作随着形势变化而不断发展前进。战胜金融危机，坚定信心意义重大。"①中国国务院总理温家宝在首脑会议上发言指出：要认真吸取金融危机的教训，处理好虚拟经济与实体经济的关系。要始终重视实体经济的发展，使经济建立在坚实可靠的基础上。虚拟经济要与实体经济相协调，更好地为实体经济服务。

目前，对于股票市场的研究就是对于虚实一体化国民经济的研究。在现代虚实一体化国民经济的运行中，虚拟经济的运行占有重要地位并发挥着重要作用。在现代虚拟经济的运行中，股票市场的运行也是占有重要地位并发挥着重要作用的。作为虚拟经济的主要组成部分，股票市场的运行不仅对虚拟经济的运行产生重要影响，而且对实体经济的运行也产生重要影响。

"当股市进入牛市的时候，我们看到市场活跃，交易量大幅度上升，股票指数也大幅度增加，于是印花税、经纪人提供服务所得的各种收入大幅度增加，这些都将计入当年的 GDP。例如，中国 2007 年进入的牛市，交易量最大时曾达到日交易额 4000 多亿元人民币。按调整后的印花税率 3‰ 对买卖双方双向征收计算，单是印花税就要征收 24 亿元人民币，这是一天的税收，此外还有金融机构中介服务的大约 1‰ - 3‰ 的交易手续费，按中间值计算，手续费大约有 8 亿元人民币，因此股市一天就创造了可以直接计入 GDP 的财富大约 32 亿元人民币。如果算上投资者计算的账目差价利润收入

---

① 齐紫剑、叶书宏：《新华国际时评：开创亚欧合作新局面》，新华网，2008 年 10 月 25 日。

（不计入 GDP），所有来自股市的收入就会更多。这些收入绝大多数是现实的货币收入，是实际上有支付能力的收入，印花税的税收可以用于增加公务员工资，也可以用于政府的各项购买支出，无论其去向如何，最终结果都是大部分成为各类人员的收入。它们可以按市价购买真实产品和各种服务，也可以购买股票、债券等金融资产以及房地产。假定股市这一天增加的收入全部流入房地产市场，按照现在的房地产运行方式，这 32 亿元资金可以作为首付款，按 80% 的住房抵押按揭贷款制度，这就可能带动 128 亿元人民币的贷款，这意味着房地产业得到了 160 亿元人民币的增加的收入。同时，这些货币收入是对房地产的需求，房地产的价格会上涨。虽然我们假定股市某一天创造的收入全部转入房地产市场有些不近情理，但是从长期看，会有很大一部分进入地产、债市以及股市是不会错的。因为，作为金融投资，这几个市场之间具有替代关系，这使得通过股市炒作交易得到的货币收入很容易向债市以及房地产市场流动，特别是对长期在虚拟经济领域活动的金融机构来说。"[①]

这说明，股票市场的运行对于虚拟经济运行和对于实体经济运行的影响都是很现实和很具体的；不是股票市场的运行对于虚拟经济运行没有影响，而是具有很大的影响，从长期看，股票市场的交易收入会有很大一部分进入债市或再进入股市是不会错的，在牛市时是这样，在熊市时也不会是别样，只是收入量小，一般不会改变大的流向；更不是股票市场的运行对于实体经济运行没有影响，而是也具有很大的影响，从长期看，股票市场的交易收入会有很大一部分进入房地产市场或进入其他实体经济市场也是不会错的。

因此，现代经济学对于股票市场的研究只能是虚实一体化的经济研究，而不能是单纯的股票市场的研究。如果现代经济学对于股票市场的研究只是单纯的股票市场的研究，那就失去了理论经济学对于现代虚拟经济运行研究的意义，有悖于现代经济学必须进行虚实一体化经济研究的宗旨，那就等同于股评家们的研究了。虽然，股评家们的研究对于股民们很重要，

---

① 张云：《虚拟经济命题研究意义的探析》，《社会科学》2009 年第 1 期。

但那都不是或者说都不属于经济学的研究范畴。现代经济学的研究任务是认识那只看不见的手，不管是实体经济中的看不见的手，还是虚拟经济中的看不见的手，都是现代经济学的研究必须给予透析的，绝不能让那只手在21世纪还不能被科学的经济学研究解密。这也就是说，现代经济学的研究任务绝不会像股评家们那样去研究人们在股票市场中的博弈，不会为人们的炒股出谋划策，但是，现代经济学对于股票市场的虚实一体化研究确实可以为所有的股民或是说进入股票市场的所有的人提供分析和认识这一重要的虚拟经济市场的理论武器。在经济学的意义上，进行最基础的关于股票市场的虚实一体化研究，是要从国民经济运行的角度，在理论上阐明现代虚拟经济运行中的最重要的股票市场的现实存在价值和市场的功能作用。其现实的市场存在价值，是由其市场的功能作用决定的；其现实的市场功能作用，是现时代各个国家或地区建立和完善股票市场的依据。这也就是说，在全球范围内，各个国家或地区建立和完善股票市场，并不是为若干股民们炒股用的，而是要利用这一市场从资本运作的需要出发连接国民经济中的实体经济和虚拟经济这两大领域，要在现代虚实一体化国民经济的运行中充分地发挥这一市场的虚拟经济性质的市场功能作用。如果仅仅是为了满足若干股民们炒股的需要而建立一个股票市场，那似乎不需要花费这么大的气力，还不如直接地开赌场更实用一些。就此而言，现代经济学对于股票市场的虚实一体化研究的启动，是现代经济学的理论研究跟上现代经济发展的实际需要的一个重要的基本方面表现。

根据对股票市场的虚实一体化研究，基本上可以确定，建立股票市场就必须维护这一市场在现代虚拟经济运行中的资本市场融资作用和金融资产保值作用。这也就是说，资本市场融资作用和金融资产保值作用，这两大作用是现代股票市场必须保持存在的两大基本的市场功能作用。只要缺乏或是说不存在这两大基本的市场功能作用，那就不是属于现代虚拟经济运行中需要的股票市场，那就是丝毫不能为实体经济发展提供必要服务的金融投机和赌博的市场。如果某一股票市场仅仅是缺少一项基本的市场功能作用，或是缺少资本市场融资作用，或是缺少金融资产保值作用，那其也是一个残缺的股票市场，也是一个必须尽快改变或发展完善的股票市场。

对于具有完善性的现代股票市场来说，不论是资本市场融资作用还是金融资产保值作用，哪一样都不能少。

在虚实一体化的国民经济中，股票市场必须具有资本市场融资作用，这是人所共知的。但懂得道理是一回事，实际运行又是另一回事。在 2008 年，中国的股票市场竟然跌破了底，由年初的 4000 多点跌到年底的 1600 多点，有些股票的交易价格已经低于发行价格；在国际金融危机到来之际，许多国家或地区的股票市场也是大跌，一路下滑。在这种状态下，毫无疑问，实际的股票市场已经失去了应有的资本市场融资的功能作用。人们知道，股票市场的资本市场融资作用是直接为实体经济服务的，其融资主要是为实体经济中的企业扩大再生产进行的融资，这是一种直接融资，有利于各个行业的龙头企业获得大量的资本能够更好更快地成长。但是，股票市场的股价大跌就自然地使其失去融资的功能。中国刚刚步入市场经济，中国重新建立股票市场仅仅 18 年，就遇到了一种严峻的市场考验。就现代经济学对于股票市场的虚实一体化的经济研究来说，2008 年的中国股票市场大跌不仅仅是中国大多数股民的灾难，更重要的是市场的融资功能基本消失了，对于国民经济的正常运行和发展造成了一定的严重影响。中国农业银行原本要在 2008 年上市融资的，结果只能放弃计划，等待市场融资功能的恢复。

现代经济学的研究表明，在虚实一体化的国民经济中，股票市场还必须具有金融资产保值的功能作用。关于这一点，现在看来，还并不是人所共知。然而，这一点恐怕更是股票市场为实体经济服务的关键所在。许多股民所知道的就是：各种媒体机构整天轰炸般的宣传——"股市有风险，入市需谨慎"。而且，2008 年，不仅中国的股票市场跌破了底，中国股民赔了钱；全世界的股票市场都发生激烈震荡，都将市场的风险张扬到了极致。但是，2008 年出现的这种情况并不是虚实一体化的国民经济中的股票市场的常态，换句话说，这是股票市场发生的极不正常的情况，股票市场的正常情况不应该是这样的。在正常的状态下，不论在哪里，即不论是世界上的哪一个国家或地区，股票市场都必须具有强势的明显的金融资产保值功能。这一市场的功能作用表现是，股票的价格可以做到保持一定的刚性，在市场的波动中，能够自发地随着实体经济中的价格上涨而上涨，能够自发地随着国民经济中的虚拟性货币的渐进贬值而同样是渐进提高市值价格水平。由于股票市场中的市场交易与实体经济中的市场交易使用的是同样的虚拟性货币，因此，股票市场必须比货币市场具有更强势保障的金融资产保值功能。否则，如果股票市场不比货币市场具有更强势保障的金融资产保值功能，股票的长期拥有可能使其拥有者在经济上遭受严重损失，那股票市场的存在也是没有实际意义的。人们购买股票，并且长期拥有，一方面是可以得到上市公司分红的，另一方面是可以得到资产保值的。因为股票既是虚拟经济领域的交易媒介，又是实体经济领域上市公司资产的所有权凭证。在正常的经济社会发展中，上市公司的资产是要一点点更新升值的，所以，相对而言，它的所有权凭证也是要在虚拟经济的市场上相应升值而不是贬值的。这是股票市场正常存在的客观规定性，是股票市场的正常运行必须保持的基本的重要功能。这一功能是股票市场绝对不可缺少的重要功能，从短期看，不论股票市场存在多么大的市场风险，在市场的长期存在中，永远需要维护和保持这一基本功能。不然的话，股票市场就不是复杂的虚实一体化国民经济运行所需要的虚拟经济市场。特别是，在货币贬值时，人们将钱存在银行，只能随之贬值；而投入股票市场，在正常的情况下，是应该得到保值的。

通过对股票市场的功能分析，代表性地对虚拟经济与实体经济的关系进行了典型的分析。这也就说明了虚拟经济中间效用的创造对于实体经济终点效用创造的影响。这样的分析，既是对虚实一体化的现实的国民经济的确认，也是对虚实一体化国民经济中的中间效用进行大类区分的认识基础。

二 实体经济的中间效用

在虚实一体化的国民经济中，不仅要有实体经济与虚拟经济的区分，而且需要进一步地做出实体经济的中间效用与虚拟经济的中间效用的区分。

这就不是将虚拟经济劳动与全部的实体经济劳动进行区分，而只是将虚拟经济劳动的创造与实体经济中创造中间效用的劳动进行区分。在现代市场经济条件下，实体经济之中，按行业划分，创造中间效用的劳动主要包括：商业劳动、银行业劳动、证券业劳动、广告业劳动、律师业劳动及其他市场中介服务业劳动等。

1. 商业效用

商业劳动创造的效用是商业效用。商业效用是实体经济最早出现的中间效用，也是在实体经济中占有相当大比重的中间效用。商业效用的中间性是由其劳动性质决定的。商业可以为人们购物带来方便，却并不能增加人们的福利。毕竟，人们去商场是为了买物品，不是去最终享受商业服务，或者说，商场对消费者的服务再好，消费者买不到自己称心如意的商品，那也是没有意义的。所以，商业劳动成果的效用只能是中间效用。

商业劳动的出现，不仅是最早的中间效用的出现，而且改变了原先单纯的买卖关系。在没有商业劳动创造的中间效用时，购买商品即购买别人的劳动成果仅仅是为了购买者自己对于这种劳动产品的需要。如果不使用货币进行交易，就像商品经济初期直接地以物易物那样，双方提供的劳动成果都是为对方所需要的。如果不是这样，这个交易就做不成。而产生货币之后，交易就变得方便多了。每个人都可以用货币去购买自己需要的商品，而不必等到拥有自己需要的商品而又需要自己的劳动成果的人出现才能进行交易。但在这种情况下，一般的购买者的购买依然是为了自己用，不是另有他图。而与此同时，社会发展了，市场发展了，有一些人专门为别人买商品服务，这对于别人来说，是买商品更方便了，而对这些人来说，就是改换了自己的劳动性质，不再从事生产商品的劳动，而改为专门从事为方便别人买商品的服务劳动即商业劳动。作为商业劳动的购买者使得买卖关系发生了变化，他们买商品不是为了自己用，而是为了卖给那些需要这些商品的人，那些人买回去才是自己用，商业劳动只是为最终的需要者提供服务，使他们不用直接与生产者打交道就能买到他们需要的生产者的劳动成果。因此，在商业劳动发展起来之后，市场上就形成两类人，一类人买商品是为了自己使用，一类人买商品是为了再卖给别人。这后一类人就是创造商业劳动中间效用的人。

由于存在专门的商业劳动，市场上的供求关系，即生产者与消费者之间的关系就被商业劳动的存在所阻隔。这就是说，生产者与消费者之间不再是一对一的供求关系，而变成了商业劳动与生产者之间存在的供求关系和商业劳动与消费者之间存在的供求关系和。如果这由一个供求关系分成的两个供求关系之间没有矛盾，即商业劳动做到了对于这由一个供求关系分成的两个供求关系的准确把握，那就没有什么市场问题；而倘若把握得不准确，那就可能造成在商业环节积压商品或供不应求，即造成流通环节的市场问题。从商业劳动发展的历史来看，这样的问题是屡屡出现过的，而且是商业劳动的流通环节越多，一道道地倒卖，越是容易发生这样的问题。这也就是说，历史表明，无论是在传统的市场经济条件下还是在现代市场经济条件下，商业性购买与消费者购买是有区别的，商业性购买不一定能够代表真实的消费者购买，可能商业性购买不一定能够传递出准确的市场需求信号，可能会在一定程度上误导生产者。这就是商业劳动中间效用创造中存在的问题，也就是商业劳动中间效用创造中必须极力避免的问题。随着社会经济的发展，在新时代，商业劳动面对的市场关系更加复杂化了，商业劳动的存在形式也发生了巨大的变化，这就要求适合新的时代新的需要不断地提高商业劳动创造中间效用的水平。至于商业劳动创造的是中间效用，而不是终点效用，这是从古至今不变的。

2. 银行效用

银行业劳动也是在实体经济中创造中间效用的劳动。银行业创造的中间效用是银行效用。在现代市场经济的发展中，银行业逐步成了国民经济的调控中枢。社会赋予了银行业重要而艰巨的经济调控使命，使其成为社会各界必须依靠的中坚力量。只是，不管银行业多么重要，银行业为社会提供的服务统统都是中间效用。也许，在现代生活中，每一个人都离不开银行提供的服务，但无论是谁，也不能将银行服务作为最终消费的享受，即银行提供的服务无论多么好也不能增加任何人的福利，任何人都不可能将银行的服务作为生产或生活消费的终点。

从事实体经济生产的企业，是银行业服务的主要对象。除了企业的资金往来需要通过银行办理之外，银行对于企业主要起到供给信贷资金的作用。企业的自有资本是搭台用的，企业要唱戏，还需要大量的信贷资金，这就需要银行发挥的作用。如果企业都不用银行的钱，那银行的作用就无以发挥，那直接的后果就是影响国民经济的正常运行与发展。所以，拒绝银行为企业提供信贷资金，那是很不正常的表现，是一般不会出现的情况。在正常的情况下，一般是企业找银行申请信贷资金，需要银行给予大力的支持，企业为使用银行给予的贷款付出应有的利息。这些利息就是企业使用银行信贷资金的成本，也就是企业的财务费用。银行主要靠企业为信贷资金的使用付给的利息生存，这是银行为企业提供服务的收益，是银行业劳动创造的中间效用的货币表现。所以，企业运营正常，银行才能运营正常，银行是为企业服务的，不是企业为银行服务，企业只是要为使用银行信贷资金付酬，这个关系一定要明确，绝不能颠倒企业与银行的被服务与服务的关系。银行挣钱多说明企业的经济状况好，银行业不景气绝对不是好事。银行业就是要挣钱多，当然，这个多不是指没边没沿的多，而只是讲这要求的是一种正常的多，正常的盈利。银行业创造的中间效用是不可少的，尤其是在现代市场经济条件下，相对网络经济的兴起，更是不可少的。

在为企业服务的同时，银行业还需要为广大民众提供各式各样的银行服务，发挥银行为生活消费服务创造中间效用的作用。现在，银行可以为每一个居民提供全方位的服务，充分地满足每一位居民对于银行服务的需要。可以说，进入 21 世纪之后，银行为居民生活消费提供的银行服务具有鲜明的时代特征，而且是非常便捷高效的。手机银行是主要为个人的生活需要开办的银行，深受年轻人的喜爱，与传统的银行服务相比，手机银行有着实实在在的优越性，仅就个人需要办理的银行业务讲，除了提取现金，手机银行可以办理传统银行所有的业务，而且效率高得多。过去，居民去银行转账汇款，必须到银行的营业点去，去了要拿号，拿了号要排队，排队有时需要一两个小时，很是费时间，往往办一笔业务，就要花费半天的时间。而现在只要开通了手机银行，自己在手机上就能转账，随转随到账，方便得很，也安全得很。今昔相比，这是巨大的变化，也是银行服务劳动的进步。由于现在的银行可以为居民提供很多的家政服务，除了为所有的企业代发工资，还可以代收水电费、电话费、煤气费，甚至可以代收交通违章罚款，所以现在的银行就是一个小社会，为居民提供了诸多的方便，让居民根本不可能离开银行的服务。更要明确的是，所有的银行提供的家政服务都可以通过手机银行操作完成，更显方便。这表明，银行劳动创造的中间效用确实已经进入了新的信息化智能化时代了。

3. 证券业效用

证券业效用就是指证券业劳动创造的效用。证券业的劳动是提供证券化资本市场服务的劳动，除有一部分功能属于实体经济范畴外，证券业劳动是主要活动于虚拟经济领域的劳动。而不论是在实体经济领域还是在虚拟经济之中，证券业所有的劳动创造的效用都是中间效用，即都是不能增加社会福利的效用或不属于生产必需消费的效用。这一行业的劳动是依据资本收益权而存在的，是人类劳动发展在特定阶段的特殊需要。证券业劳动能够得到现代市场经济的承认，有其存在的历史作用，只是其永远不能为社会提供终点效用。

股票的绝大多数是由实体经济的企业发行的资产凭证，证券业为实体经济的企业代为发行股票，其劳动属于实体经济的中间效用创造劳动，这与证券业劳动为证券市场的股票流通服务还是不同的，虽然都是创造中间效用，但证券业在这一市场代为发行股票属于在实体经济领域创造中间效用，而证券业在二级市场为股票流通的服务创造的则是虚拟效用，即在虚拟经济领域创造的中间效用。当然，证券业为虚拟经济领域的企业代理发行股票，那发行本身也是为虚拟经济服务的，在性质上不同于为实体经济领域的企业代理发行股票。证券业为实体经济领域企业代理发行债券，更是属于实体经济中的劳动。在现代市场经济条件下，一般的情况是，证券业为实体经济领域的企业代理发行的债券要远远多于为这一领域企业代理发行的股票。因为现代企业的经营更倾向于债权融资而不是股权融资，对企业债券的需求远远大于对股权融资的需求。所以，证券业在实体经济领域的作用可以通过为这一领域企业代理发行债券得到充分的体现。但是，目前在一些发展中国家，对于证券业劳动这一作用，即代理实体经济领域企业发行债券的作用，还没有充分的理解和重视，因而没有同经济发达国家一样，有效推动企业债券市场的发展，只是比较偏向于发展股票市场，直到目前，企业债券市场的规模都比较小。这就是对于资本市场的认识还比较单一的表现。一般来说，在这样的对资本市场的性质和作用的认识水平下，很可能是企业债券市场没有发展起来，股票市场也没有搞好。

证券业为代理发行国家债券即国债付出的劳动也属于实体经济的劳动。毕竟国债都是用于实体经济建设的，不会流向虚拟经济领域，因为国债发行筹集的资金是财政信用资金，都有具体的实体经济的建设项目安排。国债是金边债券，信用最好，建设用途最广。证券业代为发行国债，具有重要的社会融资意义。与现金相比，国债是不可以在商品市场上流通的；与储蓄相比，国债又是可以在证券市场上买卖的，所以，国债既具有稳定性又具有特定的流通性，是造福国家又有利于个人的债券，可以对搞活经济发挥出重要的作用。一般说，国债发行主要有四种方式。一是固定收益出售法，即在证券市场上按预先定的发行条件发行国债的方式。这种方式具有认购期限短、发行条件固定、代理发行机构不限和主要适用于发行可转让的中长期债券。二是公募拍卖方式，即竞价投标方式。这就是在金融市场上公开招标发行，特点是发行条件通过投标决定、以国家财政部门或中央银行为发行机构、主要适用于发行中短期债券。三是连续经销方式，即出卖发行法，指发行机构受托在金融市场上设专门柜台经销的一种较为灵活的发行方式，其特点是经销期限不定、发行条件不定、主要是通过非银行金融机构或证券公司经销、适用于不可转让债券，特别是储蓄债券。四是承受发行法，即直接推销方式，由国家发行方财政部门直接与认购者举行一对一谈判出售国债的发行方式，特点是发行机构只限于财政部门、认购者主要限于机构投资者、发行条件通过直接谈判确定、主要运用于某些特殊类型的债券的销售。这是适用于金融市场利率较稳定国家的国债发行方式。不论是采用哪一种发行方式，证券业都可以为国债的发行发挥自身的作用。只是，必须明确，不论是国债还是企业债券，它们在二级市场的流通，也都属于虚拟经济的范畴，在二级市场，证券业劳动创造的效用都是虚拟效用。

4. 广告业效用

广告业效用是广告业劳动创造的效用。广告业的劳动目的主要是为生产厂家提供具有中间效用性质的广告服务。除去公益广告、个人广告，广告业的服务对象主要是实体经济中的企业，这些企业通过广告可以更好地销售自己的产品。而问题就在于，广告只是能促进产品销售，人们最终需要消费的还是广告宣传的产品，而不是广告。所以，在虚实一体化的现代市场经济中，广告业提供的服务也只能是实体经济中的中间效用。

因而，广告公司的设立是有条件的，只有当实体经济的企业迫切需要利用广告促销达到一定的规模时，才可以有专业的广告公司出现。所以，实体经济越发达，相对应的广告业就越发达。相反，如果实体经济的发展不景气，广告业的日子也就不好过了。实体经济中的企业需要广告而自己又不做广告，请专门的广告公司做广告，既表明了广告在市场销售中的重要性和必要性，又表明了广告业劳动效用创造的中间性。广告业劳动创造的是一种让企业充满期待的中间效用，是可以发挥出巨大市场能量的创造性劳动成果。例如，一家生产铸石板的企业，由于只能设在边远山区，其产品又是只用于特定的工业用途的专门材料，是耐高温抗腐蚀的工业设备建造材料，做广告之前，几乎无人问津。于是，企业花费了大价钱，在宣传效力最大的电视台做出公告，介绍了自己企业生产的特殊产品，结果第二天就电话不断，来了不少的订单，并且从此打开了市场，以后一直保持着良好的销路。这是一个依靠广告打开市场销路取得成功的很典型的例子，能够很好地表明广告对于实体经济中企业销售的作用。当然，广告业只是主要为实体经济中的企业提供专业服务，并非不为虚拟经济的企业服务。对于广告业来说，不论是来自实体经济中的企业还是来自虚拟经济中的企业，只要是需要专业的广告公司提供服务，都会发挥他们的特定的劳动作用，创造出市场需要的特定的中间效用。

5. 律师业效用

律师业是现代市场经济中的一个十分重要的行业，甚至对于一个国家或地区的现代市场经济的发达程度的测定，都可以间接地通过律师业的发展程度来佐证。在现时代，律师的主要作用，一方面是为居民个人提供法律服务；另一方面就是帮助企业打官司，其中主要是帮助实体经济的企业打各种官司。对于现代社会来说，律师为企业做的工作绝不是可有可无的，而是必不可少的。这并不是说，在现代市场经济条件下，每个企业每天的官司不断，离开了律师一天都没法过。而只是讲，对于现代企业的经营，处处都有需要律师服务的事情，市场经济就是法制经济，市场化经营必须守法经营。企业的经营中一旦发生纠纷，一定要依靠法律途径解决，不可任意而为。因而，律师的作用就特别的突出，重视律师的工作就特别的突出。律师的劳动是每一个企业能够做到守法经营的必要的资源条件，是企业保持生存和发展的重要力量。

6. 其他中间效用

还有其他一些行业的劳动也向社会提供的是实体经济领域的中间效用，比如，各种市场中介服务提供的效用。除了生产非必需消费的中间效用，在现实的生活消费中，凡是不提供福利的劳务效用都是中间效用。创造这些中间效用的劳动是市场客观存在的，而任何中间效用的出现都是由社会劳动分工决定的。因此，在现代经济学的研究中，确认这些方面的中间效用的存在，明确这些方面的中间效用与终点效用的区别，也是十分必要的。

除去金融中介、房产中介、婚姻中介等中介服务之外，在实体经济领域创造中间效用的行业劳动还有商品期货市场行业。这一行业不同于金融期货市场行业，那是虚拟经济领域的市场，而这是实体经济领域的市场，虽然这两个期货市场的劳动创造的都是中间效用，却是两种不同的中间效用。商品期货市场创造的是实体经济的中间效用，金融期货市场创造的是虚拟经济的中间效用。商品期货市场具有允许一定程度市场投机的容纳性，也具有远期市场价格发现的功能，是现代市场经济不可缺少的市场组成部分，可发挥重要的市场作用。所以，尽管商品期货市场创造的也是中间效用，但是，对于任何国家或地区来说，在现时代，都必须规范和完善地建设好商品期货市场，重视和支持商品期货市场创造中间效用的劳动发展。

三 虚拟经济的中间效用

在虚实一体化的国民经济中，除去实体经济，剩下的就是虚拟经济了。

现在，人们都习惯于将不同于实体经济的那一部分国民经济的组成部分称为虚拟经济，但是，到底怎样界定虚拟经济还是有着不太统一的认识。目前，中国经济理论界对于虚拟经济的界定有以下五种基本认识。

第一种观点认为，虚拟经济就是证券市场活动，将所有的证券交易都称为虚拟经济活动。这是一种比较窄的对虚拟经济界定的观点。

第二种观点认为，虚拟经济是指除物质生产领域以外的一切经济活动，包括体育的产业化、文化艺术的商业活动、银行、保险、房地产、教育、广告、服务业等内容。这是一种最宽的界定观点。

第三种是曾经担任过全国人民代表大会常务委员会副委员长的成思危教授的观点，颇具代表性，他认为虚拟经济是指与虚拟资本有关、以金融系统为主要依托的循环的经济活动，简单地讲就是直接以钱生钱的活动。这种观点现在占据主流认识阵地。

第四种观点认为，虚拟经济就是指金融活动，即将虚拟经济等同于金融市场活动，这种观点很流行，特别是为金融界人士接受。只不过，金融界在接受这种观点的同时，并不将金融活动改称为虚拟经济活动。

第五种观点认为，虚拟经济是一种现代劳动分工的表现，是指在实体经济中的价值独立运动之上又出现的价值独立运动。这种观点不认为属于实体经济中的金融活动也为虚拟性的，即认为并非所有的金融活动都是虚拟经济，只有扣除了实体经济的金融活动之外的金融活动才是虚拟经济。这种观点是最贴近事实的认识，这种观点比较准确地划分了实体经济与虚拟经济的各自范围，并且是唯一从劳动分工的角度认识虚拟经济的存在及其作用的。这种观点与主流认识并无冲突，只是认识更为深刻与周全了。本书对于虚拟经济中间效用的研究采用的就是这种观点对于虚拟经济的界定。

南开大学的刘骏民教授认为，世界范围的虚拟经济起自20世纪。他指出："在20世纪80年代以后，西方发达资本主义国家开始摆脱凯恩斯主义经济政策，朝着自由资本主义的政策转变。随着国家对经济干预的削弱和对经济管理的放松，金融自由地迅速发展。在20世纪60年代末为了回避金融监管而发展起来的金融创新在80年代达到了鼎盛时期，新的金融工具不断出现，将虚拟资本的虚拟性推向了一个新的高度，并使资本主义经济运行在全世界范围内更大程度地依赖于金融系统的运行状况，即依赖于国际虚拟资本的运动；同时，资本主义国家的金融资产也迅速膨胀，到20世纪90年代已经大大超过了其实际GDP数倍。这些金融资产，包括货币和庞大的金融证券，在本质上是没有价值的虚拟资本，它们与房地产业、收藏业和博彩业等产业一起形成了现代的虚拟经济，其过度的膨胀造成了资本主义经济的虚拟化。"[①]

按照主流认识的观点，成思危教授认为，现代的虚拟经济具有五个比较显著的特点。一是复杂性。虚拟经济系统是一种复杂系统，其主要组成成分是自然人和法人（投资者、受资者、金融中介者），他们按照一定的规则在金融市场中进行虚拟的经济活动。虽然每个人都有按照他自己对环境及其发展前景的了解，以及其预定目标来独立进行决策的自由，但每个人的决策又不能不受到其他人的决策的影响。虽然在系统中由于组成成分之间的非线性作用而容易产生混沌现象，但由于系统的自组织作用而可以呈现一定的有序性和稳定性。二是介稳性。介稳系统是指远离平衡状态、但能通过与外界进行物质和能量的交换而维持相对稳定的系统，在系统科学中称之为具有耗散结构的系统。这种系统虽能通过自组织作用达到稳定，但其稳定性很容易被外界的微小扰动所破坏。系统的稳定性被破坏后可能在一定的范围内游动，交替地进入稳定和游动的状态，从宏观上可以认为此系统是稳定在一定的范围内，即具有区域稳定性。但有时系统失稳后也可能会产生急剧的变化，甚至造成系统的崩溃。系统崩溃后有可能通过深度的结构调整而恢复介稳状态，也可能走向消亡。虚拟经济系统就是一种介稳系统，必须靠与外界进行资金交换才能维持相对的稳定。三是高风险性。虚拟经济系统的高风险性来自其本身的复杂性与介稳性，它在具有高风险性的同时，也有带来高收益的可能性。首先是虚拟资本的内在稳定性导致其价格变幻无常，而金融市场交易规模的增大和交易品种的增多使其变得更为复杂；其次是人们对市场及环境变化的预测能力不足，从而较易导致决策的错误；再次是不少人承受风险的能力有限，在面临巨大的风险

[①] 刘骏民、伍超明：《虚拟经济与实体经济的关系模型——对我国当前股市与实体经济关系的一种解释》，《经济研究》2004年第4期。

时会无所适从，甚至会因正反馈作用而使风险放大；最后是许多人因为追求高收益而甘冒高风险，从而促使各种高风险、高回报的金融创新不断出现，例如，利率期货、股票期货、物价指数期货、期权等。四是寄生性。虚拟经济系统与实体经济系统之间存在着密切的联系，虚拟经济系统是由实体经济系统中产生，又依附于实体经济系统的。由于虚拟经济与实体经济之间联系紧密，在实体经济系统中产生的风险，都会传递到虚拟经济系统中，导致其失稳；而虚拟经济系统中的风险，如股票指数大落、房地产价格猛跌、银行呆账猛增、货币大幅贬值等，也会对实体经济造成严重的影响。因此，如果将实体经济系统看成是经济系统中的硬件，则可认为虚拟经济系统是经济系统中的软件。五是周期性。虚拟经济系统的演化大体上呈现周期性特征，一般包括实体经济加速增长、经济泡沫开始形成、货币与信用逐步膨胀、各种资产价格普遍上扬、外部扰动造成经济泡沫破灭、各种金融指标急剧下降、人们纷纷抛售实际资产及金融资产、实体经济减速或负增长等阶段。但是这种周期性并不是简单的循环往复，而是螺旋式地向前推进。[①]

在现代市场经济条件下，虚实一体化的国民经济的活跃在很大程度上取决于虚拟经济的活跃。对不断加快的经济增长的关注是一个方面，更直接表现经济活跃的方面则是资本市场的兴起及其作用。就中国的工业化来说，在现阶段，当然要加快完善社会主义市场经济体制，形成有利于转变经济增长方式、促进全面协调可持续发展的体制机制，而更为具体的要求则是要加大力度地发挥资本市场对资源的配置作用。这种资本市场的活跃在某种意义上就是虚拟经济的活跃。虚拟经济是从货币的相对独立运行领域做出的概括，而资本市场则是货币相对独立运行的具体表现。按照一般的划分，资本市场主要是五大市场，即虚拟经济的运行主要是在资本的五大市场之中。这五大市场就是：企业债券市场、财政债券市场、股票市场、借贷市场、产权交易市场。其中，各个市场直接为实体经济企业服务的内容属于为实体经济创造的中间效用，而各个市场出现的资产证券化的活动，

---

① 成思危、刘骏民主编《虚拟经济理论与实践》，南开大学出版社，2003。

都是虚拟经济领域的活动。若这方面的资本市场活跃，则都可以说是虚拟经济的活跃，即凡是出现资产证券化交易的活跃，那就确定地表现出资本市场或虚拟经济的运作活跃。

在实体经济领域，存在劳动创造的终点效用，也存在劳动创造的中间效用。在虚拟经济领域，劳动创造的只有中间效用，没有终点效用：因此，在对终点效用与中间效用做出明确区分之后，有必要进一步地强调，所有的虚拟效用都是中间效用。由于虚拟经济是依附于实体经济存在的，这就从根本上决定了虚拟经济领域不可能向社会提供终点效用。

只是，尽管虚拟效用都是中间效用，银行效用和证券业效用都属于中间效用，但人们并不能将银行效用和证券业效用直接等同于虚拟效用。就这两个行业来说，都是既有直接为实体经济服务的部分，又有只为虚拟经济运作服务的效用创造部分，所以，这两个行业劳动的中间效用创造，其为实体经济服务的部分创造的是实体经济的中间效用，而在其为虚拟经济服务的部分创造的中间效用才是虚拟效用。

银行业为实体经济领域的企业提供的资金流动性服务，为广大居民储蓄提供的服务，都属于实体经济的中间效用的创造，不是虚拟效用的创造。除去为实体经济服务之外，银行业的其他金融活动才是进入虚拟经济领域的活动，创造的才是虚拟效用。

证券业为实体经济领域的企业发行股票和债券，也是属于实体经济的中间效用的创造，不是虚拟效用的创造。而到了股票或债券的二级市场，那就是虚拟经济的领域了。因而，对于证券业来说，也是要除去为实体经济服务的效用创造，其余的所有业务活动才是属于虚拟经济领域的活动，即创造的都是虚拟效用。

总之，面对已经高度复杂的现代市场经济实际，明确所有的虚拟效用都是中间效用十分重要和必要。而更为重要和必要的是，还必须明确银行业和证券业为虚拟经济服务的部分创造的效用才是确定无疑的虚拟经济的中间效用，即虚拟效用。

第六章　中间效用的适度性

迄今为止，人类社会经历了三种经济形态，即自然经济形态、商品经济形态和市场经济形态。其中：自然经济形态经历的时期最长，从人类社会起源到原始社会末期。商品经济形态分为简单商品经济形态和社会化大生产时期的商品经济形态。市场经济形态在某种意义上属于高度复杂化的商品经济形态，其对商品经济形态的超越在于出现了生产要素市场。而现代发达市场经济形态的标志是建立了高度发达的证券化的资本市场。这种高度发达的资本市场是现时代最重要的生产要素市场，也是主要拥有虚拟经济内涵的庞大市场。中间效用在自然经济形态下是不存在的，在最初的商品经济中也是不存在的。只是当商品经济取得一定的发展之后，出现了社会分工中的商业劳动，才出现了与终点效用不同的中间效用，即才出现了社会总效用中的中间效用与终点效用的区分。而在现代市场经济条件下，现代经济学的研究需要对市场经济中的中间效用的存在进行更为深刻和概括的理论研究。

一　不能追求中间效用最大化

终点效用是能够提供生活最终消费的效用和生产必需消费的效用，从社会的角度讲，这种效用是可以追求最大化的。中间效用是为更好地实现生活消费和生产消费提供服务的效用，从社会的角度讲，对这种服务于终点效用消费的中间效用不能追求最大化，只能讲适度性。明确社会总效用中需有中间效用与终点效用的区分，界定中间效用的存在，从社会的角度认识，这将根本性地改变笼统提倡追求效用最大化的经济学理念。这就是说，面对现代高度发达的市场经济形态，经济学的研究，绝不能无视中间效用的存在，绝不能再笼统地讲追求效用最大化了。这表明，提出中间效用范畴，是将经济学对于效用的认识在某种意义上细化和深化了，是随着社会经济的发展而实现的经济学基础理论认识的推进。如果在现代经济中仍然笼统地提倡追求效用最大化，对中间效用也讲追求最大化，等同终点效用一样地讲追求最大化，那么，追求中间效用最大化的结果，不仅不会使社会增加更多的福利，反而会违背了中间效用对终点效用消费服务的适度性要求，对国民经济的正常运行起到破坏作用，甚至是严重的破坏作用。

自觉地认识到不能追求中间效用最大化，是现代经济学对于效用范畴研究的理论创新。毫无疑问，走出笼统地追求效用最大化的历史，是深化经济学研究的社会责任。毕竟，经济学是要为指导现实经济服务的，而不是可以脱离现实的文字游戏，所以，必须不断地深化认识，不能永远停留在笼统地对待效用范畴的认识水平上，一旦从现实的生活中发现了效用的区别，即劳动成果有福利性贡献存在和不存在的不同，就需要从实际出发区分终点效用与中间效用，并由此进一步探讨效用最大化的问题，承认笼统地讲追求效用最大化的原有认识是缺乏科学性的。现代经济学在做出终点效用与中间效用的区分之后，就只能合乎逻辑地确定可追求最大化的唯有终点效用，而绝对不能包括中间效用。尽管追求终点效用的最大化要受到各种条件的约束，并不是想怎么追求就可以怎么追求的，但是，必须明确这些对于终点效用创造的约束不适用于中间效用，中间效用不受这些约束也是不能追求实现最大化的。理性的认识来源于对于原有实践的总结，也是对于未来实践的指导。在获得这样的理性认识之前，盲目地强调笼统地追求效用最大化是无可指责的，只是，在明确了追求最大化的只能是终点效用之后，就不能再将盲目性的认识当作理论依据了。客观的实践在发展，实践在客观上已经对于理论认识提出了新的要求，理论的创新反映了客观必然的呼吁。不能追求中间效用最大化就是这种客观的必然在现代经济学研究中的反映。

　　当然，创造终点效用的规模扩大，即追求了更多的终点效用实现，也需要更多的中间效用的创造配合。但这是合理的社会分工需要，与笼统地倡导追求效用最大化是不同的。因为，在现实的市场经济之中，有一部分中间效用的创造具有一定的相对独立性，并不是与为之服务的终点效用的创造一对一的对接，于是，在笼统地讲追求效用最大化的前提下，很可能出现单纯地追求中间效用最大化的情况。只要出现了这种单纯地追求中间效用最大化的情况，那就必然要造成一定的经济损失。这样的经济损失不论是由谁承担，在经济学看来，都是社会的损失。所以，现在才要特别地强调，不能追求中间效用最大化，也不能笼统地讲追求效用最大化。理论上的界定只能是，只有对于终点效用的创造，在相应条件具备时，才能追求最大化。创新认识是现代经济学的责任，只能讲追求终点效用最大化，不能在讲追求最大化时包括中间效用，这是现代经济学的效用理论的创新，是符合客观实际的认识深化。只是，对于不能追求中间效用最大化一定要与中间效用随着终点效用的扩大而扩大区别开来。这要求，在经济学的理念上一定要清楚，追求最大化的效用不能包括中间效用，中间效用是不能给人们带来福利享受的效用，创造中间效用只能是根据终点效用的需要，脱离终点效用的需要追求中间效用最大化是必定要造成社会经济损失的。

　　商业劳动是最早形成的创造中间效用的劳动。几千年来，商业劳动的延续已经使其成为社会分工的重要组成部分，商业业态的变化并不影响其服务的功能和性质的不变。当然可以说，永远的商业是永远的中间效用的创造。商业劳动创造的中间效用不仅量大，而且与人们的生活离得很近很近。但即使这样，对于创造中间效用的商业劳动，依然是不能追求最大化的。每一个城市对于商业劳动的容纳量都是有限度的，超过了客观的限度，就是脱离了终点效用创造的需要和人们实际生活的需要。在理论上，这就要明确，不能过度发展商业，不能因为商业劳动创造的中间效用也是效用，就不节制地发展商业，包括不节制地发展超级市场，甚至不节制地发展网购。但这些不节制地发展商业劳动的情况，都曾经历史地出现过。在一个城市的发展中，商业总是可以起到引领作用，有了豪华的百货公司，还要接着建设更豪华的百货公司，全然不顾现实的需要，只求越多越好。这本应是经济学的大忌，但在经济学也讲笼统地追求效用最大化的时代，对此是没有理性约束的。后来，更多的超级市场出现了，这为人们购物带来了新的方便和体验，但也是同样地疯狂发展，缺少节制。在很多的城市里，竟然出现超级市场扎堆，如此一来，必然是过度竞争，生存都十分艰难。而近年来，网购又勃然兴起，这对于本来就过多的超级市场的生存更是雪上加霜。现实一再提醒商界，作为中间效用的创造领域，不可盲目地追求最大化。

虚拟经济领域是现代市场经济的灵魂栖息地，但基本上创造的都是中间效用，在这一领域没有终点效用的创造。因此，在虚拟经济领域，无疑也是不能追求效用创造最大化的。但在过去不区分终点效用与中间效用的年代，在笼统地倡导追求效用最大化的前提下，似乎很多的人只是将虚拟经济领域当作最好的发财之地，以虚拟经济的发展为经济发展的原动力，一旦开了口子，就可劲地干，扩大规模，增加内容，不断升级。而实际的管理没有跟上，应有的作用也没有发挥出来。在最为典型的国家，好像将虚拟经济领域看作无底洞，好像投多少钱都可以，不怕过度，也不怕翻船。于是乎，早晚是要出事的。只要出事，就是对于人们的盲目性的教育和教训。这种事情已经是屡见不鲜，如果没有醒悟，没有改变，那么，同样的事情还将不断地发生。虚拟经济在现代市场经济中是一个重要的领域，能够起到中枢作用，但这并不能任其无限度地发展，而且，必须明确，不论虚拟经济领域怎样发展，这也是一个只能创造中间效用的领域，绝不可以追求效用创造的最大化。必须充分发挥好虚拟经济在虚实一体化的国民经济中的作用，但这与盲目加大虚拟经济的规模是不相容的。在不能追求中间效用最大化的原则指导下，任何国家或地区在追求国民经济增长的进程中，可以将发展虚拟经济列为重要目标，但都不能过度地发展虚拟经济，使之与实体经济的发展不相匹配，使之超过国民经济发展的实际需要。坚守不能追求中间效用最大化原则应是各个国家或地区发展虚拟经济的基本理论共识。

二　中间效用适度性假说

现代经济学的研究表明，效用区分为终点效用与中间效用。中间效用与终点效用相对应，在劳动的效用创造中，除去终点效用，其余都是中间效用。中间效用是指不属于最终供人们生活消费和生产消费的效用，是只能起到帮助人们实现终点效用消费作用的劳动成果效用。在国民经济的劳动创造中，只能追求终点效用最大化，不能追求中间效用最大化。对此，进一步讲，不仅是不能追求中间效用最大化，而且，在国民经济运行中，还必须保持中间效用的适度性。这一适度性的要求是根据中间效用的性质是为终点效用服务推断而来的。据此逻辑推断，可以提出一个中间效用适度性假说。这是一个现代经济学研究做出的科学假说，可在进一步深入研究中间效用理论中给予验证。

中间效用适度性假说同其他各门学科提出的科学假说一样，是一种将认识从已知推向未知，进而变未知为已知的思维方法，是科学认识发展的形式。一般讲，在科学研究中，理论发展的历史就是各种假说的形成、发展和假说之间的竞争、更迭的过程。假说可以对科学研究起到纲领性作用。在探索问题的因果关系、内部结构以及各种规律时，通过假说，就能有计划地设计和进行一系列的观察、实验；而经过观察、实验的支持，就能够建立相关理论的基础。也就是说，根据假说研究建立的基础可对理论研究做出一种确定性的认识。

中间效用适度性假说的含义是指：在社会的终点效用的生产与消费的活动中，需要有创造中间效用的劳动提供必要的服务，由此决定中间效用的创造必须保持与为之服务的终点效用创造相匹配的一定的适度性。在任何时期，任何经济范围内创造过多或过少中间效用，都不符合这一客观的适度性的要求。

这一假说是考察国民经济运行中的情况对于中间效用的作用给予逻辑确定的结果，由此出发可进一步认识、验证中间效用的运行理论。中间效用适度性假说可使对于中间效用的经济学研究成为更加自觉的探讨。各个国家或地区的经济学家及政府部门都可以根据这一假说对自己国家或地区的中间效用运行情况进行具体的研究，在某种程度上有效地避免中间效用劳动创造的盲目性或是说不适度性，充分发挥宏观调控的能动性和理论指导的作用，并且尽可能在科学理论上对于中间效用的控制方法做出一般性的认识。

　　中间效用适度性假说是走向准确认识中间效用客观存在情况的通路。经济学对于复杂的现实经济运行中的中间效用创造的认识，由于受到主客观环境的影响，研究可能不会一下子达到对客观情况的真理性认识。因此，需要先提出假说，然后借助于假说，不断地积累中间效用具体运行的统计资料，增加假说中科学性的内容，减少假定性的成分，以后就能够逐步建立有确切数据依据的正确反映中间效用运行客观规律的理论。

　　提出中间效用适度性假说，就是认为对于中间效用创造需有适度性的要求具有客观的约束性。而进一步讲，对于符合适度性要求的中间效用存在，没有一成不变的绝对量的限制，只有相对于社会效用总量变化的既定比重的约束。为清楚地阐释中间效用适度性假说，在此可以社会总效用量为 100 单位，假定中间效用的适度性要求为相对的 20 单位，即假定凡超过 20% 比重或低于 20% 比重的中间效用创造，都是对于社会经济客观存在的中间效用适度性要求的背离。

　　图 6 - 1 表示以上假定。

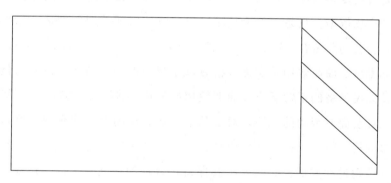

图 6 - 1　社会总效用中的终点效用与中间效用

　　整图代表社会总效用，图中画线部分代表中间效用，其余部分代表终点效用。该图例示的假设表明，中间效用只能占社会总效用中的一定比重，这一比重是与终点效用相匹配的。只有在终点效用扩大时，才能随之扩大。在终点效用减少时，也要随之减少。在终点效用对于中间效用的需要不变时，中间效用不能自行扩大或减少，即中间效用的既定比重不能任意变动。在现代各个国家或地区的国民经济的运行和发展中，中间效用的创造在客观上必须保持一定的适度性，并且需要保持结构的匹配（在此先不涉及结构问题）。

中间效用适度性假说需要得到验证，验证应该来自具体的实践。也就是说，需要通过实际的国民经济实践进行这种验证，使之可以上升为指导实践的理论。

对于各个国家或地区来说，运用大数据技术可以找到一定时点的具体的中间效用适度性数值。将来，现代经济学的研究根据各个国家或地区的一定时点的具体的中间效用适度性数值，就可以对于中间效用适度性假说进行验证。

三　实体经济中间效用的适度性

在实体经济领域，大量的中间效用存在是现代市场经济高度发展的现实，是现代复杂的社会劳动分工所需要的，每一类中间效用的存在都有其存在的市场依据。只是，不论是哪一类实体性中间效用的创造，如果不能保持社会劳动分工客观所需要的适度性，那对于国民经济的正常运行来说，都绝非幸事。商业效用是实体经济领域中典型的中间效用。以其为例，若要保持国民经济的正常运行，商业效用的创造必须保持适度性，不能任意扩大全社会商业劳动的规模。对于从事商业劳动的个人或企业，可以追求挣更多的钱。但对于社会经济整体，譬如一个国家或一个地区，却绝不能让商业劳动过度发展，必须要求其保持在合理的适度量之内。比如，在一个拥有 1000 万人口的大城市，大型商场和大型超市的设置绝不是越多越好。以 50 万人口设一家大型商场为限，全市至多可以设置 20 家大型商场。以 20 万人口设一家大型超市为限，全市至多可以设置 50 家大型超市。当然，对此还要求大型商场和大型超市的分布与全市人口的居住分布相匹配。若违反客观限定，盲目设置 20 家大型商场和 50 家大型超市，那样全市的商业劳动效率必定是十分低下的，超出适度性的大型商场和大型超市的设置必定要造成极大的浪费，其中某些商业资本的投入很可能会血本无归。这样例示商场和超市的设置过度还只是横向地讲全社会中的商业效用的过度。如果纵向看，商业效用过度的危害性更大。市场交换分为经营性交换与非经营性交换，非经营性交换的目的是自己消费，而经营性交换的目的是牟利。商业劳动从事的是经营性交换，是通过自身为买家和卖家提供服务而牟利。但如果从生产厂家到最终的消费者，商业劳动不断地增加交换环节，本来一个交换环节就可以完成服务任务，却人为地增加到几个乃至十几个或几十个交换环节，使中间效用的积累量不断增大，那样一来，整个社会劳动的效率就会大大降低，整个社会的经济发展就要承受巨大的损失。这种实例是发生过的，在曾经的钢材紧缺时期，经营商一遍又一遍地倒手钢材的买卖，倒一次手抬高一次价格，是实体性中间效用过度、造成社会虚假繁荣危害的典型现象。

问题在于，由于缺少对于终点效用与中间效用的区分，更没有树立中间效用适度性意识，在盲目地笼统地追求效用最大化的驱使下，很多地方在城市规划决策时，就筹划了一个又一个商业大厦的建设，又吸引了一家又一家超级市场的进驻，结果投资下来，远远超过社会的实际需要，造成商业大厦和超级市场全都冷冷清清，无法收回投资，形成极大的浪费。这是最为典型的不符合中间效用适度性要求的教训。自从商业劳动产生以来，不知有多少人多少家庭依靠商业劳动生存，生生不息，一代接一代发展，好像并没有意识到这是在发展中间效用，也没有中间效用必须保持适度性这样一个行业规则，但那是过去，是社会经济还不太发达的时期，那个时候，总的来说，还是什么都短缺，什么都不够用，因而，不需要考虑投资商业建设过多的问题。现在不同了，新技术革命之后，各个国家或地区的经济都取得了极大的发展，很多地方的商业劳动已经饱和了，情况完全变化了，再不树立中间效用适度性的意识将会导致经济遭受严重损失，所以，就必须慎重对待商业劳动分工和商业投资建设的问题。再加上，网购的兴起，又从商业大厦和超级市场的生意中分走了一部分购买力，实际各个地方对于商业大厦和超级市场的需求就相对又减少了一些。这也是不争的事实，也是需要纳入中间效用适度性的通盘考虑的。

除了商业中间效用，对于实体经济的其他行业的中间效用创造，在新时代，也要高度重视中间效用适度性问题，不可盲目发展，也不可有缺失，因为适度性的要求并不只是防止过多，适度意味着中间效用的创造过少也不行，过少的中间效用创造也会造成社会经济的损失，也是需要在现实中给予高度的警惕和有效的防止。

四 虚拟经济中间效用的适度性

在虚拟经济领域，大量的中间效用创造是以服务资本运作的方式出现的。同实体经济的中间效用一样，虚拟经济的中间效用即虚拟效用也有市场承认的存在依据。在现代经济中，承认虚拟效用的交易市场是高度发达的证券化资本市场。股票市场、债券市场以及各种金融衍生品市场是虚拟效用产生与发展的主要空间。问题在于，即使是在社会经济发展最繁华的时期，国民经济所能容纳的虚拟效用也是有限量的，即虚拟效用的创造必须保持一定的适度性。因为虚拟经济是为实体经济服务的，作为中间效用的虚拟效用的实现量必须与其为之服务的终点效用的创造量相匹配。就股票市场来说，市场允许存在一定程度的投机，即其中间效用的创造应是有限度的，在限度之内的投机是市场必要的润滑剂，但是，绝不能允许出现过度投机，更不能允许出现为赌博服务的过度中间效用，即客观不允许股票市场产生的中间效用超过适度量。就金融衍生品市场来说，属于赌博性质的金融游戏，其虚拟效用的创造并不直接与为实体经济的服务相联系，而是直接为虚拟经济本身服务的，是相对复杂化的玩钱获利。所以，准确地讲，这一市场的存在本身就是要受到中间效用适度性的严格限制的，必须始终受到适度性的约束。一旦金融衍生品市场出现疯狂扩张，一旦严重地突破适度性，必定要造成相应的严重危害。

在全世界范围内，至今还有一些经济学家仍在倡导经济自由主义。而通过明确区分中间效用与终点效用，需要特别强调的是，在世界年度经济总量已达到几十万亿美元的时代背景下，在高度发达的现代市场经济中，不仅社会对于实体经济的运行不能放任自流，而且在虚拟经济领域更不能允许追求效用最大化。虚拟经济创造的中间效用保持适度性是整个国民经济实现良好运行的基本条件。虚拟经济市场必须处于政府的严格管理之下，不得有任何疏忽，只有这样，才能有效地发挥这一市场的应有作用。根据中间效用适度性假说，任何一个国家或地区，都必须理性地发展虚拟经济，即理性地发展证券化的资本市场，既要使这一市场获得高度的发展，充分地发挥作用，又要使这一市场的发展控制在一定的规模和范围之内，不能出现管理上的失控。股票市场和债券市场还相对比较好管理，因为股票市场和债券市场毕竟是直接为实体经济融资服务的，实体经济的融资需求可从根本上约束股票市场和债券市场的规模和范围，这两个市场的疯狂只能是出现在二级交易市场上，即这两个市场直接体现了实体经济与虚拟经济的联系，在实体经济这一方面一般不会产生过度的疯狂，而在虚拟经济的这一方面就难免会出现相对的疯狂。但不管怎样，这两个市场是与实体经济直接相连的，实体经济还能够对其产生一定的约束性，或是说，股票市场和债券市场在与实体经济的连接与约束下，还不会产生太大的违背中间效用适度性的破坏力。而对于各类金融衍生品市场，就不好说了。因为金融衍生品市场不是直接为实体经济服务的，其在虚拟经济领域具有更大的相对独立运动性，所以，金融衍生品市场的疯狂可以是较为经常的，并且其疯狂的后果也将会造成较大的破坏力。这是金融衍生品市场与股票市场、债券市场的不同之处。所以，在现代市场经济条件下，各个国家或地区保持虚拟经济的中间效用适度性，管理的重点要放在对于金融衍生品市场的控制上，不能对此有丝毫的大意。一般讲，应对金融衍生品市场保持一种理性的遏制，而不是对其放任不束。理性对待目前现实的各类金融衍生品市场，需要选择的基本管理态度就是：可开放也可不开放的应不开放，可创新也可不创新的应不创新，可交易也可不交易的应不交易，可活跃也可不活跃的应不活跃。

第七章　短缺中间效用的影响

保持中间效用的适度性，就是说在社会劳动的分工中，既不能安排过少的创造中间效用的劳动，也不能安排过多的创造中间效用的劳动。在现代市场经济条件下，是必须把握好社会劳动分工这个源头的，做好社会劳动分工，才能保持虚实一体化的国民经济正常运行，具体到中间效用的创造来讲，才能保持中间效用的适度性。不论是安排了过少的创造中间效用的劳动，还是安排了过多的创造中间效用的劳动，都是不符合中间效用适度性的客观要求的。不是说仅仅安排了过多的创造中间效用的劳动不利于国民经济的正常运行，而是说过少地安排创造中间效用的劳动，造成中间效用的短缺，或是在实体经济中出现短缺，或是虚拟经济中间效用短缺，抑或在实体经济和虚拟经济两大领域均短缺，都会对国民经济正常运行造成一定的不利影响。

一　社会劳动分工需要的到位

社会劳动分工是一项最基础的经济工作。这项工作的理性程度在某种意义上决定了整个社会经济工作的理性程度。在社会的发展已经进入 21 世纪之际，事实上，不论是哪一个国家或地区，社会劳动分工的理性程度都还不太高，基本上还做不到精细分工或者说完全合理的分工。个人对于职业选择的确定性总是大于社会对于劳动分工安排的确定性。于是，现实就是呈现出一种自发的社会劳动分工状态，而不是具有高度理性的社会劳动分工，至多只能是在大的方面即在大的产业方面能够做到对于劳动的安排具有一定的理性。当然，对于社会经济工作来说，这只是极其有限的理性。不过，社会的发展必然要求不断地提高社会劳动分工的理性，而不能允许只有极其有限理性的现状的延续。现代经济学的研究应当在这方面发挥出无可替代的积极作用。如果以为这种现状是无法改变的，社会劳动的分工只能是近乎自发的，而且这种自发还带有某种可自由选择的优越性，那就是对于理论研究工作重要性的否定，对于市场经济的自发性的一种无可奈何。那就是相比当代自然科学的高度发展，经济学的自甘落后的表现。相比自然科学已经对于宇宙的探讨，经济学对于社会劳动分工的研究还是太肤浅了，现在应积极地行动起来，积极地推进现代经济学对于社会劳动分工的研究，以有力地提高这一方面的社会理性。

研究社会劳动分工需要从落实天赋人权做起。天赋人权就是指每一个人都应该获得的劳动权利。在传统的经济学研究中，从个体经济人假设的角度出发的研究迷失了经济学最基本的宗旨和方向，将社会经济的发展认定为企业和某些个人的事情，而不是要解决社会之中的每一个人的就业问题，即根本不提社会必须保障每一个人的劳动权利。这样的认识迷失是违背天赋人权的，是不可能抵达自由王国彼岸的。所以，在这样的思想指导下，人们不是考虑对社会所有的人进行劳动分工，而是仅就社会可提供的就业岗位谈劳动分工问题。现在，创新的经济学研究已经明确提出社会经济人假设，就是要使经济学的研究回归科学的轨道，尊重社会每一个成员的劳动权利，以人为本，探讨市场背后那只直观看不见的手，运用社会理性的高度抽象力，形成科学的经济理论，指导社会实践，阐明社会经济发展的最基本要求就是处于就业年龄段的具有劳动能力的社会成员全部要真实地获得劳动岗位。这就是说，落实天赋人权，应该是现代经济学研究的第一要旨。个人是社会的构成基础，社会是个人的生存屏障。在现时代，国家是每一个社会成员生存的整体屏障。没有这种整体屏障，个人无法生存，人类无法保持整体的生存延续。现代经济学假设的社会经济人抽象代表的就是这种整体屏障的经济功能。社会经济人假设的提出，就是要将这种整体屏障的经济功能纳入经济学研究的最基本的前提范围，以社会理性高于个人理性的品位，导引现代经济学的研究进一步走向科学。而就未来的社会发展讲，人类的整体生存延续必将需要统一的覆盖全球范围的整体屏障。目前，社会劳动分工的研究需要沿着社会经济人假设的指向走下去，以逐步减少社会劳动分工的自发性，不断提高社会劳动分工的自觉性。

在高度理性主宰的社会，或者说，按照社会理性的严格要求，社会劳动分工必须到位，不能违背市场经济的客观要求。这在目前看来，当然是一种理想化的要求，现实是难以做到的。但是，即使做不到，也需要有这样的要求，也需要人们尽量努力向这一目标看齐，而不要脱离这一目标太远。逐步地提高社会劳动分工的理性，是现代经济学研究的责任。逐步地使社会劳动分工到位，渐渐地减少出现这样或那样的不到位问题，是社会的责任。根据社会经济人假设，需要社会承担的责任需要由政府来管理，而政府的管理能力是有限的，不是无限的，政府只能将有能力做好的事情做好，对没有能力管理的事情也不能承担责任。在现实情况下，可能这个现实还会延续较长的时间，政府还不能掌控社会劳动分工，这种分工还需要依赖于自发性，即每个人的就业首先还需要自己负责，不能完全依赖社会，尽管社会必须提供每一个人都需要的就业条件。实际上，现实就是在政府和个人的共同努力下，完成了全部的社会劳动分工，其中有一部分是社会理性的发挥，而更多的还是个人理性的驱使。问题就在于，个人理性不能取代社会理性，个人理性的集合并不等同社会理性的力量。真正能够保证社会劳动分工到位的只能是社会理性。由于现实的约束，对于现实的社会劳动分工，不论在哪一个国家或地区，做到位，都还是一个难题。难就难在现代社会理性的力量还无法保证全部劳动者就业，更无法做到全部就业者都是合理就业，而且在宏观上还没有建立能够及时处理社会劳动分工不到位的有效机制。

就进入了 21 世纪的现代市场经济来讲，社会经济发展的主要依靠力量正在由技能型劳动者向智能型劳动者转变，这就是说，在社会劳动分工中，更多的是需要智能型劳动者，仅此一点，就需要社会劳动分工更加理性地对待。与传统时代的社会劳动分工相比，这是一个重大的变化。因为在传统时代，主要是依靠技能型劳动者推动经济发展，而社会在漫长的岁月中，对于技能型劳动者的培养，已经自发地形成了各式各样的途径和方式，这是传统时代的特征，也是传统的社会劳动分工的保障。而现在就不行了，已经不能按照传统时代的老路走下去了，如果还是那样走下去，就无法实现重大的社会转折了，就无法满足新的社会劳动分工需要了。在现时代，必须走创新发展的道路，必须依靠大量的智能型劳动者推动社会经济的发展。为此，社会劳动分工必须以培养智能型劳动者为基础，才能跟上时代发展对于社会分工的需要。这就要求，精准地配置高等教育劳动，而且高等教育劳动必须符合时代的要求，致力于培养高素质的智能型劳动者。倘若不是这样，不是由高等教育担当培养智能型劳动者的责任，不抓住这一点，社会怎么可能自发地产生足够的智能型劳动者呢？对此，在现代的社会劳动分工中，就凸显了发展优质的以培养智能型劳动者为主的高等教育的重要性。当下，人们必须明确，只有源源不断地培养出高素质的智能型劳动者，现代的社会劳动分工才能顺利地进行。

一般讲，在社会劳动分工中，先要考虑各大产业的劳动配置。在现代市场经济中，农业是基础，工业是骨干，服务业是最大的就业领域。社会劳动的配置，首先就要满足农业的需要。就个人来讲，可以不选择从事农业劳动，农村的人口也可以选择去城市里打工，但是，对于社会劳动分工讲，一定要保证有一定的劳动者从事农业劳动。这是一点儿也含糊不得的事情，因为每个人都要吃饭，像中国这样的大国就必须自己解决吃饭问题，这就必须有人当农民种地。而且，中国农业正在走向现代化，需要的是新型农民，社会劳动分工必须满足农业对新型农民的需要。可以说，这是现代中国的社会劳动分工需要完成的重大的基础任务。在完成这一基础任务的同时，社会劳动分工还需要为工业配置合格的劳动者。现代的工业已经不是劳动密集型产业了，对于技能型劳动者没有太多的需要了，至少在中国即将实现新型工业化的阶段，总的趋势是这样的。那么，可以肯定，在中国实现了新型工业化之后，就更是主要需求智能型劳动者了。就目前各个国家或地区的经济发展的现实来讲，包括中国在内，未来最大的吸收劳动者就业的市场是服务业市场，这一市场将容纳超过农业和工业的劳动者总和的劳动者。未来，这是最大的就业市场，更是最大的吸收智能型劳动者就业的市场，满足这一市场的要求，也是现代社会劳动分工的重点。

一般讲，社会劳动分工的到位，还要求配置生产生产资料的劳动与生产生活资料的劳动到位。这就是说，要保证这两大部类的劳动相匹配，不能是偏重于配置生产生产资料的劳动，也不能是偏重于配置生产生活资料的劳动。传统理论对于这一点是十分强调的，即要求必须保持两大部类的生产与再生产的平衡。但是，传统的社会再生产理论的认识是封闭性的理论模型，不论是分析社会简单再生产还是分析社会扩大再生产，都是封闭性的认识。在封闭的社会再生产的理论模型中，只要有一个对应项不能对应，整个社会再生产就无法进行。而在现实生活中，实际的情况是可以调整的，生产与消费，都是可以通过信贷调整的。就拿消费来讲，一些人可以将自己的即期消费能力出让给别人，转化为远期的消费能力。他人也可以通过信贷关系获取一定的即期消费能力，这样整个社会的再生产中的生产与消费就不必一一对应两大部类了。再说，国内需求短缺，还可以出口寻求买家，进行供需调解。总之，传统理论的社会再生产理论并不适应现代社会经济生活的现实。所以，对于现代的社会劳动分工，不能依据传统的社会再生产理论指导，更不能接受传统的社会再生产理论的评价，一定要根据现代社会经济发展的现实，在创新的社会再生产理论的指导下，做好对于生产生产资料的劳动与生产生活资料的劳动的社会劳动分工到位的工作。

就创造终点效用劳动与创造中间效用劳动的区分来讲，现代的社会劳动分工必须高度重视中间效用适度性问题，即必须按照保持中间效用适度性的要求配置创造中间效用的劳动，不可过多，也不可过少。这是一种社会理性的要求，现实当中需要依据这一理性要求做指导，尽一切可能不违背中间效用适度性原则。尽管目前提出的中间效用适度性还是一个假说，但这一假说是具有客观逻辑推理依据的，是可以在具体的实践中给予验证的，因此，目前的社会劳动分工是可以依据这一假说妥善处理对于创造中间效用劳动的配置问题的。在现实经济中，保持创造中间效用劳动的配置到位，不多也不少，是需要分实体经济与虚拟经济来认识的，不能笼统地讲到位。在实体经济中，对于创造中间效用劳动的到位，是要分行业确定的，即对每一个行业的配置都要到位，不能是有几个行业能够做到位，还有一些行业的配置做不到位。实际上，不论是哪一个行业，只要存在配置创造中间效用劳动不到位问题，就必然要对国民经济的正常运行造成一定的不良影响。而在虚拟经济中，不存在终点效用，所有在这一领域的劳动创造，都是中间效用，因此，虽然在虚拟经济领域也存在结构性问题，但总的说，这一领域是整体上为实体经济服务的，虚拟经济领域的劳动配置是否符合中间效用适度性要求，需要根据为实体经济服务的整体情况而定。

总之，现代的社会劳动分工，需要逐步提高社会理性。对于创造中间效用劳动的配置，需要依据适度性的要求，既不能超出需要，又不能造成短缺。

二　实体经济短缺中间效用的影响

一般说，在社会劳动分工中，创造中间效用劳动的配置经常会超出适度性要求，但是在局部地方，在某些特定的时期，也会出现短缺的情况，而只要出现短缺情况，就必然会造成不良影响。

商业劳动的扩张超过了适度性会造成社会劳动的很大浪费，然而，商业劳动的短缺也会对国民经济的正常运行或人民生活造成一定的不良影响。虽然，现在已经进入了21世纪，但在世界上的个别地方，譬如，在一些有人居住的岛屿或高山之上，还是缺乏足够的商业劳动服务，以致这些地方的人的生活远不如交通发达地方的人方便，存在着一定的差距。如果是拿国际大城市的商业劳动服务的程度与这些缺少商业劳动服务的地方相比，那差距就太大了。这种情况显示了商业劳动服务的重要性，也表明了这些目前缺少商业劳动中间效用的地方进一步发展商业劳动服务的必要性。

在中国明朝，曾经有过三宝太监郑和七次率领两百多艘海船下西洋的壮举。尽管郑和下西洋的政治意义远远大于经济意义，但是，当时西洋诸国对中国出品之陶瓷、丝绸等物品都极喜爱，因而郑和下西洋之船也载有这些货品运到海外。而在返程中郑和的官船通过购买或交换也装了一些中国所缺之香料、染料、宝石、象骨、珍奇异兽等，起到了某种程度的促进中外贸易作用。只是，郑和下西洋的贸易被称作朝贡贸易，因为郑和的船队押送到西洋去的是朝廷的物资，从西洋各国运回的珍珠、玛瑙、香料、奇禽异兽等"宝物"，主要是供皇帝和贵族享受。这些宝物，并不能转化为实实在在的国库收入。这是与通常的国际贸易的不同之处。尽管如此，郑和下西洋还是开启了中外贸易交流的大门。而在郑和下西洋七次之后，这扇好不容易打开的大门又给关上了。当时朝廷对于沿海居民的海外贸易，下令"严禁绝之"。正是明朝的这种禁止，使得中国当时的经济发展由于缺少海外贸易而受到一定的影响。这种影响一直延续到清朝，在漫长的历史时期内，中国缺少对外贸易交流，没有跟上欧洲第一次工业革命的步伐，造成了自己实实在在的落后。

古代缺少商业中间效用对于社会经济的发展会造成不良的影响，现代缺少商业或其他行业创造的中间效用对于社会经济的发展也同样会造成不良的影响。举例来说，中国的新疆是优质水果之乡，但是，缺乏发达的商业劳动服务和物流业的劳动服务，其优质水果运不出去，也卖不了好价钱。俗话说："吐鲁番的葡萄哈密的瓜，库尔勒的香梨人人夸，叶城的石榴顶呱呱"，说出了新疆最有名的四种水果。而除此之外，新疆水果品种繁多，质地优良，一年四季干鲜瓜果不绝于市，如无花果、巴旦杏、杏、桑葚、蟠桃、阿月浑子、核桃、沙棘、甜瓜等都是享誉全国的品种，更有新疆苹果和新疆大枣深受全国人民喜爱。而在运不出来的年代，不是新疆人，想吃新疆水果，那只有到新疆去。那时，不仅仅是全国人民享用新疆水果极不方便，更重要的是新疆的水果经济难以发展起来，新疆生产优质水果的优势不能转化为经济优势。这种状况一直到近年来发达的商业劳动服务和物流业劳动服务进入新疆才得以改变。现在，不仅是在中国的各个省份都可以吃到鲜美的新疆水果，就是在全世界各个主要国家或地区也都可以买到新疆的优质水果。因而，对于缺少发达的商业劳动服务和物流业劳动服务的年代，对于水果经济无法发展的时期，新疆人几近不堪回首。

现在，有的时候，在某些地区，由于缺少适度的商业劳动，也会使某些商品的供应不能满足市场的需求，对人们的正常生活造成不良影响。这种情况不是说缺少某些商品，生产部门没有生产出足够的适销对路商品，而只是说缺少商业劳动服务而使市场上见不到这些适销对路的商品。比如，有一段时间，中国内地的很多人去中国香港特区购买婴儿奶粉。这就不是没有婴儿奶粉，而是在中国内地买不到人们喜爱的婴儿奶粉。这就给中国内地需要婴儿奶粉的家庭造成了不便，也给香港商业造成了一定的压力。因为毕竟中国内地居民去香港购买婴儿奶粉还是很不方便的，毕竟香港商业准备的婴儿奶粉不是主要为中国内地居民的需要服务的。像出现了这种情况，很明显地表明了中国内地商业在供应婴儿奶粉方面存在着不足，既然香港的商业部门能够批发购进婴儿奶粉，那就意味着中国内地的商业部门也一样能够批发购进婴儿奶粉供应民众。没有做到，就是为民众服务的商业部门没有尽到应尽的责任。

从积极的方面讲，将缺少创造中间效用的劳动的缺口补上，就能够更好地保障国民经济的正常运行和更好地促进社会经济发展。这就是说，缺少哪一样中间效用的服务对于实体经济的发展都有不好的影响，而积极地解决问题都是有助于实体经济更顺利发展的。例如，现在人们用过的塑料瓶，大部分是饮料瓶，不能有效地回收再利用，是一种很大的浪费。而回收这些塑料瓶是一种现代的创造中间效用的劳动，虽然创造的不是终点效用，却是不可缺少的社会必要劳动。通过有效地发挥回收塑料瓶的劳动作用，可以使社会生产更加文明和更加节省资源。所以，根据社会的需要，利用高科技的力量，现在成功地对这些塑料瓶以及其他材料的饮料瓶进行智能化回收的公司应运而生。这样的公司不仅进行回收，而且实现了智能化高效率的回收，很有市场魅力。这样的公司将它们的智能化回收机放在大街小巷和各种娱乐场所，总之是放在人多的地方，放在方便人们丢弃饮料瓶垃圾的地方，方便人们将废弃的饮料瓶投进回收机里。而更方便的是，只要人们将饮料瓶投入回收机，然后，用智能手机一扫回收公司的微信账户，就能收到3分钱的报酬。这是十分方便的，又体面，又便捷，对于回收再利用发挥了很大的作用。这种智能化的回收方式充分地体现了时代特征，同时也显示了新时代这种中间效用创造的劳动光荣。如果缺少这种光荣的劳动，缺少这种中间效用的创造，对于社会经济生活肯定是十分不利的。

现在，还有快递业，也已经成为人们不可缺少的行业劳动服务。在中国，大小城市，乡村小镇，几乎没有快递到达不了的地方。在各个大学的校园内，都专门设有分发快递的区域，每天都有数以千计甚至上万的快递邮件运到这里再送到收件人手中。这里有别人寄给他们的物品，但更多的是他们自己网购的商品。在当今时代，可以说，无人不网购，无人无快递。快递已经成为现代社会生活中的一道风景线。然而，一旦这道风景线出现一点儿问题，立马就会引发近乎灾难性的后果。在 2017 年的春节前后，不知何故，有的快递公司有大量的邮件送不出去，堆积如山，而客户也因收不到邮件一再投诉，很多地方为此事陷入混乱，使相当多的人甚感生活不方便。那么多年，没有快递，人们的日子也过得好好的，没有什么不好的，而如今有了快递，就离不开了，几天不递，就受不了了，可见现代快递这种中间效用对于人们生活的重要性。这就是说，现在短缺了快递是万万不行的。且无论如何，这道风景线不能出问题！

人们的生活中一时半会儿缺少快递服务还是小的事情，如果一些企业某时需要贷款时缺少金融服务那就是要影响生产的大事了。不论企业是股份有限公司还是有限责任公司，公司的股本都是用来搭台的，也就是用来购买机器设备和不动产的，实际的经营过程都需要再找经营资金，一般就是需要靠借贷资金来解决流动资金问题。如果企业缺少流动资金，那也是难为无米之炊的。所以，几乎所有的企业都需要银行业提供直接的金融服务，解决企业需要的流动资金的贷款问题。通常情况下，银行向正常运营的企业提供贷款是不成问题的，企业需要的贷款得到满足很正常，银行为企业提供贷款也很正常。可是，如果宏观判断一时有误，银行业收缩银根，不能再满足所有的企业的贷款需求，假定有一些企业的合理的贷款需求不能被满足，那么这些企业的正常生产就会受到一定的影响，从而使整个国民经济的正常运行也受到一定的影响。这也属于有时候中间效用短缺对于实体经济造成不良影响的一个方面。

在战争中，前线打仗的军人创造的是终点效用，做后勤保障人员创造的也是中间效用。这种军事劳动中的中间效用非常重要，前方部队能不能完成战斗任务，很重要的一点就是后勤保障能不能跟得上。后勤保障能够跟上，前方部队才能保持战斗力，否则，就无法与敌人拼斗。这个道理是自古以来就被高度重视的，在近代和现代的战争中同样是必须遵从的。在20世纪中期的战争中，有的发达国家的军队部署，甚至是安排13个后勤人员保障前方1个战斗人员，可见这种军事劳动中间效用的比重有多么大。而如果缺少足够的军队后勤保障人员，那必然就影响到对于前方部队的后勤服务，前方部队就会缺少弹药的补充、食物的供应、其他各种必要的生活用品。谁都知道，战士们饿着肚子是没有办法打仗的，偶尔一次两次饿肚子还是可以的，时间长了根本就不行。打仗必须是，兵马未动，粮草先行。后勤保障是一点儿也马虎不得的。白天，一顿饭只能顶五个小时，五个小时的消化后人就饿了，就需要再吃饭。如果是10万人的一支部队，一顿饭按每人半斤量计算，就需要5万斤粮食，而运这5万斤粮食到前线又需要多少人。这还只是说一顿饭。所以，在战争中，军队的后勤保障人员是万万不可缺少的，缺少了足够的这种创造军事中间效用的劳动者，会对军事全局产生严重的不利影响。

在和平时期，中间效用的保障作用也是不能出现问题的，一旦出现问题就会对生产或生活产生或大或小的影响。例如，农民种菜，往往不能直接送到城里去卖，要通过批发商的流通，将菜运到外边销售，有时可能是运到千里之外去销售。所以，一旦这个批发环节出现问题，不能保证收购，农民的菜就要烂在地里，这就是问题。2017年2月18日人民网报道："据《春城晚报》18日报道，云南省昆明市嵩明县上千吨蔬菜滞销，为了种上新菜，菜农只好忍痛将蔬菜砍掉丢弃在地里。记者经实地走访发现，嵩明蔬菜滞销的情况从2016年11月就开始了，直至现在也没有好转迹象。这些蔬菜原本都是要销往广东和北方，由于外省菜价一路狂跌，这些蔬菜亏本也卖不出去。在嵩明县杨林镇嘉丽泽农场，6户蔬菜种植户一共种植了600亩蔬菜。种植户朱云说：'最近几天，我砍掉了7个大棚的蔬菜，每个大棚里有3吨左右，一共砍了21吨。这些蔬菜主要销往省外，往年这个时候，菜价好时每公斤能卖到两元。但从2016年11月以来蔬菜价格就一路狂跌，像莜麦菜，每公斤1角钱也卖不出去。'种植户朱伟说：'今年，我亏了十七八万元了。没有办法，我们只好把蔬菜砍掉丢弃在地里，有的还用机器打碎在地里。'据了解，目前嵩明砍掉丢弃的蔬菜共有上千吨，还有大量的蔬菜'待'在地里等着有人来买，但总量到底有多少，种植户们却估计不出来。这么好的蔬菜，为什么没人来收购呢？蔬菜经销商范先生说：'今年是蔬菜行情最低迷的一年，无论是种植户，还是经销商，都在亏本。我都是在亏本发蔬菜，一车下来，我要亏3000元。'据了解，目前卖不出去的蔬菜共有6个品种：莜麦菜、意大利生菜、黄白菜、瓢菜、苦菜、上海青菜。种植户们说：'只要够成本价，我们都愿意将菜卖出去。'如果市民喜欢，可在周末开车去那儿出游，顺便买上一车菜回家，送亲朋好友也算帮农民们的忙了。"这就是明显的农业供给侧结构性问题。只不过，农民不是直接将菜卖给消费者，而是卖给批发商，批发商就是流通环节，这种供给侧的结构性问题主要体现在这个流通环节上。如果流通环节能够更好地适应市场的变化，能够积极地开发出新的市场，而不是固守在或者说局限于原有的销售渠道，那么情况就不会是这样的。说到底，还是流通环节出了问题，还是中间效用没有有效地发挥作用，使得云南昆明的那些种菜的农民遭受了直接的损失。这只是一个实际的小例子，仅这个例子就能说明短缺必要的中间效用会给实体经济造成的影响。

效用是人类劳动的创造。人类需要享受终点效用，人类还要通过中间效用的创造才能更好地实现终点效用的创造。研究效用理论和中间效用理论是现代经济学创新的需要。以上阐述说明，短缺中间效用将对实体经济产生不良影响。以下还要阐述，短缺虚拟经济的中间效用也将对整个国民经济的正常运行与发展造成不良影响。

三 短缺虚拟经济中间效用的影响

虚拟经济领域不创造终点效用，只创造中间效用。虚拟经济是为实体经济服务的，就国民经济整体而言，为实体经济服务的虚拟经济创造的中间效用需要保持适度性，不能过多，也不能过少，过多过少都会造成某种程度上的社会经济损失。下面，先阐述虚拟经济创造的中间效用过少对于国民经济的影响。

　　虚拟经济主要是指证券化的资本市场，其中，股票市场是具有代表性的资本市场。而股市自其诞生时起，就具有融资功能和保值功能，这是股市作为虚拟经济的资本市场存在的本分，是不会随着发展而改变的。多少年来，上市公司看中的就是股市的融资功能，通过溢价发行股票，直接地为企业扩充巨额股本。事实上，年复一年，股市的融资功能不断地得到强化，越来越多的企业希望能够通过上市融资造就企业新的辉煌。当然，也有例外的时候。然而，股市的融资功能属于一级市场功能，这一功能不是虚拟经济的功能，而是股票市场直接为实体经济服务的功能。而股市的保值功能才是虚拟经济的功能，是股市融资功能存在的保障。在中国，这么多年来伴随着铺天盖地的"股市有风险"的呼喊声，似乎在股民的意识中对于股市必须具有保值功能的认识越来越淡薄了。有一些人甚至更愿意将股市说成是危险的赌场，而不愿意明确股市是应该保值的金融市场，是民众重要的资本投资市场。在非常强烈的赌博意识的笼罩和铺展下，现实之中的股市基本上是欠缺保值功能的，许多股民的投资不仅保不了值，竟然动不动还要亏本，即经常性地被套牢。股市保值功能的欠缺，肯定是不可能保障股市健康发展并起到应有作用的，即这样的虚拟经济劳动创造的中间效用实际上就是过少的或是说欠缺的，是无法满足为实体经济服务需要的。

　　因此，对于现代市场经济中的股市来说，不仅要具备保值功能，而且需要进一步地强化保值功能。这一点是由现时代股市使用的虚拟性货币决定的。虚拟性货币不同于实体性货币，虚拟性货币是不具有相对购买力价值的货币，虚拟性货币的自身价值仅是自身的制作费用，因而，严格地讲，虚拟性货币已不是充当一般等价物的特殊商品，而是现代社会中充当一般等价物的信用工具。货币由实体性的转化为虚拟性的，是货币的虚拟化过程，是现代经济的突出特征。问题在于，相比实体性货币，虚拟性货币的贬值速度是比较快的。美国1969年的登月工程耗资250亿美元，同样的事情，若放在2009年，恐怕就需要1300亿美元。因为这些年来，虚拟性的美元每十年就要贬值100%。正是在虚拟性货币不断贬值的常态下，客观迫使金融领域必须相应提供具备稳定保值功能的市场匹配。不然，市场经济秩序就难以稳定了，虚拟经济就难以有效地为实体经济服务了。因此，这就对作为重要的资本市场存在的现代股市提出了新的任务要求。也就是说，现时代的股市必须具备保值功能不仅仅是健康发展股市的需要，更重要的是为了维护现代金融市场秩序的稳定。因为，货币可以贬值，资产不能贬值，货币虚拟化之后的贬值常态，要相应由股市的金融资产的保值功能来进行弥补。人们不愿货币贬值，一般就不能将钱放在银行储蓄，而要购买股票来实施保值，这就要求股市必须具备保值功能。换句话说，在货币虚拟化时代，股市的市值必须是稳定上升的，而不能任意地大起大落，即股票的价格也要同实体经济领域的价格一样保持一定的刚性。

对现时代的股市，按照强化保值功能的要求，在市场稳定的前提下股价渐渐地增升应是常态，而非常态的股价跌落也是难以完全避免的，这总会在某些时期以不同的程度出现。2008 年国际金融危机的到来，也充分证明了这一点。正常的股价跌落是由于货币升值。市场炒作的股价跌落归根到底是不会决定大局的，那只是一种起起落落的表现，不会影响基本面。只有货币明显升值了，那才在客观上决定股票市场的价格需要随之落下来。但是，在现时代，虚拟性货币升值并不是现代货币市场的常态，所以，除市场炒作以外出现的股价跌落也不是市场的常态。

不过，有时不正常的股价跌落也会在某种程度上推动货币贬值。在明确区分虚拟经济市场与实体经济市场的年代，买股票的钱应该好好地待在股市里，搞生产和过日子的钱应该始终流通于实体经济领域，相互之间不能串位，即买股票的钱是在虚拟经济领域投资的钱不能再回到实体经济领域，搞生产和过日子的钱也不能无端地脱离实体经济领域进入虚拟经济领域。而股市如果出现不正常的价格跌落就是表明，可能有大量的买股票的钱离开了虚拟经济领域又回到了实体经济领域。这是正常和规范的市场不能允许的串位，是虚拟经济市场秩序的严重混乱。由此引起的后果是实体经济领域的货币突然增多，物价上涨，整体的货币贬值。

对于股市来说，不正常的价格跌落将会更迅速地造成财富的过度集中。在股价猛烈跌落的市场上，最大的赢家就是那些低价购买股票的人，他们原来只可买 100 万股的钱，在价格跌落 50% 之后，大约就可买到 200 万股。不要忘记，不管股价怎么跌落，股票可是一只不少的，上市公司的资产也是一点儿不变的。所以，股价越低，上市公司的资产就越向少数股东集中。这是正常的市场不可能出现的财富集中，是可使股票拥有者将来名正言顺地发财致富或者致更富。有些人总是搞不明白为什么有的人能够在股票市场发大财，其实道理很简单，就是不正常的市场秩序造就了那些人的事业，其中包括不正常的股价跌落可以迅速地膨胀那些人的财富。所以，无论从哪个角度讲，现代股市都不能不严格防范股价的不正常跌落。

在正常情况下，现时代的股市必须强化保值功能，即必须在一定程度上保持股价的刚性，因为不正常的股价跌落对于国民经济正常运行的影响是巨大的。现在需要研究的基础理论问题在于，虚拟性货币已经普遍地应用于实体经济与虚拟经济领域，虚拟性货币是现代股市普遍使用的货币，有关股市的经济学研究就不能再以实体性货币的特性要求或匡正虚拟性货币在虚拟经济的资本市场运行。因此，在现今时代，对于股市每日都离不开的货币，不能不区分虚拟性与实体性的差别，不能不历史地看待货币形式的发展。股民购买股票，不会管自己手中的货币是实体性货币，还是虚拟性货币，这是可以理解的。但是，作为现代经济学对于金融和虚拟经济的股市的研究，那是一定要区分虚拟性货币与实体性货币的，不能将虚拟性货币混同于实体性货币，更不能用对实体性货币的解释来解释虚拟性货币。实体性货币是特殊商品，虚拟性货币是信用工具，它们是不同形式不同时代的货币。现在，除去专门研究虚拟经济的学者，很多的经济学研究者还没有意识到现时代的货币已不是布雷顿森林体系崩溃之前的货币，现时代的货币已经完全虚拟化了。对于虚拟性货币必须展开全面的新的研究，用过去的关于实体性货币的经济理论解释虚拟性货币必定会严重脱离现代社会经济发展的实际。从货币理论的角度来认识，至今几乎所有的理论内容都是针对实体性货币进行研究的，并且所有对于货币问题的解释都是无一例外依据这些理论做出的。从根本上讲，不是人们不懂得基本的逻辑，而是在货币形式发展的问题上，基本的逻辑还没有与虚拟性货币对上号，还没有与虚拟性货币的常态贬值特征对上号。无疑，虚拟性与实体性是有重大差异的，不区分这种差别，只讲货币，只讲对于实体性货币的认识，显然是不符合基本的经济学认知逻辑的，而这样的一种违反，势必对于现实中的货币运行造成某种程度上的认识滞后和某些外部性干预的扭曲，其中包括对于股市保值功能的忽视。所以，现代经济学对于虚拟经济的股市研究必须明确，不能用以往对于实体性货币的研究替代对于现今股市实际运行中的虚拟性货币的研究。

现代市场经济常态下的虚拟性货币贬值和股市价格增升并不可怕，真正可怕的是对此缺乏理性的认识，缺乏社会理性的应对。如果现时代的股市自发地做不到保值，那就必须动用社会理性的智慧去强化股市的这一功能。政府的职责是管理市场。如果股市缺少保值功能，市值低落，实际上就是虚拟经济的中间效用没有发挥出应有的作用，是在一定程度上短缺虚拟经济中间效用的表现，也是需要政府依据自身职责予以治理的。因为，短缺虚拟经济的中间效用服务是要影响虚实一体化的国民经济正常运行的。

总之，在政府的管理下，股市不能自由化，必须保持高度的理性强化保值功能，与虚拟性货币的常态贬值相匹配，为现代市场经济的金融稳定提供必要的足够的中间效用服务。为此，广大股民必须具有保值意识。股市的规范与完善首先取决于股民的觉悟，强化股市的保值功能更需要广大股民的积极配合。股市是重要的资本市场，不是碰运气的赌场，作为股民对这一点必须十分清楚。要求股市具备保值功能和强化保值功能，股民们购买股票就不能具有赌博意识，而必须具有资产保值意识。对于股民的投资来说，股市保值的根据是：虚拟经济是以实体经济的存在和发展为基础的，即虚拟经济是不能单独存在的，所以，虚拟经济与实体经济有着紧密的联系，上市公司在这方面的联系就更为突出了。就股票价格来说，虽然是在虚拟经济市场上实现的，但是，毕竟要受到实体经济市场的约束，不可完全脱离实体经济的公司资产价格的真实表示。因此，股票价格并非可以完全与上市公司资产的实体经济市场价格背离，在客观上，存在保持一致的趋势，只能是有暂时背离的情况。

实现市场保值功能的强化，实现股价的稳定和刚性，必须全力遏制股市中弥漫的赌博风气和不断花样翻新的赌博行为。在多年之前，人们就议论中国的股市像一个大赌场，赌博成风。可以说，在股民的心中，如果赌博的意识很浓很浓，那就必然会造成股市的起伏不定，因为赌博全凭运气，全无理性，高兴时发疯地买股票，不管多贵；不高兴时就发疯地卖股票，不管多贱。如果这样的股民很多很多，那确实是作为资本市场存在的股票市场的悲哀。事实上，那些疯狂的股民，恐怕没有人承认自己是股市上的赌徒，但是股市上的一些行为表现足以让人认定中国股票市场上已经形成很坏的赌博风气，隔几天就出现一个黑色的星期几，很明显就是市场赌博的表现。只不过，遏制股市赌博，并不能使用行政手段，而是要对股民进行广泛而持久的社会教育，对其晓之以利害，促使其素质提高，自己慢慢地转变。

为了股市保值，稳定股价，还需要股民减少投机交易，不使股市出现过度投机现象。股市是允许投机的，但不允许过度投机。一旦出现过度投机，也会直接地影响到股价的稳定。像听到一点儿消息，就疯狂地购买某一股票，寄希望于赚一笔大钱，就是股市典型的过度投机表现。治理股市的过度投机，要依靠社会教育。国家对于股民不能放任不管，国家不管其市场的交易，但是一定要管股民的社会教育，政府的管理在这方面应尽到社会教育的责任。

保证强化股市的保值功能，稳定股价，发挥出足够的中间效用服务的作用，还需要在股民的意识中将股市回归到市场经济的轨道上来。股票市场本来就属于市场经济的范畴，用传统体制的态度和办法对待股市，是不正常的；而更不正常的是将股市政治化，不是用其作为市场存在，总是不断地使股市感受政治影响。在这种状态下，股市极易发生震荡，股价难以实现稳定。对于股市的政治化倾向的治理，就是要让股市回归市场经济轨道，让股民的意识回归市场经济，尽可能少地受政治方面因素的影响。只有使股市做到基本是市场化的存在，股价才能趋向稳定，股市的发展趋向正常才是有可能的。

更进一步说，在股价能够稳定的基础上，股价才能够增升，股市才能保值。对于一个极不稳定的股市，任何人都看不到其市场保值的希望。股价的增升需要环境，也需要基础。在能够做到保持市场稳定的前提下，对于任何国家或地区来说，股价的增升都是股票市场发展客观需要的常态。这也就是说，在规范的现时代的股市中，股价的稳定应是常态，股价的增升也应是常态，中国广大的股民必须明确地认识这一点。因为毫无疑问，虚拟经济市场与货币市场是相连的，在现代市场经济的发展中，虚拟性货币的逐渐贬值是常态，由此引发股价不断增升同样也必然是常态。股民们应该懂得，如果股票市场的价格不是随着经济发展节节增升，而是一个劲儿地滑落，那不是国民经济的运行出现了严重问题，就是股票市场本身出现了严重问题。

对于强化股市的保值功能而言，现代市场经济中的宏观调控必须是虚实一体化的宏观调控，即现代的宏观调控必须抵达虚拟经济领域，抵达股票市场。自由的虚拟经济的股市应该终结了，自由的虚拟经济的金融衍生品市场也应该终结了，现代的市场经济国家应当建立的是虚实一体化的宏观调控体系。这其中最重要的创新就是宏观调控的核心要从货币总量调控转化为资本市场调控，保证虚拟经济的中间效用服务保持适度性，其中包括正常发挥股市作用，不使股市缺少保值功能即这方面的中间效用服务短缺。新的虚实一体化的宏观调控体系，必须建立对于虚拟经济的资本市场进行直接调控的机制。2008年的国际金融危机清楚地表明，国家在宏观上不干预股票市场，股票市场就要在宏观上影响国民经济。国家在宏观上不干预金融衍生品市场，金融衍生品市场的泛滥就可能造成国民经济的严重危机。这也就是说，宏观调控不抵达股票市场，股票市场的问题就会影响宏观调控的效果。就此而言，牵涉两个基本的经济学理论问题：一是政府在宏观上能不能直接调控资本市场，二是政府在宏观上应当怎样直接调控资本市场。对于前一个问题的回答是肯定的，即在现代如此高度发达的社会，政府必须在宏观上直接调控资本市场，不能任由各类资本市场兴风作浪，为所欲为。在火箭升天由于一个小小的密封圈损坏就可能酿成大祸的时代，社会对于成千上万亿资金的市场虚拟交易任凭自发，只设规矩，不求控制，是社会理性严重不到位的表现，是经济学研究严重落后于自然科学发展的事实。自2008年以来，中国的股票市场盲目地走向低谷，至今仍然不具有保值功能。对此，必须由政府在宏观上进行直接调控。社会不能一方面承认股票市场的盲目性对于国民经济有极大的破坏性影响，另一方面又放弃社会理性对其听之任之。至于在目前情况下政府应当怎样直接调控股票市场，这是需要仔细地深入探讨的问题。对此，也可能有多种多样的直接调控方式，但其不论采用何种方式，基本原则应是一致的，即必须使用理性的强大资本力量调控非理性的实力相对分散的资本力量。这就是说，在现时代，各个国家或地区的政府包括中国政府在内并不能使用行政手段对资本市场进行直接调控，而必须用其他市场主体同样的资本手段直接对资本市场进行控制。其实，只要认识明确了，机制建立了，在高科技的信息时代，各个国家或地区的政府包括中国政府在内都完全可以依靠资本力量做到对股票市场进行有效调控，强化股市的保值功能，保证兑现足够的中间效用发挥服务作用。总之，股市强化保值功能需要依靠政府有效的宏观调控。在现时代，为保持经济发展的稳定性和连续性，对于股市的经济学研究应当高度重视这一问题。在中国即将实现新型工业化的进程中，中国的股市必须充满生机和活力。

四 中间效用服务的市场作用

在实体经济中，无论何时，都不可短缺中间效用提供的服务。而在现时代的国民经济的运行与发展中，则更要高度重视虚拟经济资本市场中间效用为实体经济服务的作用。现代市场经济离不开中间效用的服务，这种服务劳动的创造是各个国家或地区的市场需要的。

商业劳动是最早产生也是最为广泛的创造实体经济中间效用的劳动。商业劳动不仅是为消费者提供各式各样的商品，而且在售卖商品的过程中还要为消费者提供各式各样的服务。毕竟创造中间效用的商业劳动者比一般的消费者更懂得商品的品质、性能、用法及其他的相关知识。所以，优秀的售货员往往能给消费者提供最好的咨询服务，为顾客当好参谋。而且，对于消费者如何挑选商品，售货员也是能够为消费者提出建议或传授知识的。这就更进一步地实现了商业劳动的专业化服务。这种服务一般是消费者很需要的，对于消费者比较理性地购买商品可以起到效果非常好的服务作用。比如，一位消费者要给他人购买服装，这时候优秀的售货员可以帮她考虑，由于售货员具有丰富的专业知识，又对商品的情况比较了解，因此可以比顾客自己盲目地挑选的效果好得多，基本上可以使顾客买到最适合最满意的服装。这就是商业劳动最有魅力的服务作用，是能够使顾客感到购物的心情非常愉快的服务作用。若没有这样的为消费者提供的服务作用，消费者也能够买到自己需要的商品，但是，那样的效果就差远了。售货员提供的服务是专业性的服务，在人们的生活中，无处不需要享受专业性服务。人们去就医，就是要享受专业性服务。人们去旅游，找旅行社，也是要享受专业性服务。因而，人们去购物，当然也是很需要很希望享受到专业性服务了。有需求，就有供给。在现实的生活中，商业劳动创造的中间效用不是可有可无的，而是必不可少。不论是商业劳动提供的最普通的商业服务还是商业劳动提供的专业性服务，都是为社会需要的，为市场需要的。

在社会的生产环节，也是需要各种的创造中间效用的劳动提供各种必要的服务。批发商业往往要为各行各业的企业提供大宗商品供给服务，同时，还要负责很多企业的产品的销售。就大型或特大型的企业来说，生产原料或生产设备的采购可能不需要再经过商业环节，企业可以建立自己的通畅渠道，但是，对于一些通常使用的办公用品，特别是低值易耗品一类的物品，企业还是需要依赖一般的商业机构提供保障。商业劳动创造的中间效用，在人们的日常生活中是必不可少的，在社会化的大生产环节中也是必不可少的。周全细密的商业专业性服务更是对生产企业的生产具有重要的辅助作用。同样，在实体经济中创造中间效用的物流业劳动的作用也是生产企业离不开的，是最刚性的需求。物流不是生产，物流环节也不是生产环节，但是，物流业劳动却是社会生产不可缺少的劳动。现代物流是现代市场经济的重要组成部分。这部分劳动属于实体经济劳动，是实体经济中创造物流中间效用的劳动。就目前的物流普及程度来讲，只要物流业一停工，几乎各行各业都要停摆，这就是物流业的中间效用的重要性和服务性的表现，物流业的服务起到了社会生产血液循环的作用。任何行业任何企业都离不开物流业创造的中间效用，这种效用不能少，缺少了就会影响到社会生产的血液循环，即影响到各行各业的经济运行。

　　银行业本身是属于实体经济的，银行业劳动创造的中间效用是实体经济的中间效用，与虚拟经济的中间效用是不同的。在现代市场经济条件下，每个人的生活都离不开银行业的服务。在以往，不论是哪家银行的营业网点，每天从开门到营业结束，总是人满为患，有时办理一项业务，需要等几个小时。现在由于银行开启了智能化服务，启用了大量的智能化服务器代替人工服务，有效地减少了人们去银行办理业务的等候时间。更重要的是，各家银行基本上开通了手机银行和网上银行，很多的人不再去银行的营业点办理业务了，但这更说明人们越来越离不开银行的服务了。尽管有了智能化的服务器，有了手机银行和网上银行，但从经济学的意义上讲，不能说是这些设备为人们提供了服务，还是要说为人们提供服务的是银行业劳动，人们需要的是银行业劳动创造的中间效用。因为智能化的服务也是银行业劳动者创造的，归根结底是人的劳动在起作用，而不是智能化的设备单纯能够起作用。劳动客体必须与劳动主体相统一才会有实际的劳动作用。准确地讲，是银行业劳动者与银行的智能化设备合为银行业劳动整体创造的中间效用为人们提供了现代的银行业服务。现代人比前代人更需要银行服务，只不过现代的银行服务越来越智能化了。这种智能化服务是一种发展趋势，也是深受广大享受服务的人们欢迎和喜爱的。

　　虚拟经济的中间效用更是现代社会和市场的需要。在现代市场经济条件下，虚拟经济的中间效用不可须臾短缺。虚拟经济包括多类型的资本市场，其中与民众关系最为密切的是股票市场。股票市场需要保持资本市场的本来性质，更好地为国民经济提供服务，不能搞成赌博市场，也不能使其成为过度投机市场。对股票市场进行严格的管理是政府的责任，管理的目的就是要充分地发挥股票市场的资本市场作用。无论如何，股票市场必须是一个讲规矩的投资市场，要在社会投融资方面发挥重要作用。如果置股票市场作为投资市场的作用于不顾，另在实体经济中搞投资市场，不管是自觉的还是不自觉的，都必将造成国民经济的相应损失。因为股票市场创造的中间效用是不可被实体经济的投资作用所取代的。股票市场具有为实体经济服务的责任。由于股票市场中的二级市场属于虚拟经济范畴，其吸收投资的成本是较低的，所以股票市场作为资本市场有实体经济不可比及的优势，可以做到低成本、高效率地为社会服务。这不用人们买房子作投资，也不必社会为这种投资盖房子。这是股票市场本身存在的价值所在，也是社会需要股票市场的根由。现在，在现代市场经济中，不用说缺少股票市场，没有这种市场设置，就是不能够充分发挥股票市场的投资市场作用，使得资本市场中重要的股票市场冷冷清清，不能积极地发挥自身的市场作用，也是对国民经济的运行与发展极为不利的。必须明确，股票市场的中间效用创造是现代市场经济需要的，这种需要在任何地方都是不可改变的。

无疑，在现代市场经济条件下，不论是实体经济的中间效用还是虚拟经济的中间效用，在国民经济的运行与发展中，都不能是短缺的，其配置必须满足各行各业的需要。这是市场存在的客观要求，也是现代经济学研究依据中间效用适度性假说做出的认识确定。

第八章 扩张中间效用的危害性

在现代市场经济条件下，中间效用的创造具有必要性。忽略必要的中间效用或短缺中间效用即出现中间效用不足，都将给国民经济造成一定的损失。在实体经济领域，短缺中间效用会影响实体经济的运行与发展。在虚拟经济领域，短缺中间效用会影响国民经济的运行与发展。但是，为保持中间效用的适度性，在社会劳动的分工中，也同样不能出现过多的创造中间效用的劳动，即不能允许违反客观需求扩张中间效用。同短缺中间效用会影响国民经济的运行与发展一样，超过市场客观需要，扩张中间效用，也会影响国民经济的运行与发展，也是社会的理性所不能允许的；甚或说，扩张中间效用比之短缺中间效用，对于社会经济，可能产生更大的危害性。这是通过社会经济运行的实际和社会经济发展的历史已经充分证明的。

一 对资本收益的追求引起扩张

目前，人类社会的主流还处于资本主义社会发展阶段。中间效用的扩张与这一阶段社会发展的特征息息相关。对于不同于封建社会的资本主义社会来说，人类劳动内部的主要作用落在了资产条件上，这也就是说使得资本成为支配社会生产的主要力量。从人类劳动发展的客观事实出发，对于此时劳动内部资产条件起主要作用，任何人都不可能改变或者说都不能阻止。劳动发展到资产条件起主要作用表明人类劳动工具作用的提高，表明劳动工具已经大大地改进了，相比自然条件起主要作用时期，人类劳动的整体能力已经有了巨大的飞跃。

需要在理论上明确，在资本主义社会，劳动内部资产条件起主要作用，仍然是一种劳动客体作用起主要作用，如果不细分，这与在封建社会自然条件起主要作用的矛盾表现是一致的，都体现的是劳动整体之中物的作用对人的作用的支配。只不过，资产条件起主要作用，或者说主要作用由自然条件转到资产条件，这时物对人的支配性更为强烈了。这代表的是劳动客体在劳动整体之中作用的进一步加强或强化，代表的是人的智力提高决定的物的作用的改变，这种改变在历史的相对比较中是具有进步性的。在这期间，劳动客体在劳动整体中的作用有了比以往任何时期都更出色的表现。劳动客体在劳动主体的主导作用下对劳动整体能力的提高发挥了最大的作用，这是资产条件起主要作用的历史时期的特点，是一种历史形成的高点，具有特殊的重要意义。对此，人们不能不尊重劳动中的劳动客体的作用，不管是自然条件作用还是资产条件作用，都应给予真诚的尊重。对自然条件的不可缺少是人人都肯定的，对资产条件起到支配性的主要作用也需要平和地接受。在尊重劳动的客观发展前提下，不能将资产条件起主要作用看得与自然条件起主要作用有天壤之别，只是必须客观地承认资产条件在资本主义社会发展阶段起到的劳动客体作用是支配性的。这是现阶段认识资本的重要性及其收益性的基础。

资产条件起主要作用的社会发展阶段是资本主义社会发展阶段表明，是人类劳动的发展促使了资本主义社会的产生，资本主义社会的存在及其发展是由人类劳动发展的整体水平决定的。在资产条件起主要作用的劳动发展阶段，人类社会的发展是不会超越资本主义社会的，这是一种客观的制约，是从总体上和基础上做出的制约。在资本主义社会发展期间，并不排除可能存在奴隶社会、封建社会的残迹，甚至可能还存有原始状态的局部社会情况，只不过，主流社会形态是资本主义社会，更高级的社会形态产生也只能是局部，是很小的局部即比较势弱的和不稳定的。从目前来看，资本主义社会才产生几百年，还正处于发展之中，也许相比封建社会，资本主义社会的发展要快一些，但发展是快还是慢，并不取决于人们的主观愿望，而取决于人类劳动的客观发展。这要看劳动内部的主要作用是不是停留在资产条件上，只要仍是在资产条件上，已有几百年的资本主义社会历史就还要延续。如果不再是资产条件起主要作用了，那么资本主义几百年的社会历史就可终止了。

在封建社会之后经历了一定时期发展的资本主义社会，主要是工业经济发达，农业经济的地位相对下降，或是农业经济也走向工业化生产了。工业发达的基础是大机器的产生，纺纱机、汽锤、蒸汽机、印刷机等先后创造出来，并不断改进性能，功效大幅度地提高，机器开拓了人类的生活。而更进一步的发展是用机器制造机器，到达这一阶段，工业生产接近成熟了，至少是在一般生产水平上达到了体系完整。工业的兴起与发达表现的就是资产条件起主要作用，有机器与没有机器的生产是大不一样的。比如，用机器制造普通的钉子，一天可以造几千个至上万个；而没有机器全凭手工制作，恐怕一天也做不了几百个。蒸汽机用于造火车之后，铁路的运输显示了前所未有的威力，大批的货物运送迅速而方便，并且极有利于矿山的开采，有利于更多资源的工业化利用。

进入 20 世纪 50 年代后，资本主义社会的发展进入了新的阶段。劳动工具迅速由延展人的体力作用向延展人的智力作用发展，但这一时期总的说来仍是停留在资产条件起主要作用阶段。工业生产的规模越来越大了，生产设备也越来越先进。在工业革命开始时，即几百年前，生产一台蒸汽车需要花费几个月甚至 1 年多的时间，且装载的货物有限，而如今，生产汽车的工厂一年的产量达到 100 万辆是不足为奇的。航天飞机已经能够进入太空然后返回地球。生产技术的发展是突飞猛进的。高科技已是工业生产的带头兵，市场竞争已迫使一批又一批生产技术落后的企业倒闭。虽然在一些国家存在着尚未实现工业化的问题，存在着比较严重的贫困问题，但世界的主流是工业化，是发达的国家在代表着时代前进。而且，在发达国家，工业经济的从业人员就像以前农业经济的从业人员减少那样，也开始在减少。大批的人口转移到了第三次产业即服务方面就业。然而，这种情况并不改变现时代工业经济的地位，至多是从发展的角度说明工业时代在发生着新变化。无论如何，内在地认识这一问题，还不能说资产条件起主要作用的阶段过了，因为现在是越来越多的人开始承认社会正处在劳动内部资产条件起主要作用的阶段。现在相比过去的几百年，人们更加重视资产条件的作用了，即更加重视资本的作用了。而且，对于资产条件作用给予了虚拟化表现的资本市场已在各个国家和全球意义上形成。资本市场对于以劳动为实质内容的经济运行和经济发展的作用是现阶段的人们公认的，这是一种巨大的具有支配性的目前还没有其他因素可以替代的作用。

在劳动内部资本条件起主要作用的状态下，变态的剥削方式并没有比封建社会自然条件起主要作用时有实质性的变化，因为资产条件和自然条件同属劳动客体，剥削者都是主要通过占有劳动客体而进行剥削的。剥削的变化只是有了形式上的不同，在自然条件起主要作用时是地主剥削农民，地主是靠占有土地对农民进行剥削的，而到了资产条件起主要作用时，社会剥削的主要形式是资本家剥削工人，资本家是靠占有资产条件即比土地更广阔的生产资料（资本）对工人进行剥削的。剥削是一种变态劳动，是寄生性的动物求生方式，但剥削在人类常态社会出现、存在、发展是一种自然的过程，其恶的本质是不可改变的，只是其客观的存在是必须接受的，不能因其恶而断然给予排斥。

资本家对工人的剥削是无孔不入的，而资本家概念本身并没有固定的人选意义，凡是能够利用资产条件进行剥削的人都可以得到这样的称谓。剥削是人类社会的一种创造，到了资本主义社会，其发展的程度已经很高，即资本家对工人的剥削已脱离了自发的阶段，进入了法制化的阶段。这表明人们在思想意识上很明确剥削的地位，在社会的范围内已尽可能给予各方面的保护。在这一前提下，社会演出了一幕幕活剧，将剥削的历史生动地继承下来，延展下去。最初的资本主义剥削比地主剥削似乎不明显，但实质上更残酷。而且，当时的资本家对于工人的劳动带有很大的强迫性，高强度的体力劳动的重负压在工人的身上，完全不顾工人的死活，这一点好像奴隶主对待奴隶一般，法律并不能制约资本家剥削的这种残暴。工人的血汗生活铸就了工业文明的辉煌，但这其中资产条件是起主要作用的，工人们的主体作用并不能成为具有支配性的作用，所以，变态的剥削发展使社会变得更为复杂了。一方面工人们受到残酷的剥削，另一方面资产条件发挥了巨大的作用，而社会就是在这种强烈的矛盾中自然而辩证地演进的。

资本主义剥削本身也是发展变化的。原始积累之后，是残酷性很强的压迫劳动，而随着生产技术的逐步提高，随着资产条件作用与自然条件作用、体力作用相比的相对稳定，资本主义剥削的制度性和社会化形成了。制度性的形成表明社会法律起到了规范剥削的作用，变态具有了更为理性的色彩，疯狂的程度有所降低，剥削的程度比较稳定而且方式易为大众接受。社会化的形成表明已成为一种普遍的广泛的社会行为，参与剥削的人是众多的，剥削与被剥削成为交错的复杂的关系，不再是彼此阵营分明的对垒。社会化的剥削就是资本的社会化组成，因而，大多数参与市场的人都拥有一定的资产，都可利用这些资产去剥削别人。于是出现两种醒目的变化：一是剥削成为相互的，你剥削别人，别人也剥削你；二是几乎人人都有剥削行为，人与人之间不是有没有剥削的关系，而是剥削能力大小的关系，少数人有巨额的剥削收入，多数人只有少量的剥削收入，相互的剥削也体现在多数人之中。剥削表现为仅凭占有生产资料（资本）而占有一定的劳动成果，这种行为在近代的发展，是资产条件起主要作用的程度增强和范围扩展的直接的反映。现实地讲，资本主义剥削就是可以使人们获得资本收益。在现代市场经济条件下，不论是在实体经济领域还是在虚拟经济领域，人们都可以获得具有资本主义剥削性质的资本收益。

对资本收益的追求是推动现代社会发展的强大动力之一。在人类社会发展的现阶段，如果排斥资本的扩张，排斥资本对于收益的追求，那就不能保持国民经济的正常运行与发展，甚至会使国家跌入经济贫困的泥潭。历史表明，就世界范围讲，排斥资本对于收益的追求并不是普遍性的，只是曾经发生在过去的某些时期的少部分国家或地区。目前，世界上的所有国家或地区，无一例外，均制定有相关的法律保护资本收益，维护个人和企业合法地追求资本收益的权利。这是由劳动内部资产条件起主要作用决定的资本主义社会存在的最基本特征。事实上，无论是在哪里，现在人们对于资本收益的追求都似乎是更强烈了。可以说，这是由现阶段人类生存能力有限决定的资本的贪婪。在资本主义社会发展阶段，这种贪婪的对资本收益的追求有时会达到相当疯狂的程度，不仅表现在实体经济中，更突出地表现在虚拟经济中；不仅表现在实体经济的终点效用创造中，同时也表现在实体经济和虚拟经济的中间效用创造的扩张中。

二 实体经济扩张中间效用的危害性

在资本统领社会经济的时代，资本的所有者拥有创立企业或开发投资的决策权。对于资本收益的追求驱使着资本所有者不断地在实体经济中寻找扩大再生产的机会。因为资本不投入创造终点效用或中间效用中去就不会有收益。因此，实体经济中的中间效用扩张必然是由资本的所有者在这一领域自发地追求资本收益造成的。在实体经济中，如果中间效用与终点效用同步扩张，那就不存在中间效用超出适度性的问题；而如果只是中间效用扩张，终点效用不扩张，那中间效用就会超出社会的需要，背离了适度性的客观要求。

在实体经济实践中，中间效用脱离终点效用的需要而盲目扩张的情况是不断发生的，其中原因甚为复杂。就个案讲，原因都是具体的。可以说，疯狂地追求资本收益是造成这种情况不断出现的最主要原因。对于纯粹的资本收益追求，在实体经济领域，投资中间效用的生产行业比投资终点效用的生产行业，是相对比较容易的。比如，投资商业，不论是批发商业还是零售商业，都不需要研发或购买先进技术和生产线设备。投资广告业，即使要做得很大，投资规模比现代制造业的投资规模，那要小得多。别看电视节目中的广告连绵不断，街头巷尾的广告牌琳琅满目，其实，广告公司大多是设在写字楼中，再大的公司也仅有几间办公室而已。投资市场中介组织，办一个律师事务所，主要是找合伙人，更是不用动辄耗费成千万或上亿元的投资。因此，在实体经济中，中间效用比终点效用更容易出现投资膨胀。值得注意的是，出于对资本收益的追求，投资方总是使实体经济领域的中间效用周而复始地膨胀，每次膨胀后都将跌落一段时间，然后再膨胀。在这周期之中，有些资本所有者的投资损失是会很快显现的。市场有时是相当残酷的。

最容易出现中间效用扩张的领域是商业劳动。可以说，商业劳动是最早出现的创造中间效用的劳动，也是最可能产生劳动过剩的行业劳动。资本追求商业利润本是无可非议的，但是对此投入过头也是要自找苦吃的。曾经有过这样的事：一家商业大厦刚刚装修好，尚未正式开张营业，就已经不得不准备下马撤资不干了。关键是市场有容量限制，不是能够让资本的投入为所欲为的。一个国家或一个地区，到底需要多少商业劳动，应该是有数的，虽不至于精确到个位数，但大体上应该是能够把握的。只不过，有的时候，有些投资者会晕了头，明明知道某地的商业劳动已经不少了，超大型商场已经建了一个又一个，他们竟然执着地还要再投入，在其他已建好的超大型商场的旁边，再建一座超大型商场。这样的投资结果就会形成恶性的市场竞争，不是两败俱伤，就是其中一方落荒而逃，总之市场不会容纳过多的商业劳动。因而，对于这种最容易出现过剩的行业，一定要做好发展规划，不能像传统时代一样搞盲目竞争，任意扩张商业劳动，造成社会经济损失。比如，一个城市有 200 万人口，商业劳动的配置就是为这 200 万人口服务的，超大型商场的建设只能是较少的，不可能没完没了地建超大型商场，要明确商业的投入要以够用为准则，而不能以超量的投入为目标。投入超过需要，没有什么可以炫耀的，只能造成经济损失，让各个商家的经营都冷冷清清，收不回本来，最后只能是其中的一部分不得不选择退出。尤其是在现代，网络经济已经兴起，对于传统商业劳动已经造成了很大的冲击，在这种状态下，若还要搞盲目的商业竞争，那可就真是有不怕损失的超级胆量。历史表明：商业是一个传统的竞争非常激烈的领域，一方面不断地有资本进入，另一方面又不断地有资本退出。资本在这一领域的盲目扩张，到头来总会尝受恶果的。对于资本收益的追求，使资本所有者在这一领域前仆后继，在所不辞。而同样，市场对于超过适度性的实体经济中间效用生产的惩罚，也是绵绵不绝，毫不留情。在逝去的岁月中，对收益追求的投资冲动总是大于投资者的有限理性。其实，在这方面失败的投资者，不仅仅是造成了个人或企业的损失，更重要的是，其造成的过多的中间效用同样是社会的损失。

　　银行业也是一个容易出现中间效用扩张的行业。在现代社会，银行业的作用更为突出，不论是企业还是个人，都是离不开银行服务的，都与银行有着经济上的紧密的联系。尤其是在手机银行诞生之后，手机银行就成了许多年轻人的财务总管，直接用手机架起了与银行连接的桥梁。银行资本是实体经济中资本的重要组成部分，银行资本比其他资本对于资本收益有着更为强烈的追求，这注定了银行资本必然千方百计地寻求获取资本收益的机会，内在地追求自身资本的积累，由此带动银行业劳动的扩张和创造中间效用的扩张。只是，在银行业资本不断地扩张之后，未必就能够给银行业资本带来更多的资本收益。毕竟银行业劳动创造的是中间效用，市场对于中间效用有适度性的客观要求，超出客观要求的银行业中间效用是不会被市场接受的。所以，在一个国家或地区拥有很多家银行的前提下，由于银行与银行之间的信息封锁，当每一家都想进行进一步的业务发展之时，很可能就形成了整个银行业创造的中间效用超过实际的需要，这种自发性的扩张结果造成巨大的社会浪费，甚至对国民经济的正常运行造成严重影响。短缺银行服务是不行的，过度地配置银行业劳动，即银行资本过度扩张，也是市场经济客观不允许的。扩张银行业中间效用的危害性是必须给予明确的，这是现代经济理论研究的一个十分重要的课题。因为扩张是需要成本的，越大的扩张需要越大的成本，而一旦成本超过收益，对于银行业来说，就得不偿失了。也就是说，银行业就要做赔本的生意了。更重要的是，在银行业的业务扩张的驱动之下，会引起整个国民经济运行脱离正常的轨道和难以保持正常的速度，这样一来就不再是仅仅造成银行业经济损失的问题了，而是可能对于整个国民经济造成巨大甚至是灾难性的损失。这种事情在最后的损失形成之前，市场可能还是一片歌舞升平，社会各界也都喜气洋洋，没有人感到有什么不合适，然而，只要银行业铸成了中间效用扩张的事实，比如银行放贷过多，那么，这一行业就一定难以脱逃造成严重经济损失的厄运，就一定会对整个国民经济的正常运行造成十分不利的影响。这种自发性扩张银行业中间效用的问题，在银行的设立还比较少的时期，相对还比较容易避免，而在银行业相当繁荣的时代，似乎就不大容易改变那种自发性了，因而，此时必须具备高度的理性，对于中间效用的适度性要求保持高度的尊重，对于扩张银行业中间效用的危害性具有自觉的清醒认识，才能有效地避免盲目扩张银行业中间效用的经济损失和对国民经济正常运行的破坏。否则，在高科技的今天，在智能化银行服务时代，银行业中间效用的扩张，超过市场实际的需求，更容易造成社会的和自身行业的严重损失。

在实体经济中，除了商业和银行业之外，其他创造中间效用的行业，不论大小，只要是扩张行业规模，超过市场客观需求，也同样是具有危害性的。在经济纠纷中，律师是为纠纷双方服务的，而过多的律师服务就将增加解决纠纷的司法诉讼成本，使得纠纷双方经济问题的解决更加没有效率。本来律师的服务是为了提高解决问题效率服务的，但过多的服务就会产生适得其反的结果。这也就是说，超过中间效用适度性的律师服务是不必要的，不能将律师服务搞成越多越好，不能使这一行业的发展不受到市场的限制。自发性的律师行业盲目扩张只会对行业的生存与发展造成严重的危害。广告业的劳动也是一样，不能配置过多，过多了也要造成一定的危害性。不过，广告业的扩张具有一定的隐蔽性，或是说不易区分广告做多了还是做少了，市场似乎对于过多的广告具有较强的容纳性，可以将过多的广告作为社会非必要成本接受下来。人们天天看电视，可以天天看到电视里的铺天盖地的广告。到底这些广告能起到什么作用，不得而知。可能有一些电视广告做多了，引起观众的反感，还会起到反作用。有的电视剧一集只有30多分钟，可给观众播放的广告就达20多分钟，让人看得烦不胜烦。这个时候，再好的广告创意又有何用，给观众留下的只能是很坏的印象。更有甚者，一些莫名其妙的广告，云山雾罩，不知到底说的是什么，真不知这样的广告做了有何用。就中国来说，现在不能说广告太少了，只能说广告太多了，不仅电视里广告铺天盖地，大街上的广告也是铺天盖地。如果说这些广告公司都能挣到钱的话，那么，这些广告费用是都加在了商品或服务的价格之中，都转移给了消费者承担。而让消费者承担过多的广告费，其实就是对于消费者利益的一种侵害。这种对消费者的侵害就是对社会具有危害性的明确表现。

世界军火贸易创造的中间效用是有害的。因而，有多少世界军火贸易，就有多少中间效用扩张的危害性。这是实体经济的变态终点效用创造和中间效用创造给世界带来的危害性。第一，造成危害性的是终点效用的创造即军火武器的生产，这是根本上的劳动变态，是动物的生存方式在人类社会的延续。军火武器代表的暴力一直陪伴着人类走到了今天，即走到了物质文明已经高度发达的现代社会，因此，现代的军火武器已非古代的军火武器可以相比，已经是高度现代化了即高科技化了，更是十分恐怖的了。第二，造成危害性的是世界军火贸易，通过这种贸易即中间效用的作用，发达国家制造的高科技军火源源不断地被销往世界各地，一方面提高了购买军火国家或地区军队的装备水平和战斗力，另一方面造成各地战火的纷飞，给世界带来了动荡和不安宁。更严重的问题是，2017年，据"俄罗斯卫星通讯社5月25日报道称，一家国际非政府组织表示，美军无法确定部分被运往伊拉克和科威特的武器的所在位置，这些被运过去的、却又'失踪'的武器价值估计为10亿美元。有专家称，这批武器或早就已经落入包括恐怖组织'伊斯兰国'在内的武装团体手中。该组织援引了华盛顿解密的2016年9月的审计报告结果。根据这份文件，五角大楼'没有大批装备的数量及其下落的具体信息'，这批装备本应进入伊拉克军队和库尔德自由斗士军服役。尤其是，没有弄清楚的是，总价值大约2800万美元的数万支突击步枪、数百枚迫击炮弹和数百辆军用悍马越野车现在在哪儿。武器控制专家帕特里克·威尔肯称，'如果注意到美国的武器早就落到了包括恐怖组织'伊斯兰国'在内的在伊拉克作战的武装团体的手中的相关报道，这就是个非常令人沮丧的消息'"①。出现这样的后果是十分严重的，这确切地表明，现代人类必须高度重视世界军火贸易问题，必须尽一切力量制止这种变态劳动创造的中间效用扩张。

在确认中间效用必须保持适度性的前提下，实体经济中的任何中间效用创造都必须适可而止，不能有超过市场客观需求的扩张。只要是扩张，不管是哪一个行业的扩张，也不管是正态的扩张还是变态的扩张，都是要对社会造成危害的，都是现代经济学的理性所不能允许的。这个问题在传统的经济学研究中是没有涉及的，但是，在现代经济学的研究中是不可忽视的。这是一个基础性的问题，看似简单，实则十分重要。这需要从一个

---

① 俄罗斯卫星通讯社：《美价值10亿美元武器不知去向 或落入IS等恐怖组织手里》，环球网，2017年5月26日。

国家或地区的国民经济整体出发才能认识到这一问题的重要性，这既不是从企业出发，也不是从部门经济出发能够认识到的问题。而这还不仅仅是对实体经济运行的要求，即不能允许中间效用的创造超出市场客观要求的适度性盲目扩张，不仅仅是对实体经济运行的要求，而是对于整个国民经济运行的要求，包括对虚拟经济运行的要求。而虚拟经济也是传统的经济学研究没有涉及的领域，也是现代经济学研究必须给予高度重视和开拓探讨的领域。

三　虚拟经济扩张中间效用的危害性

从社会承认虚拟经济只创造中间效用的角度讲，虚拟经济的扩张就是虚拟效用即中间效用的扩张。而虚拟经济的中间效用扩张同样是由投向这一领域的资本的所有者决定的。在虚拟经济领域，对于资本收益的追求造成中间效用性质的虚拟效用超出适度性，其表现是更明显更强烈的。毋庸置疑，在人类社会经济发展的现阶段，适度地创造这一类中间效用是无可非议的，资本收益权的历史存在必然会引领市场走向虚拟经济繁荣的轨道。但是，凡事都会有度的限制。对于中间效用必须保持适度性的要求，在虚拟经济中，就是对这一领域的总体效用创造规模的限制。这也就是说，在社会经济高度发展的现阶段，虚拟经济可以随同实体经济的高度繁荣而高度繁荣，但是绝不可以脱离为实体经济服务的需要而形成自身的扩张发展。

在实体经济中，追求资本收益，大大小小还要做一些实业投资，还要管人管物，操心费力。然而，在虚拟经济中，可以直接以钱生钱，追求资本收益，即只要投出资金，根据契约，就有望收取回报。若买股票，现在都不用去交易所大喊大叫，只需轻轻地点一下鼠标，不费吹灰之力。相比之下，有胆量有实力的资本所有者更偏爱在虚拟经济领域投资。进入 20 世纪下半叶，与实体经济有直接联系的股票市场、债券市场等传统的资本市场，在虚拟经济领域已经沦为小弟弟，其经济规模当量远远不能与金融期货市场等各种与实体经济已无直接联系的金融衍生品市场的交易量相比。

这也就是说，现代的资本市场已经是高度虚拟化了，现代经济中的虚拟效用创造规模早已是游走在极限的边缘。在这一领域，金融企业数不胜数，金融大鳄兴风作浪，巨大的资金流量伴随着巨大的收益回报，一再地激发起置身于其中的每一个人的投资欲望。现时代的高科技在创造先进技术的同时，也现实地提升了人们在虚拟经济领域中的创造激情与活力。

在这样的环境中，对于一些绝顶聪明的人来说，想不疯狂都不容易。因此，在新技术革命之后，随着高科技引领的经济现代化的推进，现代虚拟经济领域的创造力，相比实体经济中间效用的扩张，不知要疯狂多少。更何况，迄今为止，在人类社会的经济生活中，始终未明确树立必须保持中间效用适度性的意识，依然在讲笼统地追求效用最大化，在虚拟经济领域也同样追求效用最大化，竭尽自由之能事。

面对越来越复杂的资本市场，虚拟效用创造的适度性在哪里？此前，没有人知道，也没有人想知道。这样追求资本收益的自发创造，疯狂起来并不能长久地给每一位投资者带来福祉。在缺失适度性自觉约束的前提下，这一市场参与者的各自的理性行为合成并积累起来，给社会造成的后果只能是极为惨痛的。

在虚拟经济中，最容易造成中间效用扩张的是金融衍生品市场。金融衍生品市场就是从事金融衍生品交易的市场。金融衍生产品是与金融相关的派生物，通常是指从原生资产派生出来的金融工具。其共同特征是保证金交易，即只要支付一定比例的保证金就可进行全额交易，不需实际上的本金转移，合约的了结一般也采用现金差价结算的方式进行，只有在满期日以实物交割方式履约的合约才需要买方交足货款。因此，金融衍生产品交易具有杠杆效应。保证金越低，杠杆效应越大，风险也就越大。事实上，金融衍生品市场总是不断地出事或者说惹祸，但这并不妨碍这一市场在虚拟经济中的继续存在。现时代人类的生存能力的有限决定了不能消除金融衍生品市场。关键还是在于，在现阶段，资产条件在社会生产即社会劳动中占支配地位并起主要作用，人类的生存要求必须保护好所有的生产资料，而对生产资料最好的保护就是赋予占有生产资料的人以生产资料资产收益权，即资本收益权，也就是要客观地允许各种各样的投资者获取资产收入。

正是因为存在这种客观的市场允许，由现阶段人类的生存能力决定，在世界各地，还要继续发展金融衍生品市场，还不能消除金融衍生品市场的存在。目前，发达市场经济国家的金融衍生品市场不会消除，像中国这样的发展中国家也在继续发展金融衍生品市场。2007年，在美国爆发次贷危机之后、国际金融危机爆发之前，中国证券监督管理委员会尚福林主席在中国金融衍生品大会上表示："在当前和今后一个时期要按照科学发展观的要求进一步深化资本市场的基础性制度建设，着力解决好市场发展中的体制性、机制性问题，丰富市场结构和产品结构，不断改进和加强市场监管工作，促进我国资本市场健康发展。中国证监会自2006年以来按照高标准、稳起步的原则积极筹建金融期货市场，并做了大量的相关工作。主要包括以下几个方面：一是修订和制订了相关的法规、规章，对股指期货的市场框架、业务模式、准入标准、机构监管以及投资人保护等方面的内容做了全面、系统的规定，为股指期货的推出确定了制度基础。二是成立了中国金融期货交易所，在合约设计、交易系统建设、交易规则制订、结算会员管理、风险控制，以及仿真交易等方面做了大量的准备工作。三是创新监管手段。除了实行严格的准入制度外，在日常监管中证监会全面推广了以净资本为核心的管理办法，通过量化期货公司的抗风险能力，增加了监管的灵活性和有效性。四是防范市场风险，维护市场平稳运行，保障现货和期货市场发展为目标。在证监会统一部署和协调下，建立了股票现货市场和股指期货市场跨市场联动的监管协调机制。五是组织和协调中国金融期货交易所、期货业协会、证监会派出机构等单位，根据股指期货准备工作的整体进展情况，分步骤、分批次、全面深入地开展了股指期货的投资者教育活动。此外，为准备股指期货，期货公司增资扩股，强化内控制度和风险管理制度，完善交易系统，培训高管和从业人员等，也进行了积极的筹备工作。最后，尚福林主席表示：目前中国股指期货在制度和技术上的准备已基本完成，推出股指期货产品的时机正日趋成熟。下一步证监会的工作重点将是做好股指期货推出前的各项准备工作，在巩固前期工作成果的基础上本着'把风险讲够'，'把规则讲透'的原则，继续做好包括机构投资者的管理人在内的股指期货投资者的知识普及和风险教育工作，要通过做深做实和做细股指期货投资者教育工作，使会员机构的中高层管理人员充分认识到各种可能存在的风险，确保股指期货的平稳推出。"① 目前，中国已经按照既定的规划开办了一定规模的金融衍生品市场。

其实，不论是直接从事只交纳保证金就可以从事的金融衍生品交易，还是过多地发行金融衍生品性质的有价证券，都可能出现使交易者倾家荡产的情况，同时造成一定程度的市场危机。2008 年爆发的国际金融危机就是最好的例子。这方面的问题都属于最为常见的和最为明显的虚拟经济的中间效用扩张带来的危害性。有鉴于此，从现代宏观金融调控的角度讲，无论是哪一个国家或地区，也无论其开发金融衍生品市场的程度如何，都应当对于这一市场的存在采取低调的态度对待，不能大肆宣扬其市场的现代性。政府不应以增加税收为目的鼓励金融衍生品交易活跃，相反，宏观金融的调控应始终对这一市场进行严密监控，并采取有效措施使其市场交易能够控制在一定的范围之内。特别是要防止这一市场的交易发展到疯狂赌博的程度。在可能的条件下，已开放金融衍生品市场的国家或地区，要向未开放这一市场的国家或地区学习，逐步降低其开放程度，或是尽力创造关闭市场的条件。这是在常态的经济秩序下保持宏观金融运行正常的一种根本性的对策措施。

再有，比特币的产生和交易也可能成为虚拟经济中的又一疯狂扩张的领域。据说，2009 年 1 月 3 日，世界上第一批比特币被挖出，这种由一个代号为"中本聪"的人设计的数字货币正式诞生。至 2017 年年初，比特币度过了它的八周岁生日。八年间，比特币由最初的小众产品不断发展，从生产交易到应用，形成了一个颇为完整的产业链。有人认为，它能够解决通货膨胀等目前社会在诸多领域的缺陷，"能让人类社会变得更加美好"。也有人认为，比特币不具备成为货币的本质属性，有着潜在风险和核心缺陷。法律还未跟得上其"野蛮生长"的步伐，这是个尚未完全建立秩序的"灰色"新世界。

和大多数货币不同，比特币具有"去中心化"的特质，不依靠央行等货币机构发行，任何人都可以通过特定 64 位的运算获得。简单来说，"挖

---

① 《尚福林：推出股指期货产品的时机正日趋成熟》，中国新闻网，2007 年 10 月 27 日。

矿"就像是用计算机解答一道复杂的数学题，每得到一个合格答案，比特币网络会新生成一定量的比特币作为奖赏。普通计算机不足以支撑这种高强度的运算，取而代之的是一种特制的、计算能力惊人的计算机（即矿机）。谁的计算能力（即算力）强，谁就有可能得到更多的比特币。依据中本聪的设计，比特币的总量被固定在 2100 万以内。计算难度会不断上升，奖励随之不断减少。

有的公司现在每天可以得到比特币约 100 枚。一度，据称一枚比特币约价值人民币 17000 元。

根据《2014－2016 全球比特币发展研究报告》，目前全球算力的 75%以上集中在中国。此报告由清华大学五道口金融学院互联网金融实验室和火币网联合发布。

资料显示，全球矿场目前每小时耗电大于 60 万度，每年大于 52 亿度。有人质疑矿机常年高速运转耗费大量电力，却生产出来"一种虚无缥缈的东西"，是资源浪费。

资料显示，目前全球有数十家活跃的比特币交易平台，而中国的交易量超过了全球总交易量的 60%，在某些时段甚至超过 90%。某比特币论坛里，一位网友自豪地宣称，比特币已经掌握在中国人手中。

根据《2014－2016 全球比特币发展研究报告》，目前国内三家主要交易所 OKCoin、火币网、BTCC（比特币中国），正形成三足鼎立的态势。

登录比特币交易平台，用户可以像买卖股票一样买卖比特币，但过程可能更让人血脉偾张。这是一个 365 天不休市、24 小时不停歇、没有涨跌停限制的世界。

除了通过交易所，还有一部分人通过场外交易购买比特币，类似于找人"代购"比特币。

在央行进行规范前，许多比特币交易平台还提供倍数不等的杠杆交易，国内火币网最高是 5 倍杠杆，而 BTCC 则达到过 20 倍。

每逢暴涨，各大交易平台就会迎来一副繁荣景象。2013 年 12 月，中国人民银行等五部委发布《关于防范比特币风险的通知》，明确了比特币并不是真正意义上的货币，并对各金融机构和支付机构提供比特币相关服务进行了严格限制。之后,比特币闻声暴跌,从 8000 元高位跌至 2000 多元。

2017 年 1 月 5 日凌晨,比特币市价恢复突破历史高位 8000 元。但第二天比特币市价又迅速跌破 6000 元。目前,比特币价格涨跌没有什么规律可言,受国家政策及政府态度影响很大。

用来储存比特币的钱包服务应运而生。目前市场上有网页钱包、桌面钱包、硬件钱包等多种钱包软件,成为产业链中的重要一环。

层出不穷的还有比特币领域的媒体。这些媒体专注于报道行业资讯、普及比特币相关知识,成立于 2011 年的中文网站"巴比特"是目前国内最有影响力的比特币媒体,其收入来源是各业内公司投放广告。

在比特币行业"野蛮生长"的同时,中国针对比特币监管的政策法规寥寥无几,仅有 2013 年 12 月和 2014 年 3 月,中国人民银行等五部委发布的《关于防范比特币风险的通知》和《关于进一步加强比特币风险防范工作的通知》。有人认为,由于我国对比特币的监管立法空白,加剧了其投资风险。

同中国相比,其他一些国家的步伐似乎迈得更快一些。2013 年,德国财政部声明,比特币与"私人货币"更接近,可以用来多边结算;2015 年,英国财政部表示将制定数字货币行业的"最佳"监管框架;2015 年,美国纽约州金融服务局发布了对于数字货币公司的监管框架,从 19 个方面对比特币监管做了详细规定。

中国工银国际研究部主管,首席经济学家程实认为,货币需要具备三种本质属性,即普及性、稳定性和清偿性。然而,目前绝大多数人连比特币是什么都不知道,且缺乏必要的监管、缺乏对炒作的抑制手段,价格高起高落。此外,比特币不像金银那样有内在价值,也不像纸币有国家信用背书,因此,"清偿可能性几近于无"。他还认为,现在的比特币还不是货币,未来进化为货币的可能性也正由于当下的炒作而受到致命打击。但是他肯定了比特币的价值。他说比特币带来了新的思想启迪。比如,怎样加强货币发行的内在约束、削弱霸权货币的体系影响、尊重微观群体的货币权利、满足信息时代的货币需求、体现平等多元的货币精神。①

---

① 王婧祎:《比特币在中国:有人丢过 8000 个 现在市值达 1 个亿》,《新京报》2017 年 5 月 27 日。

2017 年，"1 月 18 日晚些时候，央行营业管理部公告称，自联合调查组进驻部分比特币交易平台后，初步发现这些比特币交易平台违规开展融资融券业务，导致市场异常波动。此外，这些平台均未按规定建立相关反洗钱内控制度。这是央行直接出手揪比特币交易平台的尾巴以示警"①。

总之，截至目前，比特币还不是货币，但是以比特币为媒介已建立了相关的货币交易平台，成了虚拟经济领域的又一个极易扩张中间效用的市场。对此，除去加强金融行业的监管之外，更需要深入地进行关于虚拟经济中间效用的研究和比特币问题的研究，要将研究做在前面，严密防止比特币市场发生扰乱性的事件，以维护国民经济正常运行的安全和秩序，使现代经济学的理论研究能够更好地为现实服务。

四　应高度重视扩张中间效用的危害性

现代经济学的研究必须明确，不论是实体经济还是虚拟经济，都不能允许扩张中间效用的创造，任何超出适度性的中间效用对于国民经济正常的运行和发展都是具有危害性的。避免这种危害性的产生，应是现代市场经济的一种客观的要求，也应是现代经济学的理性认识能够指导社会经济实践的一种必须尽到的责任。

高度重视扩张中间效用的危害性，首先需要让各行各业的劳动者知道哪些行业劳动创造的是中间效用，中间效用与终点效用有何不同。尤其是要让商业、银行业、运输业、物流业、广告业、律师业、市场中介各个部门、虚拟经济领域的各个分支组织机构的劳动者明白，他们的劳动创造的是中间效用，不是终点效用，他们创造的中间效用不能超过适度性的限制，不能扩张性地发展。这样的知识普及应该抵达每一位创造中间效用的劳动者。也就是说，在这些行业从事工作的就业人员都要懂得中间效用不同于终点效用的道理，都能够清楚自身的劳动会受到中间效用适度性的约束，

---

① 王超：《2017 年是比特币监管元年?》，中国电子银行网，2017 年 1 月 25 日。

只有在中间效用适度性的允许内，他们的劳动才是可以为市场接受的劳动和对终点效用的创造具有支撑作用的劳动，否则，超出了中间效用适度性的规定，其劳动就会造成一定的危害性。这是一个必须由微观做起，必须受到宏观约束的问题。在以前，在现代经济学的研究没有区分中间效用与终点效用时，问题也是存在的，只不过那时没有人理性地认识到这是一个问题的存在，因此，自发的必然依旧处于自发的状态，自发的市场无法做出自觉的调整，只能任由扩张中间效用的危害性出现。所以，要求理性地高度重视扩张中间效用的危害性问题，就必须让具体的创造中间效用的劳动者都明确地知道他们创造的效用是中间效用，这种不同于终点效用的中间效用的创造不能扩张，必须符合中间效用适度性的客观要求，不论是在实体经济中还是在虚拟经济中，这种对于中间效用适度性的客观要求都是一样的。

在现实的市场经济中，保持中间效用创造的适度性，需要有一定的自觉性。这种自觉性需来自现代经济学理论的支持和教化。一方面是一些市场主体自发地扩张中间效用的创造；另一方面是另一些市场主体自觉地抵制扩张中间效用的创造。理性地发展，应是自觉抵制扩张中间效用创造的市场主体越来越多。当然，社会实际的发展是很难保持高度理性的，在某一个时段保持高度理性就已经是很不错了，就目前来说，要求市场始终保持高度理性发展，似乎做不到。那么，在非理性发展的实际之中，往往自发性的因素造成的中间效用扩张的危害性必定会表现得十分明显。就中国2017 年之前的房地产中介市场来说，就是一个突出的典型。2016 年中央经济工作会议 12 月 14 日至 16 日在北京举行。会议全面部署了 2017 年经济工作，明确要继续深化供给侧结构性改革。会议提出，要坚持"房子是用来住的、不是用来炒的"的定位，综合运用金融、土地、财税、投资、立法等手段，加快研究建立符合国情、适应市场规律的基础性制度和长效机制，既抑制房地产泡沫，又防止出现大起大落。要在宏观上管住货币，微观信贷政策要支持合理自住购房，严格限制信贷流向投资投机性购房。中央经济工作会议明确表述"严格限制信贷流向投资投机性购房"，引发高度关注，因为炒房行为会受到严格的限制。有人指出："房子是用来住的、不是用来炒的"这意味决策层清醒地认识到房子的定位，不容忍投机的泛滥，如果采取措施真正使住房回归居住属性，未来有助于房地产市场挤出泡沫，显现真实的供求关系，有利于房地产市场健康平稳发展。所以，2017 年的市场发生了较大的变化，一些市场中介机构开始有所收缩。而在 2017 年之前，中国的房地产中介机构似乎无所顾忌，为所欲为，盲目扩张，凸显了中间效用扩张的危害性。由于扩张后的房地产中介机构人员需要生存，这些中介机构就想方设法推高房价，甚至采取一定的欺骗手段，扰乱市场。最为常见的做法是在网上或是在门面挂出低价房源的广告招牌，一旦有人要买，立马告诉说已经卖出去了或是租出去了，然后推介其他高房价的房源，逼迫买家不得不接受他们实际控制的高价房源。为此，这些中介机构不惜投入巨额资金控制房源，实施房源垄断，让人们不得不接受不断上涨的高房价。到了这种地步，房地产中介机构已经不是中介机构了，而是变成了二房东，成了所有房源的实际控制者。这样的中介就不是为买卖双方服务了，而是成了市场的垄断者和支配者，不仅其自身性质发生了变化，而且严重地冲击了房地产市场的正常秩序，增加了社会成本，造成人力物力的严重浪费。这就是盲目扩张房地产中介中间效用创造的结果，衍生出了各种不当的市场行为，起不到应有的服务社会的作用，必定要给社会造成危害。

在现代市场经济条件下，各个国家或地区都应该高度重视扩张中间效用的危害性的问题，采取有力措施避免扩张中间效用的危害性发生。现代经济学的研究必须突出强调这一点。对于这种重视，除了要求对商业、银行业、运输业、物流业、广告业、律师业、市场中介各个部门、虚拟经济领域的各个分支组织机构的劳动者普及中间效用理论知识以外，更需要这些行业的企业通晓这方面的利害，不再盲目地自发地扩张自身的中间效用创造。作为市场经济主体，企业的自律对于维护市场的秩序是很重要的。其实，如果企业不管不顾，盲目地扩张中间效用的创造，最后尝到苦果的只能是企业自己。这个道理是一定要明确的，不明确这个道理，就会有企业自讨苦吃。传统的经济学理论不能给这些创造中间效用的企业提出理性的警示，那是传统经济学的研究不到位的问题。而现代经济学的研究已经为这些创造中间效用的企业提出了警示，那么，这些企业不听警示就不是现代经济学的问题了，而是企业的经营自身存在的问题了。更重要的是，高度重视扩张中间效用的危害性，在企业必须做到自觉自律的基础上，还需要强调全社会对此需要实现理性的精细化管理，以保证不出现扩张中间效用带来的危害性。这样的社会管理，主要分为两个层面，一是行业管理，二是政府管理。接下来，将分别讨论这两个层面对于中间效用创造的社会管理问题。

第九章　行业管理

　　除了企业自律之外，对于中间效用创造的第一个社会层面的管理是行业管理，即各行各业的自律性管理。行业管理对于中间效用创造的缺失或扩张的管理属于基础性的社会管理。在现代市场经济中，不论对于哪个行业来讲，具有一定的社会管理性质的行业管理都是必不可少的。在此，将不展开全面的行业管理的基础理论问题研究，只是针对创造中间效用行业的行业管理问题进行一些初步的讨论，这当然要涉及行业管理的基础共性认识，但对这些共性认识的探讨的目的还是要从理论上阐明创造中间效用行业的行业管理应尽到的责任，其目的还是摸索这些行业规范的行业管理基本要求，以求得对于创造中间效用行业可以实施初步的理性的基础性的社会管理。从现代经济学的理论研究基础讲，实行行业管理的依据是行业产权。

一　行业产权的存在

　　产权是现代经济学的研究范畴，在传统经济学的研究中只有所有权范畴，没有产权范畴。重要的是，经济学的产权范畴界定不能依据法学的理论阐释，更不能跟随在法学的产权范畴的界定之后再界定。相对法学，经济学是社会科学中更为基础的研究学科。或者说，任何涉及经济领域的法学范畴界定，都应建立在相应的经济学范畴界定的基础上。因为，经济关系是有史以来人类社会中最基础的社会关系。从辩证历史唯物主义的立场出发，人类的经济关系属于社会经济基础，而法学研究的人类的法律关系则属于社会上层建筑。无疑，是经济基础决定上层建筑，不是上层建筑决定经济基础。所以，有了对于基础经济关系的确定，才能有相应的法律关系的调整和法律对于人们经济生活中各种权利的维护。

经济学的认识源于人类客观的经济生活，经济学认识的发展源于人类客观的经济生活的发展。经济学的产权研究需要从经济生活实践出发，坚持经济学范畴的客观性，不能迷失经济学研究的性质。在现代经济学的研究中，将产权范畴等同于所有权范畴是不能允许的，那将完全忽视了产权范畴和产权理论创新的重要意义。我们必须明确，对经济学范畴的认识只能源自社会经济生活，而不是源自经济学家的头脑。各种经济学范畴都是对经济生活的客观内容的抽象认定。人类社会的经济生活发展了，经济学范畴才会有新的变化。所有权范畴在经济学研究中，是对 20 世纪中期以前的社会经济生活的一种反映；而后，社会经济生活发展了，才应运而生出现了产权范畴对于社会经济生活新的认识和概括。如果没有现代社会经济生活的高度复杂，也就不会产生相对所有权范畴更为复杂的产权范畴。从现代经济学研究的角度界定，产权范畴是现代高度复杂的社会经济生活的反映，是在所有权范畴基础上发展出来的新的经济学范畴。产权涵盖所有权，所有权反映的社会生活的复杂性远远不及产权，产权范畴具有更为丰富的客观认识内容。

不同的经济学范畴是对不同的经济生活内容的反映。因此，准确地讲，产权是社会经济生活中各种利益归属所需要的基本维护权利。简而言之，产权就是利益权，而不单纯是财产权，有财产可以有产权，没有财产也可以有产权，只要有利益归属存在，肯定就有产权存在。现代产权范畴的出现，其对现代经济生活内容的概括反映，客观上已经不同于传统所有权的反映内容。所有权可概括为财产权，而现代产权则可更大范围概括为利益权。经济学从只研究所有权到既研究所有权又研究产权，是现代社会经济发展的反映，是现代经济学进步的表现，展现了现代经济学比传统经济学更为广阔的研究视野。

产权不仅指所有权，还包括其他权益的要求。从认识本身的发展来看，从所有权归属的单一性发展到产权归属的共有性，表现出个体产权与公共产权的不同。从所有权讲，所谓单一，并不是指个人所有，集体所有、全民所有都具有这种归属的单一性质，即归于哪个权利个人或单位就是定给谁的和具有排他性的。而从产权关系讲，除了个体拥有产权之外，还可以实现产权共有，即共同利益的存在决定的长期共有。这就是说，共同利益以涉及者的存在而共有，某涉及者退出，则没有其利益，此利益仍为共有利益，为其他涉及者维护，比如，一个城市的空气不被污染是全市居民的共有利益，这可用产权表示，这种产权不因某些居民搬迁他城市而带走，它永远是居住在这个城市的居民的共同利益，显然，这样一种权益表示用所有权来界定是不适用的，而产权范畴的使用可将经济问题很好地表述清楚。事实上，股份制企业的产权就是一种典型的公共产权。

企业的产权是法人产权。这一产权的存在代表企业的存在，而企业的存在是人本与资本的统一。就像劳动具有整体性一样，企业法人产权也具有整体性，或者说，企业法人产权不等同于人本产权和资本产权的简单相加。进入企业支配的人、财、物，就不再从属于人本产权或资本产权，而只是从属于企业法人产权。也就是说，股东投入企业的资本，进入企业之后，就不再归股东支配了，企业拥有的任何一件设备，都是归属企业所有，而不归属股东所有。股东只拥有企业的股份，没有企业法人名下的资产，对这一点是一定要分辨清楚的。所以，股东不仅仅是不能干预企业日常的生产活动，而且对企业的任何财产也不能提出权利归属的要求。在这方面，人本也是一样。人本进入企业，是要与资本相结合的，纯粹的人本不可能发挥作用，因而，人本在企业，不是受资本产权支配，也不是受人本产权支配，而是同样需受企业法人产权支配，即所有的劳动者都应是在企业的法人产权约束下发挥自身的人本作用。

更进一步讲，企业的法人产权是一种集合性产权，即属于公共产权性质的。每一个股东的产权和每一位员工的产权合在一起构成了企业的法人产权。然而，不论是股东的资本产权还是员工的人本产权，都是个体性的产权，法人股东的产权在这里也与个人拥有的产权性质类似。个体产权与企业公共产权是完全不同的。企业的产权明晰并不是一定要明晰到股东拥有的个体产权的归属，而是一定要明晰企业的产权只能归属于企业法人。这是一种个体产权聚合后形成的公共产权，是集合不可分的产权。法人产权要维护的是企业整体利益，法人产权不可再分为股东个体产权，企业要依靠这种不可分的产权获取企业整体利益，只有在保障了企业整体利益实现的前提下，企业产权才能保障对进入企业的人本和资本进行利益的分配。个体的资本产权根本无权干涉企业的公共产权运作。

由于产权是利益权，因而行业产权就是维护行业利益的权利。行业不同于企业，并不是归属谁所有的，但是，有行业利益的存在，就有行业产权的存在。行业产权代表的是行业的整体利益，这种产权也是具有集合性的公共产权，不是可以分散给行业内的各个企业的，而是相对于行业的存在而存在的。

垄断性行业产权代表了垄断性行业的整体利益。但与其他行业产权不同，这些垄断性行业的产权是直接与国民经济整体利益挂钩的，正因如此，这些行业才需要各级政府直接或间接控制经营。但这些垄断性行业的产权仍是独立存在的，仍需要本行业企业精心维护。

在竞争性行业，企业最容易忽视行业利益，也最容易损害行业利益。因此，在这一类行业，强调行业的利益和行业产权的存在是最重要的。而且，在这一类的行业中，企业的数量也是最多的。在竞争性行业中，企业之间的过度竞争会造成全行业严重亏损，使本行业处于弱势行业之中。有的企业产品售价接近成本，甚至低于成本，就这样，有的还仍在用低价格的杀手锏逼迫本行业其他企业进入微利经营的态势，使整个行业处于毫无发展后劲和希望的状态。这种情况的出现，充分地表明了在这些行业，行业产权尚未被运作起来发挥应有的维护行业利益作用。

与市场专业中介机构不同，社团法人性质的行业协会、地方商会等是社会中介组织。这些以行业协会、地方商会形式存在的社团法人是非营利机构，即不能像企业性质的会计师事务所、律师事务所等专业中介机构一样向市场提供有偿服务。这类社团法人性质的社会中介机构的存在是必要的，或者说，在市场经济条件下是必不可少的，设立这一类的社会组织代表基础性层次的社会管理依据行业产权和运作行业产权，对于增进企业自律和行业自律，自觉维护市场经济秩序，是十分重要的。

企业自律和行业自律对于规范市场具有其他监管方式不可替代的重要作用。因此，强化企业自律和行业自律是各个市场经济国家强化市场监管的重要内容。这需要各个行业从维护本行业的整体利益和长远利益出发，自觉地约束本行业的企业行为，严肃诚信，奉献社会，安分守法。要做到这一点，即保证企业自律和行业自律的规范和具有显著的成效，在各个地方，都需要积极发挥地方商会的作用；各个行业中，都必须组织成立规范的行业协会。

在此，只侧重讨论作为社会中介组织的行业协会对于行业产权的运作问题。行业利益需要行业协会维护，这是成立行业协会的必要性，而行业协会正是依靠行业产权来实现对于行业利益维护的。一般不需要再专门立法规定行业产权归属行业协会掌握，在行业协会成立的章程中就可以十分肯定地明确这一点。行业协会依据行业产权维护行业利益，是通过行业协会的社会中介作用实现的，是表现为有组织的行业自律和企业自律达到目的的，不是依靠政府作用对企业进行更强制的约束，更不是运用法律手段制止本行业企业的不当行为的。行业协会唯一拥有的权力就是行业产权。

将行业协会等同政府部门，或是将行业协会与政府部门捆绑在一起，都是市场经济体制不允许的。而且，即使是不捆绑，行业协会只是完全依赖于政府做事，离开政府力量就一事无成，那样，也是取消行业协会的存在，也是没有有效地发挥出行业协会在市场经济中的应有作用。行业协会的存在需要运作行业产权，而不是其他什么权力，明确这一点，才是产权理论研究的一个贡献，才是行业规范发展的一个条件。至于如何运作行业产权，开展行业协会的工作，这正是现代经济学需要深入探讨研究的。

进一步讲，行业协会需运作行业产权保护行业信誉。不能让市场经济中已经出现的局部的问题扩大为行业的问题。行业产权的运作必须向全社会澄清事实，做出科学的解释和分析，尽力保障本行业继续正常生产，不受局部问题的影响，坚决地维护好本行业的整体利益。

最重要的是，行业协会需运作行业产权维护本行业的产品及服务质量。保证质量是产品进入市场的准许证，不是更高标准的要求，行业协会要在这一基点的问题上做好工作，发挥行业产权的约束作用，促使本行业内每一家企业都能保证自己的产品及服务的质量超过市场允许进入的标准。或许，行业协会依靠行业产权还能发挥更多更重要的具体作用，然而，不论是哪一个行业的行业协会，只要能将维护行业利益的基点问题解决好，将行业自律和企业自律的工作做好，在目前阶段，就已经是很可以很不容易的了。

二　实体经济中对于中间效用的行业管理

实体经济中的商业、银行业、运输业、物流业、广告业、律师业、各种市场中部门都是创造中间效用的行业，实施对于这些行业的管理就是实施对于实体经济中的创造中间效用行业的管理。一般讲，这种行业管理应当由这些行业各自的行业协会负责。

商业是实体经济中最古老也最普通的创造中间效用的行业。但在今天的现实之中，就中国经济的实际而言，对于商业行业的管理，基本上是指对从事商业批发、零售、饮食业、服务业以及商办工业、有关供应商、商业地产商、相关中介组织及个人等各种不同经济成分的商铺、企业、企业集团、事业单位的网点设置、规模布局、经营范围、开业条件、经营行为等方面进行的管理。也就是说，现在通常人们讲的商业行业管理之中，既包括对创造中间效用行业的管理，如商业批发、零售行业，相关中介组织及个人商铺的管理，也包括对创造终点效用行业的管理，如饮食业、服务业，还有商办工业、商业房地产业等行业的管理。例如，中国有的地方商业协会就是这样管理的。河南省商业行业协会的章程明确指出：河南商业行业协会是全省性的社会组织。由从事商品流通业、商办工业、餐饮业、服务业、有关供应商、商业地产商、相关中介组织及个人等各种不同经济成分的企业、企业集团、外资企业、事业单位自愿组成，属非营利性的社会组织，具有法人资格。河南省商业行业协会的宗旨是：遵守国家法律、法规和政策，遵守社会道德风尚，维护会员合法权益，加强行业自律，坚持民主协商原则，发挥会员和政府之间桥梁纽带作用。协会以"引导行业、服务会员、回报社会、提升自我"为理念，推进河南商业的进步与发展。这样的协会是没有将对创造中间效用行业的管理与对创造终点效用行业的管理分开的。这样的协会管理是既有对创造中间效用行业的管理，又有对创造终点效用行业的管理的。但不管怎么说，在这样的协会管理中，是确定无疑包括对创造中间效用行业的管理的，甚至还可以说这样的协会最主要的是对创造中间效用的行业进行管理的。因此，就实际情况而言，讨论或是研究现实中的对创造中间效用行业的管理问题，只能是借助于这样的协会工作具体展开。

就河南省商业行业协会的具体工作来讲，主要包括以下内容：

1. 宣传贯彻国家有关的方针政策和法律法规，协助政府主管部门开展行业管理；

2. 开展调查研究，向政府相关部门提出有关行业发展的政策意见和立法建议；

3. 开展行业统计，收集整理发布行业信息，经授权发布行业标准；

4. 经授权开展专业资格认证；

5. 协调本行业与相关的关系，加强行业内外的信息交流与合作，保护产业安全；

6. 制定行规行约，加强行业自律；

7. 反映会员的愿望和要求，维护会员的合法权益；

8. 引进和推广先进管理技术和方法，为企业提供各种形式的咨询和服务；

9. 开展各种形式的培训和研讨活动；

10. 举办相关的展览会、展示会、博览会；

11. 通过会刊、网站及相关书籍的编辑出版，为会员提供信息和服务；

12. 开展国际交流与合作；

13. 开展行业和社会公益活动；

14. 承办政府部门委托的相关工作。

所以，河南省商业行业协会对河南省商业中创造中间效用行业的管理就是要落实在以上十四个方面的具体工作中。其中：第一个方面"宣传贯彻国家有关的方针政策和法律法规，协助政府主管部门开展行业管理"是非常重要的。对于创造中间效用的行业来说，必须在行业自律的基础上，自觉接受政府主管部门的管理，遵守国家有关的方针政策和法律法规，行业管理必须起到这方面的引领和督促作用。第二个方面"开展调查研究，向政府相关部门提出有关行业发展的政策意见和立法建议"是一项日常的基础工作，行业协会需要通过调查研究，掌握创造中间效用行业的基本发展情况，以便维护行业产权，向政府相关部门提出这些行业发展的政策意见和立法建议，更好地促进和保护这些行业发展，不使中间效用的创造对于国民经济形成相应的短缺或造成危害性。第三个方面"开展行业统计，收集整理发布行业信息，经授权发布行业标准"更是行业协会必须做好的一项基础工作，行业协会必须对创造中间效用行业的实际情况做到时时心中有数，并且要协调各个方面的利益关系发布统一的行业执业标准。第四个方面"经授权开展专业资格认证"是要得到政府有关部门允许的，如果政府有关部门没有相关规定，行业协会就不能自行开展任何一种专业资格的认证工作。第五个方面"协调本行业与相关的关系，加强行业内外的信息交流与合作，保护产业安全"，这是指行业内外的关系，对于维护创造中间效用行业的行业产权来说，这些关系都需要由行业协会出面给予维护。第六个方面"制定行规行约，加强行业自律"是一项重要的工作内容，具有实质性的意义。因为如果做不到行业自律，那就等于是对行业产权的要求缺少自觉贯彻的意识。第七个方面"反映会员的愿望和要求，维护会员的合法权益"也是行业产权必须得到维护的要求，行业协会必须担起这项重任。第八个方面"引进和推广先进管理技术和方法，为企业提供各种形式的咨询和服务"是创新管理技术方面的要求，是行业协会为会员企业服务的重要内容。第九个方面"开展各种形式的培训和研讨活动"是一项高层的工作要求，行业协会能够做好行业培训和行业研讨工作，才是具有相当的工作能力和服务能力的表现。第十个方面"举办相关的展览会、展示会、博览会"也是行业协会为企业具体做好服务工作的重要内容，而且是不可缺少的重要服务内容。第十一个方面"通过会刊、网站及相关书籍的编辑出版，为会员提供信息和服务"，这在信息时代是必须兑现的工作内容，并且必须高质量地完成充分的信息服务任务。第十二个方面"开展国际交流与合作"属于国际化的内容，在经济全球化的时代背景下，这必定要是行业协会为创造中间效用的企业提供的重要的服务内容。第十三个方面"开展行业和社会公益活动"是社会对于行业协会的要求，也是行业协会立足于社会的基础。行业协会只有做好这些公益活动，才能更好地为本行业企业提供服务。第十四个方面"承办政府部门委托的相关工作"是行业协会必须无条件接受的，这也是行业协会能够开展工作、维护行业产权、为本行业企业提供各种服务的一个必要的前提条件。

在商业行业协会的管理下，主要是依据行业产权实现行业自律，保持商业等由商业行业协会负责的创造中间效用行业的劳动供给满足市场的需求或不超过市场的需求。在不能满足市场需求的情况下，由于创造中间效用的劳动不足，可能会在一定程度上影响终点效用的创造，不利于国民经济的正常运行和发展。在中间效用的创造超过市场需求的情况下，超出的部分就会形成一种社会性的劳动资源配置的浪费，同时也可能对国民经济的正常运行和发展造成一定的危害性。具体地讲，在一定的区域内，商业网点的设立不足或设立过多，都是商业行业协会需要出面解决的问题。在政府有关部门的领导下，商业行业协会必须充分发挥自身的行业管理作用。

银行业的行业管理也是实体经济中行业管理的重要领域。在中国，不分地域，银行业的行业管理是由中国银行业协会负责的。据公开的资料介绍：中国银行业协会成立于2000年5月，是经过中国人民银行和民政部批准成立并在民政部登记注册的全国性非营利社会团体，是负责中国银行业行业自律的专门组织。2003年中国银监会成立后，中国银行业协会主管单位由中国人民银行变更为中国银监会。凡经中国银监会批准设立的、具有独立法人资格的银行业金融机构（含在华外资银行业金融机构）以及经相关监管机构批准、具有独立法人资格、在民政部门登记注册的各省（自治区、直辖市、计划单列市）银行业协会均可申请加入中国银行业协会成为会员单位。经相关监管机构批准设立的、非法人外资银行分行和在华代表处等，承认《中国银行业协会章程》，均可申请加入中国银行业协会成为观察员单位。截至2017年4月，中国银行业协会共有620家会员单位、35家观察员单位、31 个专业委员会。会员单位包括政策性银行、国有商业银行、股份制商业银行、城市商业银行、资产管理公司、中央国债登记结算有限责任公司、中国邮政储蓄银行、农村商业银行、农村合作银行、农村信用社联合社、外资银行、村镇银行、各省（自治区、直辖市、计划单列市）银行业协会、金融租赁公司、货币经纪公司、汽车金融公司等。观察员单位为中国银联股份有限公司、农信银资金清算中心、山东省城市商业银行合作联盟有限公司、城市商业银行资金清算中心、台资银行分行/代表处等。

中国银行业协会的最高权力机构为会员大会，由参加协会的全体会员单位组成。会员大会的执行机构为理事会，对会员大会负责。理事会在会员大会闭会期间负责领导协会开展日常工作。理事会闭会期间，常务理事会行使理事会职责。常务理事会由会长 1 名、专职副会长 1 名、副会长若干名、秘书长 1 名组成。协会设监事会，由监事长 1 名、监事若干名组成。中国银行业协会日常办事机构为秘书处。秘书处设秘书长 1 名、副秘书长若干名。秘书处共有 17 个部门，包括办公室（党委办公室）、纪委办公室、自律部、维权部、业务协调一部、业务协调二部、热线服务部、系统服务部、宣传信息部、计划财务部、国际关系部、农村合作金融工作联络部、研究部、中小银行服务部、业务服务部、银团贷款与交易专业委员会办公室、金融租赁专业委员会办公室。此外，设立了东方银行业高级管理人员研修院，开办了《中国银行业》杂志。

根据中国银行业的行业管理工作需要，中国银行业协会设立了 31 个专业委员会，包括农村合作金融工作委员会、法律工作委员会、自律工作委员会、银团贷款与交易专业委员会、银行业专业人员职业资格考试专家委员会、外资银行工作委员会、托管业务专业委员会、保理专业委员会、金融租赁专业委员会、银行卡专业委员会、行业发展研究委员会、消费者保护委员会、中间业务专业委员会、货币经纪专业委员会、贸易金融专业委员会、养老金业务专业委员会、理财业务专业委员会、城市商业银行工作委员会、利率工作委员会、安全保卫专业委员会、汽车金融业务专业委员会、客户服务委员会、财务会计专业委员会、绿色信贷业务专业委员会、票据专业委员会、私人银行业务专业委员会、村镇银行工作委员会、银行业产品和服务标准化专业委员会、信息科技专业委员会、台资银行工作委员会，以及声誉风险管理专业委员会。这些专业委员会的设立并开展相应的工作，有力地保证了中国银行业协会负责的中国域内银行业的行业管理细致地和系统地落实到位。

中国银行业协会以促进会员单位实现共同利益为宗旨，履行自律、维权、协调、服务职能，维护银行业合法权益，维护银行业市场秩序，提高银行业从业人员素质，提高为会员服务的水平，促进银行业的健康发展，已经取得了一定的工作成绩。2014年，中国银行业协会荣获国务院残疾人工作委员会授予的"全国助残先进集体"称号，成为唯一获此荣誉的全国性行业协会；2015年，第二次被国家民政部授予"全国先进社会组织"的荣誉称号；继2009年，在国家民政部组织的全国性行业协会商会等级评估活动中，中国银行业协会以总分第一的成绩获得5A最高等级后，在2015年，第二次在该项评估中获评5A最高等级。

在中国银行业协会对中国域内整个银行业的行业管理下，中国银行业依据行业产权实现了行业自律，始终致力于保持中国域内银行业创造中间效用的行业劳动供给能够基本上满足市场的需求和不超过市场的需求。中国银行业协会认识到：在银行网点不能满足市场需求的情况下，由于配置的创造中间效用的劳动不足，可能会在一定程度上影响实体经济中各行业终点效用的创造，不利于国民经济的正常运行和发展。而在各会员单位的中间效用的创造超过市场需求的情况下，所超出的部分必然会造成一定的银行业劳动资源配置的浪费，同时也必然会对国民经济的正常运行和发展造成某种程度的危害性。中国银行业协会的具体工作要求就是，在各个会员单位的所属区域内，不允许出现银行营业网点设立不足或设立过多的情况。中国银行业协会通过深入细致的工作，在上级主管部门的领导下，近年来充分地发挥出自身的行业管理作用。

有学者认为："中国加入WTO后的国际俱乐部规则的约束，以及政府基于因自国有金融制度的效用函数的修正，促进了中国银行业的行业管理制度的革命，尽管政府监管的天然不完备性为行业自治管理提供了内生存在空间，但作为中国银行业的行业自治管理权诞生的起点逻辑的'政府委托'行为，同样也成为前者成长的路径依赖。正因为如此，国家法团主义为我们深入考察中国银行业的行业管理权的结构变迁提供了一个社会转型的全方位视角。我们有理由相信，随着政府体制改革的深入，一个由同业公会组织独立实施行业自治管理权的中国银行业自发秩序是可以期待的。"①

三　虚拟经济中对于中间效用的行业管理

虚拟经济不同于实体经济，虚拟经济的中间效用创造也不同于实体经济的中间效用创造。在虚拟经济中，所有的劳动创造都是中间效用。因此，对于虚拟经济的中间效用创造的行业管理就是对于虚拟经济的行业管理，这是与实体经济中对于中间效用创造的行业管理有所不同的。由于活跃在虚拟经济领域的劳动主要是证券业劳动，因此，对于虚拟经济的行业管理主要是对证券业的行业管理。在当今世界，各个国家的情况有所不同，有的国家是银证不分的，即银行业与证券业没有分开，银行业也可以从事证券业业务活动；而还有的国家是银证分开的，即银行业不得从事证券业的业务活动。所以，在银证不分的国家，对于虚拟经济中的创造中间效用的行业管理是包括对于银行业创造的虚拟经济中间效用的行业管理的。而在银证分开的国家，对于虚拟经济中的创造中间效用的行业管理只是指证券业的行业管理的。

美国对于虚拟经济的管理与中国的管理有相同之处也有不同之处，总的说来，由于发展的历史较长，比中国的管理要更加周密一些。根据公开的资料介绍，美国证券监管体系分为三个层次：第一个层次是政府监管，政府制定颁布了一系列完整的针对证券市场管理的法律体系，具体包括：1933 年通过并于 1975 年修订的《证券法》；1934 年通过的《证券交易法》；1940 年通过的《投资公司法》《投资顾问法》等。这一套法律体系为政府监管提供了明确的法律依据和法定权力。政府监管的另一个重要部分是成立

---

① 李华民、刘芬华：《中国银行业的行业管理权力的重置问题研究——一个国家法团主义视角》，《中国软科学》2008 年第 11 期。

"证券交易管理委员会"（SEC），统一对全国的证券发行、证券交易、证券商、投资公司等实施全面监督。SEC在证券管理上注重公开原则，对证券市场的监管以法律手段为主。美国证券监管体系的第二个层次是行业自律。行业自律主体包括行业协会、证券交易所和其他团体，通过对其会员进行监督、指导，实施自我教育、自我管理，目的是保护市场的完整性，维持公平、高效和透明的市场秩序。自律组织的自律活动需在证券法律框架内开展，并接受SEC的监管。SEC既可以对自律组织颁布的规则条例进行修订、补充和废止，也可以要求自律组织制定新的规章。具体来看，美国证券业的自律监管主要通过一系列自律组织来实施。这些自律组织包括以下三类：一是交易所，如纽约证券交易所（NYSE）、纳斯达克（NASDAQ）等；二是行业协会，如全美证券交易商协会（NASD）、全美期货业协会（National Futures Association）等；三是其他团体，如注册会计师协会等。交易所是最早出现的自律组织，主要通过制定上市规则、交易规则、信息披露等方面的标准，对其会员和上市公司进行管理，并实时监控交易活动，防止异常交易行为的发生。交易所的自律监管，主要关注市场交易及其交易品种。行业协会则是另一类重要的自律组织。一般来说，市场主体在注册成为该协会会员之前，不能进入这一行业。行业协会主要通过制定行业准则和行业标准，推广行业经验来实施自我管理、自我规范，并对其会员进行监督。此外，还有其他一些团体参与证券市场，发挥自律监管的作用。美国证券监管体系的第三个层次是受害者司法救济。即利益受害者可以通过司法途径，就市场参与者违反证券法规的行为提起赔偿诉讼请求。美国较为健全的证券法律体系及各州法院利用判例对各州的反证券欺诈法律（又称"蓝天法"，Blue Sky Law）进行扩张性的解释，形成了今天比较完善的反证券欺诈制度，为利益受害者的诉讼请求提供了有力的法律依据。而美国数量众多的证券法律从业人员和完备的集团诉讼等制度安排，也极大地减少了利益受害者的法律诉讼成本，使得受害者的诉讼请求转变为对违规者的现实威慑。

　　自律监管作为美国证券业监管体系中的中间层次，要受到两方面的压力。一方面，自律监管自身要接受政府的事前监管和事后评估。自律组织要接受政府监管机构的监管和指导，其活动必须在法律规定的框架之内进行，其颁布的规则和标准要经过政府监管机构的审查才能得以实施；另外，自律监管的效果也要接受政府监管机构的事后评估，如果监管不力或行为违反法律规定，将要接受政府的修正、制裁和处罚。另一方面，自律监管还要面临来自受害者事后的赔偿诉讼，自律行为不当导致的任何损失都有可能引发受害者相应的赔偿诉讼。这两方面的压力使得自律监管组织必须兢兢业业，诚信勤勉，恪尽职守，加强对行业的自我约束和自我管理，使行业免受来自政府的处罚和来自受害者的赔偿诉讼请求。当然，除了来自外界的直接压力以外，促使自律监管有效发挥作用的更有其内在机制，其中最为重要的是声誉机制和市场竞争力量本身。声誉机制意味着牺牲短期利益以换取长远利益。只有一个公平、高效和透明的市场运行环境，才能吸引越来越多的投资者加入进来，使得市场不断扩展壮大。而随着市场的发展，市场主要参与者才能分享市场成长的果实，获取更大的收益。此外，伴随着经济全球化和金融一体化，信息和资本的流通障碍日益变小，投资者面对的不再是以前那种单一狭小的市场，而是一个 24 小时、实时的全球性市场。由于投资选择机会的增多，只有维持一个公平、高效和透明的市场环境，才能在各个市场的竞争中吸引更多的投资者加盟，壮大投资者群体，从而立于不败之地。①

与美国的证券业的行业自律监管有所不同，中国的交易所不属于行业自律监管主体，中国的证券业行业管理力量主要依靠中国证券业协会。中国证券业协会是依据《中华人民共和国证券法》和《社会团体登记管理条例》的有关规定设立的证券业自律性组织，属于非营利性社会团体法人，接受中国证监会和国家民政部的业务指导和监督管理。中国证券业协会成立于 1991 年 8 月 28 日。2011 年 6 月 23 日至 24 日，协会召开了第五次会员大会，选举了新的会长。20 年来，协会认真贯彻执行"法制、监管、自律、规范"的八字方针和《中国证券业协会章程》，在中国证监会的监督指导下，团结和依靠全体会员，切实履行"自律、服务、传导"三大职能，在

---

① 真荣、黄正红：《美国证券业的自律监管制度》，《上市公司》2002 年第 11 期。

推进行业自律管理、反映行业意见建议、改善行业发展环境等方面做了应做到的行业管理工作，发挥了行业自律组织的应有作用。

中国证券业协会的最高权力机构是由全体会员组成的会员大会，理事会为其执行机构。中国证券业协会实行会长负责制。截至 2016 年年底，协会共有会员 1123 家，其中，法定会员 129 家，普通会员 845 家，特别会员 149 家。协会的宗旨是：在国家对证券业实行集中统一监督管理的前提下，进行证券业自律管理；发挥政府与证券行业间的桥梁和纽带作用；为会员服务，维护会员的合法权益；维持证券业的正当竞争秩序，促进证券市场的公开、公平、公正，推动证券市场的健康稳定发展。

会员大会通过的章程明确了协会在以下三方面的主要职责。

依据《证券法》的有关规定，行使下列职责：教育和组织会员遵守证券法律、行政法规；依法维护会员的合法权益，向中国证监会反映会员的建议和要求；收集整理证券信息，为会员提供服务；制定会员应遵守的规则，组织会员单位的从业人员的业务培训，开展会员间的业务交流；对会员之间、会员与客户之间发生的证券业务纠纷进行调解；组织会员就证券业的发展、运作及有关内容进行研究；监督、检查会员行为，对违反法律、行政法规或者协会章程的，按照规定给予纪律处分。

依据行政法规、中国证监会规范性文件规定，行使下列职责：制定自律规则、执业标准和业务规范，对会员及其从业人员进行自律管理；负责证券业从业人员资格考试、认定和执业注册管理；负责组织证券公司高级管理人员资质测试和保荐代表人胜任能力考试，并对其进行持续教育和培训；负责做好证券信息技术的交流和培训工作，组织、协调会员做好信息安全保障工作，对证券公司重要信息系统进行信息安全风险评估，组织对交易系统事故的调查和鉴定；行政法规、中国证监会规范性文件规定的其他职责。

依据行业规范发展的需要，行使其他涉及自律、服务、传导的自律管理职责：推动行业诚信建设，督促会员依法履行公告义务，对会员信息披露的诚信状况进行评估和检查；制定证券从业人员职业标准，组织证券从业人员水平考试和水平认证；组织开展证券业国际交流与合作，代表中国证券业加入相关国际组织，推动相关资质互认；其他自律、服务、传导职责。

中国证券业协会连续被国家社团管理机关民政部评为全国先进社会组织。

根据和借鉴美国对于证券业的监管检验，对于中国证券业的行业管理，有学者认为："行业协会等自律组织还应当发挥专业性和人才优势，根据市场成熟程度以及金融产品的种类推动监管制度创新，评估证券市场衍生工具的风险，通过市场机制推动制度创新，并通过监管制度创新有效地预防和化解证券市场系统性风险。"[1]

而对于虚拟经济的中间效用创造的行业管理而言，证券业协会的具体工作要落实在对于行业劳动发展的规范要求上。一是要强调在现代市场经济条件下，必须充分发挥证券业劳动的作用，促进虚拟经济的市场完善和发展，保证不出现证券业劳动服务短缺的情况。二是要时刻警惕证券市场出现严重脱离实体经济扩张发展的情况，不使虚拟经济中间效用的创造超过客观的市场适度性要求，极力避免证券业中间效用的创造扩张可能对国民经济正常运行与发展造成某种程度上的危害性。

四　行业管理的自主性与重要性

对于创造中间效用行业的行业管理是基础性的社会管理。在行业管理之上是政府管理，政府管理是最高层次的社会管理。在行业管理之下是企业管理，企业管理是市场主体的自律性管理。行业管理处于政府管理与企业自律管理之间，具有承上启下的作用，是不可缺少的重要管理环节。行业管理既要对政府负责，更要对企业负责，通过对行业负责而实现对于政府和企业的负责。行业产权的存在客观上为行业管理提供了依据，行业协会一般是运作行业产权的法人实体。行业协会要在政府有关部门的领导下

---

① 章武生：《美国证券市场监管的分析与借鉴》，《东方法学》2017 年第 2 期。

开展工作，更要依据法律有效地维护行业利益和企业利益。行业协会的法人地位不同于企业法人，行业协会是非营利机构，是社团法人组织。行业协会并不是各个行业业务工作的实际承担者，即创造中间效用行业的行业协会实际并不承担具体的中间效用创造工作，行业协会只是负责创造中间效用行业的行业管理工作，准确地讲，行业协会最需要维护的是行业的整体利益，行业协会是通过对于行业整体利益的维护来实现对于政府的负责和对企业利益的维护。行业协会的自身利益就是行业利益，就是维护行业的正常运行与发展，维护行业在国民经济中的应有地位和作用。行业协会从事的行业管理没有强制性的权力，但行业协会的行业管理工作是以一切有利于企业和行业发展为宗旨的，是一切都要为维护企业利益和行业利益服务的。

行业管理是与现代市场经济体制相匹配的社会管理的组成部分。对于创造中间效用行业的行业管理包括对实体经济中的创造中间效用行业的行业管理和对虚拟经济创造中间效用行业的行业管理。这样的管理相对实体经济的社会管理和虚拟经济的社会管理是更加细化的社会管理。时至今日，在现代经济学的研究中，对终点效用和中间效用的区分还没有达到应有的普及程度，因而，在现代社会经济生活中，具有明确的中间效用意识的研究者还相对不足，以至于在研究实体经济与虚拟经济之间的关系中，还保留着对于实体经济效用笼统不分的状态，只是强调虚拟经济不能脱离实体经济发展，而没有认识到实体经济本身的发展也要区分终点效用创造与中间效用创造的不同，即实体经济中的中间效用创造也存在可能尚未满足市场需求或超过市场需求的情况。其实，这正是现代市场经济条件下行业管理必须监控的重要内容，对于市场的客观存在并不是可以笼统不分终点效用和中间效用进行管理的。这就是讲，在现代市场经济中，同不能盲目地发展虚拟经济一样，也不能盲目地发展实体经济，对于实体经济必须区分终点效用创造与中间效用创造，对于过多的实体经济中的中间效用创造也必须加以严格的限制，不得在发展实体经济的笼统前提下盲目扩张中间效用创造行业的发展规模。对于实体经济的行业管理一定要管控中间效用创造行业的运行与发展，不在这些行业发生管理失控的情况。

对于虚拟经济的行业管理是比较具有特殊性的。在这一领域，行业管理的前提是，必须充分发挥虚拟经济在整个国民经济中的应有作用，而不是仅仅防止虚拟经济的运行与发展出现严重问题。如果在现代市场经济中，虚拟经济没有发挥应有的作用，或是说，虚拟经济的运行与发展受到了实际上的阻碍，那肯定是出现了不太正常的情况，必然会在某种程度上影响国民经济的正常运行与发展。所以，对于虚拟经济行业管理的要求，首先是必须振兴行业的发展，必须让虚拟经济的各个行业活跃起来，让虚拟经济领域的各类产品获得足够的生存空间，不仅债券市场的规模要发展到足够大，而且股票市场也要成为千千万万投资者青睐的市场。近年来，在中国，商品房市场红红火火，而股票市场却冷冷清清，这是很不正常的，不能将这种情况视为一种常态。现代市场经济的客观要求是，必须将股票市场搞起来，有效地发挥出股票市场的资本市场作用。行业管理应以此为目标，积极地开展工作，将股票市场的发展引导到正常的轨道上来。这是针对中国近年来的实际情况而言的。而就一般性来讲，对于虚拟经济行业管理的重点还是在于防止中间效用扩张，特别是要防止金融衍生品的市场交易扩张。虚拟经济是不能脱离实体经济盲目发展的，虚拟经济的行业管理必须明确这一点，必须在这方面严防死守，不留空隙，必须防止资本逐利的扩张引起的中间效用创造的扩张。

不论是在实体经济领域还是在虚拟经济领域，行业管理都是极为重要的不可缺少的社会管理环节。问题在于，要充分地发挥行业管理的重要作用，就必须格外地重视行业管理的自主性，不使行业管理成为一种可有可无的管理附庸。可以说，一旦行业管理的自主性受到侵害，行业管理的作用必然要大打折扣。这也就是说，对于中间效用创造的行业管理来说，自主性和重要性是紧密连接在一起的，缺少了行业管理的自主性，也就失去了行业管理的重要性；而若无视行业管理的重要性，也就难以保证行业管理的自主性。行业的管理并不是有了自主性，就可以为所欲为，自以为是，自行其是，自主性只是指行业管理要独立地完成行业管理的任务，不可由其他层次的管理替代行业的管理。实际上，行业的自主管理必须是依法进行的，而且，行业管理必须是在政府部门的领导之下进行的。国家制定的各种法律法规都是对于行业管理的约束，行业管理的自主性就是要求所有管理者自觉地自主地依法进行行业管理，维护行业利益，并不是允许行业管理脱离法律规定另搞一套自主管理。政府有关部门的领导对于行业有效管理是必不可少的，行业管理的自主是在政府有关部门管理下的自主，是行业管理不同于政府管理的表现，既不是取代政府管理的行业自行其是，也不是脱离政府有关部门领导的行业自主管理。自主的行业管理实现就是要保证做好各个行业的自律和各个行业未来的更好发展。

第十章　政府管理

在对中间效用创造的行业管理之上是政府管理。政府管理是国民经济运行与发展的最高层次的社会管理，也是对国民经济之中中间效用创造的最高层次的社会管理。在现代市场经济条件下，政府管理是保证市场发挥有效的决定性作用的必要的管理。因此，政府管理对于中间效用创造符合市场客观要求是必不可少的。有效的政府管理是有序的现代市场经济实现的基本条件。

一　政府的管理职责

政府具有管理社会经济的职责。中华人民共和国宪法规定：国务院即中央人民政府是最高国家权力机关的执行机关，是最高国家行政机关。国务院行使下列职权：根据宪法和法律，规定行政措施，制定行政法规，发布决定和命令；向全国人民代表大会或者全国人民代表大会常务委员会提出议案；规定各部和各委员会的任务和职责，统一领导各部和各委员会的工作，并且领导不属于各部和各委员会的全国性的行政工作；统一领导全国地方各级国家行政机关的工作，规定中央和省、自治区、直辖市的国家行政机关的职权的具体划分；编制和执行国民经济和社会发展计划和国家预算；领导和管理经济工作和城乡建设；领导和管理教育、科学、文化、卫生、体育和计划生育工作；领导和管理民政、公安、司法行政和监察等工作；管理对外事务，同外国缔结条约和协定；领导和管理国防建设事业；

等等。所以，在国务院的领导下，各级政府都是依法进行对社会经济管理的，政府管理构成社会经济管理的重要内容。

在现代市场经济条件下，必须充分发挥市场配置资源的决定性作用，同时，也必须规范地发挥政府对社会经济管理的职能作用。实施宏观经济管理是政府的经济管理职能的重要内容。其中，对国民经济进行宏观总量调控和结构调整是政府经济管理的两大基本方面。通常政府实施的宏观调控主要是指对国民经济运行总量调控，通常政府对国民经济结构进行的调整则属于宏观经济管理中的微观规制的内容。保持国民经济运行的良好态势，即保持社会总需求与总供给的基本平衡，需要政府运作宏观总量调控。宏观总量调控又称价值调控或信贷调控，是对社会总供给的价值层面的调控，是通过控制货币的总量而实现的对国民经济运行的调控，其对宏观总量的调节是要达到对宏观供给总量控制的直接目的，并以此间接约束社会总需求。宏观总量调控的具体控制力表现在对货币发行总量、信贷供给总量、证券市场规模等方面的价值总量的控制上以及对银行储蓄和贷款的利率、银行的法定准备金率的直接变动。宏观总量调控是现代复杂的市场经济中政府经济管理职能的重要表现，是发挥政府在现代市场经济中干预作用的一个重要方面。政府拥有宏观总量调控的职责，却并不需要天天运作这种对宏观经济干预的职能。只有在国民经济运行态势偏离正常状态和秩序时，即社会总供求包括虚拟经济在内的货币总供求出现明显失衡时，才需政府发挥积极的宏观调控作用，对国民经济的总量进行必要的价值调控。宏观总量调控的重要性和有效性是由现代市场经济的实践所证实的。根据新古典理论，包括理性预期学派的观点，政府的宏观经济职责只在于维持市场秩序，让市场的价格机制充分发挥作用，由市场利率和价格的升跌来调节投资、消费、信贷等，政府不应该为了减少周期波动、促进经济增长、增加就业等目的而对市场的价格信号和资源配置进行直接的干预。[①] 尽管至今在宏观经济理论的研究中，还有不少的人传承新古典理论，主张自由市场经济，反对政府的宏观调控，但是，经受过 21 世纪初国际金融危机的教

---

① 林毅夫：《潮涌现象与发展中国家宏观经济理论的重新构建》，《经济研究》2007 年第 1 期。

训，知道当时的各个国家或地区的政府都在紧张而有效地救市，从现代经济学的研究出发，可以确定在现代市场经济中排斥政府管理的作用、反对政府宏观调控的声音应该销声匿迹了。

客观上并不能退出市场经济的政府包括各级政府的另一方面的宏观经济管理任务是负责微观规制工作，这就是指，除了需要以市场化的手段配置资源和直接或间接干预经济之外，政府还需要在以下多方面依据法律赋予的职责实施必要的社会化的行政管理。

1. 工商行政管理

在市场经济体制下，工商行政管理体现政府部门对微观经济实体进入市场经营的基础服务，为企业办理营业执照及其他必须办理的手续。政府的工商行政管理服务是微观规制，也是对企业资格的确认。在信息技术高度发达的时代，政府对微观经济实体的这方面服务，可以做到周全而细致。

2. 就业资质管理

在规范的劳动力市场，必定要突出表现政府的微观规制作用。这就是政府要对劳动力进行社会保障性质的就业培训，还要对各种就业的资质给予确认。政府的这方面工作亦属于微观规制的内容。这是政府宏观经济管理中对于劳动力市场给予的规制，是政府导引劳动力市场走向规范的重要举措。

3. 行政许可证管理

建立行政许可证制度是市场经济条件下政府宏观经济管理的一项重要的微观规制内容。自2004年7月1日起施行的《中华人民共和国行政许可法》建立的行政许可证制度是中国政府宏观经济管理中微观规制的重要内容。由中央政府授权的各专门机构实施的各类行政许可证管理对于规范市场和推动经济发展具有重要的基础性作用。

4. 反垄断管理

反垄断管理是市场经济走向成熟之时产生的微观经济对于政府行政管理的特定需求。反垄断是现代复杂的市场经济条件下政府实施微观规制的一项重要内容。政府的专门机构依据反垄断法，主要在以下三方面起到遏制市场垄断的作用。一是禁止经营者达成垄断协议。禁止具有竞争关系的经营者达成垄断协议。这包括关于固定或者变更商品价格、限制商品的生产数量或者销售数量、分割销售市场或者原材料采购市场、限制购买新技术新设备或者限制开发新技术新产品、联合抵制交易等垄断协议以及国务院反垄断执法机构认定的其他垄断协议。另外，禁止经营者与交易相对人达成垄断协议。这包括关于固定向第三人转售商品的价格、限定向第三人转售商品的最低价格等垄断协议以及国务院反垄断执法机构认定的其他垄断协议。二是禁止经营者滥用市场支配地位。法律所称市场支配地位，是指经营者在相关市场内具有能够控制商品价格、数量或者其他交易条件，或者能够阻碍、影响其他经营者进入相关市场能力的市场地位。三是禁止垄断性的经营者集中。经营者集中是指：经营者合并，或经营者通过取得股权或者资产的方式取得对其他经营者的控制权，或经营者通过合同等方式取得对其他经营者的控制权或者能够对其他经营者施加决定性影响。

5. 文化市场管理

在市场经济条件下，文化市场是一个特殊的市场，政府对于文化市场的行政管理是一种特殊的市场管理。因此，政府对于文化市场的行政管理也属于政府微观规制的性质。在这一领域，政府的管理工作含有十分复杂的规制内容。做好文化市场的规制工作，对于促进社会的健康发展具有特别重要的意义。

6. 价格管制

在市场经济体制下，绝大部分的商品和服务的价格是要市场化的，但是还要保留一小部分政府管制价格。依据相关法律，政府对于这方面管制价格的行政管理，也是属于政府宏观经济管理中的微观规制工作。

7. 保护生态环境

生态环境是人类生存的基础，保护生态环境是政府的重要职责。政府的微观规制职能必须体现在保护生态环境的具体工作之中。中国 2017 年的《政府工作报告》指出："加快改善生态环境特别是空气质量，是人民群众的迫切愿望，是可持续发展的内在要求。必须科学施策、标本兼治、铁腕治理，努力向人民群众交出合格答卷。坚决打好蓝天保卫战。今年二氧化硫、氮氧化物排放量要分别下降 3%，重点地区细颗粒物（PM2.5）浓度明显下降。一要加快解决燃煤污染问题。全面实施散煤综合治理，推进北方地区冬季清洁取暖，完成以电代煤、以气代煤 300 万户以上，全部淘汰地级以上城市建成区燃煤小锅炉。加大燃煤电厂超低排放和节能改造力度，东中部地区要分别于今明两年完成，西部地区于 2020 年完成。抓紧解决机制和技术问题，优先保障可再生能源发电上网，有效缓解弃水、弃风、弃光状况。加快秸秆资源化利用。二要全面推进污染源治理。开展重点行业污染治理专项行动。对所有重点工业污染源，实行 24 小时在线监控。明确排放不达标企业最后达标时限，到期不达标的坚决依法关停。三要强化机动车尾气治理。基本淘汰黄标车，加快淘汰老旧机动车，对高排放机动车进行专项整治，鼓励使用清洁能源汽车。在重点区域加快推广使用国六标准燃油。四要有效应对重污染天气。加强对雾霾形成机理研究，提高应对的科学性和精准性。扩大重点区域联防联控范围，强化应急措施。五要严格环境执法和督查问责。对偷排、造假的，必须严厉打击；对执法不力、姑息纵容的，必须严肃追究；对空气质量恶化、应对不力的，必须严格问责。治理雾霾人人有责，贵在行动、成在坚持。全社会不懈努力，蓝天必定会一年比一年多起来。强化水、土壤污染防治。今年化学需氧量、氨氮排放量要分别下降 2%。抓好重点流域区域水污染和农业面源污染防治。开展土壤污染详查，分类制定实施治理措施。加强城乡环境综合整治，普遍推行垃圾分类制度。培育壮大节能环保产业，使环境改善与经济发展实现双赢。推进生态保护和建设。抓紧划定并严守生态保护红线。启动森林质量提升、长江经济带重大生态修复、第二批山水林田湖生态保护工程试点，完成退耕还林还草 1200 万亩以上，积累更多生态财富，构筑可持续发展的绿色长城。"

8. 保护知识产权

保护知识产权是现时代市场经济中极其重要的政府微观规制工作内容。在新的历史条件下，各个国家或地区的各级政府都要做好保护知识产权的微观规制工作。对此，在中国十一五规划纲要中要求具体做到：加强公民知识产权意识，健全知识产权保护体系，建立知识产权预警机制，依法严厉打击侵犯知识产权行为。加强计量基础研究，完善国家标准体系，及时淘汰落后标准。优先采用具有自主知识产权的技术标准，积极参与制定国际标准。发展专利、商标、版权转让与代理、无形资产评估等知识产权服务。

二　政府与市场的关系

2013 年，十八届三中全会通过的《中共中央关于全面深化改革若干重大问题的决定》指出："必须积极稳妥从广度和深度上推进市场化改革，大幅度减少政府对资源的直接配置，推动资源配置依据市场规则、市场价格、市场竞争实现效益最大化和效率最优化。政府的职责和作用主要是保持宏观经济稳定，加强和优化公共服务，保障公平竞争，加强市场监管，维护市场秩序，推动可持续发展，促进共同富裕，弥补市场失灵。"对此，应该明确，政府和政府的经济计划与市场和市场的缺陷都是市场经济中的必然存在。

2006 年，即在"十五"计划完成之时，中国将计划改为了规划，而规划的含义实际就是更粗线条一些的计划，也是计划的一种，与计划并无本质上的区别。对此，有一些人认为，中国现在搞的是有计划的市场经济。说出这种话，好像是带有贬义的。这些人似乎以为，市场经济与计划是不可相容的，在中国的市场经济中还要保留经济计划，是不伦不类的。其实，经过了 20 多年的市场经济体制改革，在中国，人们应该是比较普遍地认识到，不论是过去、现在，还是将来，任何国家都不可能没有经济计划。所以，市场经济不是非计划经济，市场经济与计划经济并不对立，因为只要国民经济有计划在内就是计划经济。或许可以说，不论在哪里，搞得最好的市场经济，也就是搞得最好的计划经济。中国现在搞的市场经济改革，实质上只是要摒弃传统的计划经济体制，并不是说就不需要经济计划了。

目前，在讨论政府与市场的关系中，更为普遍的一种错误认识是，市场经济就是不要政府介入，就是自由主义经济，在市场经济中政府要全部退出，远离市场。一说到市场经济的建设，有人就讲，政府退出市场的效果如何，政府还应当怎样继续退出市场。这种说法对于市场经济的认识，就是一种没有政府作用在内的经济状态。在这些人看来，好像政府全部退出市场了，中国的市场经济就成功了。其实，哪有这样简单的事。人们可以看一看现在世界上所有的发达市场经济国家，哪一个国家的政府是退出市场了。没有，一个也没有。相反，那些国家的政府都比中国政府在市场上支配的资源比重更高。相比商品经济，市场经济就是建立了生产要素市场，这没有什么可以说得上是玄妙的，因此，就政府与市场的关系来讲，政府与市场不是对立的，不是此消彼长的，作为肩负国家经济管理职能的政府是必然要进入生产要素市场支配资源的，而且，经济越发达，政府在生产要素市场支配资源的比重越高。只是，就中国而言，与改革前的传统经济体制不同，在完善的市场经济条件下，政府将很少动用行政手段支配资源了，而是要作为一个重要的市场主体运用市场化的经济手段在生产要素市场支配必须属于政府支配的资源，充分发挥生产要素市场配置资源的基础性和决定性作用。不必讳言，在传统经济体制下，中国是不存在生产要素市场的。所以，党的十四大开启的社会主义市场经济体制改革的特定作用就是要求恢复和创建中国的生产要素市场，从而彻底改变政府支配资源的行政方式，走上政府市场化配置资源的道路，同时也为全社会的生产要素配置创造了与所有的市场经济国家都一致的市场化配置资源的条件。正是由于此，在市场化改革探索了20多年之后，从基本的事实出发，中国的经济理论界应该能够明确地认识到，各级政府都是市场经济中不可或缺的市场主体。

就中国近十年的房地产市场来说，在某种程度上并没有处理好政府与市场的关系。这表现在，对于房地产市场，政府的调控实际上是要取代市场的决定性作用，同时更明显的是没有发挥好政府管理市场的作用。价格是由市场决定的，房价是要由房地产市场决定的，由此可以说，政府的限价调控就是实际上要求代替市场的作用，而不是有效地发挥政府管理市场的作用。这涉及一个基本理论问题，就是在政府与市场的关系中，政府是要管理市场的，管理市场是政府的职责，更好地发挥政府的作用只能是更好地发挥政府管理市场的作用；而起决定性作用的市场绝不可能是自发的市场，更不能是盲目的市场，只能是处于政府管理之下的市场，市场必然需要在政府的管理之下起决定性作用，政府有效管理的市场可起到很好的决定性作用，政府未能有效管理的市场肯定无法起到好的决定性作用。现在看来，近十几年来，中国的房地产市场就是一个政府未能实施有效管理的市场，尤其是未能对房地产中介市场即创造中间效用的市场实施有效的管理，因此，这方面市场起到的决定性作用基本上是扭曲的，政府想要改变这种扭曲状态取而代之发挥作用的努力也是徒劳的。这既反映了负责调控房地产市场的部门对于政府与市场关系的理解不到位，也暴露了这些部门实际上对于十几年来房价上涨的复杂原因缺乏相应复杂的认识。所以，为了使市场在资源配置中起决定性作用并更好发挥政府作用，更好地促进中国经济的发展，更好地规范中国房地产市场的发展，改变应是先从认识开始的，要先准确认识房价顽固上涨的原因构成，还要更加理性地认识市场经济条件下的政府与市场的关系，明确政府必然是市场的管理者，政府要发挥的作用只能是管理市场的作用，不能是代替市场发挥决定性作用。因此，根据目前中国房地产市场错位的现实，眼下政府的管理就是要尽快地解决这一市场错位问题，不再使房地产市场成为投资市场，即应以迅速恢复房地产市场的基本生活消费品市场性质为政府管理的首要任务。这就是社会客观需要的政府对于市场的管理。尽管当今房地产市场存在许多的遗留问题需要策略性解决，并不是一张白纸可以从零开始，但原则上，从今往后，政府不能允许任何人再将商品房作为投资品，更不能将房地产市场作为投资市场。

严格地讲，现在必须认识到，政府不仅对于房地产市场和房地产中介市场需要管理到位，而且对于所有的市场包括各种创造中间效用的市场都需要实施有效的管理。这是在现代市场经济条件下，社会必须依靠市场发挥决定性作用对于政府管理的基本要求。

三 政府管理的社会经济人假设基础

传统经济学中的经济人假说描述的都是经济人的个体行为，从未涉及经济人的社会性。其经典的解释是，虽然每个经济人既不打算促进公共利益，也不知道自己是在什么程度上促进公共利益，但每个经济人追求自己的利益，往往使他能比在真正出于本意的情况下更有效地促进社会利益。这样的解释是一种逻辑的歪曲。事实上，人是具有社会性的，人类社会的存在与人的存在是具有同等意义的。经济人具有的个人理性是驱使、调整、控制个人经济行为的理性；而社会的存在与发展必须依赖于社会理性，这是维护和增进社会利益的理性。正是由于存在社会理性，社会利益才能够得以保护，以此为存在前提的个人利益才能够真实地归属于个人。以为个人理性可以自发地维护和增进社会利益，在逻辑上无法讲通。因此，在当前形势下，深化经济人研究，需要创新认识，增加社会经济人假设。社会经济人的假设就是指对人类经济活动中维护社会利益的社会理性的抽象，或者说，是对市场经济中的客观需要的社会理性的人格化表示。

根据社会经济人假设，政府是现代市场经济中不可或缺的市场主体，政府实施的宏观经济管理是代表社会理性运作的。呼吁政府退出或反对政府干预，是抱残守缺的传统经济学思想落后的表现。

准确地说，社会经济人拥有社会理性，这种社会理性在社会经济生活中可抽象为社会经济人。作为经济人的社会性表现，社会经济人具有的十大理性基点应是政府实施国民经济管理必不可少的认识前提和客观依据。

1. 保证国家经济安全

国家的经济安全包括：国土安全、领空安全、领海安全、生态安全、饮水安全、资源安全、社会生产环境安全、金融安全、贸易安全等。与个体经济人不同，社会经济人要关心国防、生态、资源、社会生产、金融、对外贸易等各个方面的情况，要涉及政府公共管理费用、国防经费、生态保护费，要保护资源、要维持社会再生产、要防止金融领域出现大的问题，还要监督对外贸易。特别是，从国家经济安全的角度讲，对外贸易，不管是出口能挣很多钱还是进口能省很多钱，只要是有可能危害国家经济安全，就一律要严格制止。而且，同样需要明确的是，政府的管理必须严格防止虚拟经济中间效用的扩张，因为这也将会直接地威胁到国家的经济安全。

2. 保持经济结构平衡

国民经济的良好运行，从实体经济领域讲，最重要的是保持各种劳动成果的生产供给与市场需求的结构平衡。在市场经济条件下，在对外开放的时代，这种经济结构平衡是可以利用借贷关系和对外贸易较好地实现的。作为经济个体，作为企业，可以根据短期市场的变化，实施自身的生产和消费行为，但对于国家，是必须保持长期经济结构平衡的。社会经济人要强调的是，在经济学的研究中，必须明确而牢固地树立保持实物和实体劳务经济结构平衡的意识，不能单纯注重货币关系表示的总量平衡。而且，按照中间效用理论的要求，社会经济结构的平衡还要包括终点效用与中间效用的相匹配，中间效用的创造不能出现结构性的短缺与扩张。

3. 保护经济发展活力

社会经济人必定要保护国家的经济发展活力。发展国民经济，活力来自每一个人。社会不能允许其成员产生惰性，坐吃山空，只消费，不创造。并不是谁有钱，谁就可以享受。如果下一代人只知道吃上一代人的老本，那社会就要萎缩，不能发展了。最重要的是，全社会必须大力发展教育，传承文明，以不断增进的科技文化积累，逐步提高劳动者的智力水平，才能保持国家的经济发展永久具有活力。如果出现了中间效用的扩张，也会相应降低社会经济的活力，因此，社会必须高度重视中间效用扩张的问题。

4. 保障收入分配公平

从社会的角度，保障收入分配公平是十分重要的。公平代表的是一种社会秩序，在没有秩序的状态下，社会经济的运行和发展是不会有效率的。社会经济人要保障的收入分配公平只是指，个体经济人或由个体经济人组成的微观经济组织在经济领域的贡献与索取相一致。由于国家为每一个个体经济人或由个体经济人组成的微观经济组织创造其必需的社会生产及生活条件，分配的公平不仅仅是微观决定的，因此，国家对收入分配的调节是不可缺少的，其中尤其需要解决市场不能实现的贡献与索取相一致的问题，并要严格防止社会成员将社会资财化为个人或微观经济组织的资财。而且，必须明确，中间效用的适度性被忽视，造成相应的经济损失，也会影响到收入分配的公平。

5. 严密控制货币管理

国家对货币的管理，是社会经济人的思考内容，这是不能够由个体经济人取代的。虽然个体经济人都要使用货币，但是，管理货币却是国家的职责。在实体性纸币时代，货币的一般等价物的性质是更为突出的；而在虚拟性货币时代，情况却又恰恰相反；由于对货币的管理关系到社会每一个人的切身利益，关系到国家的经济安全，因此，这既是有关个人经济生活的重要问题，更是牵一发而动全身的社会经济问题，是个体经济人无法考虑的问题。当人类社会步入电子化时代之后，国家的货币管理更是需要经济学的研究付之以高度的社会理性。尤其是不能为虚拟经济的中间效用创造扩张提供相应的货币。

6. 规范市场交易秩序

在市场经济条件下，市场交易分为商品交换与契约组合，商品交换表现市场交换关系，契约组合表示市场契约关系。从社会经济人的认识角度出发，国家既要规范商品交换市场秩序，更要规范契约组合市场秩序。契约组合市场就是生产要素市场，从其市场交易的内容讲是生产要素，从其市场交易的方式讲是契约组合。在现代市场经济中，生产要素市场已经高度虚拟化了，形成了发达的证券化资本市场，这一市场成为制约社会经济发展的核心市场。因此，在现时代，社会经济人关注的市场交易秩序规范，最为关键的是要落实在规范虚拟经济领域创造中间效用的证券资本市场。

7. 实现区域平衡发展

在世界范围内，实现区域平衡发展，目前是做不到的，因为世界尚未统一，人类迄今未能大同，社会的屏障还是以国家的形式延存的。但是，在每个国家的范围内，是必须实现区域平衡发展的。如果一个国家之内，区域发展极不平衡，那必然要产生分裂。国家的存在就意味着一统，不能存在发展的差距，国家的资源要为全体国民共同享用。所以，按照社会经济人的视角审视，在现代社会，任何国家都必须无条件地做到本国境内区域平衡发展，至多允许短期内存在有限度的差距。政府在对各区域间的终点效用创造调控的同时，也要高度重视对于各区域的中间效用创造的调控以保持其符合适度性要求。

8. 促进科学技术进步

科学包括自然科学和社会科学，技术涵盖工程技术和管理技术，进步分为渐进和激进。不论是科学技术进步的哪一方面，站在社会经济人的立场上，都是必须促进的。国家与国家之间的差距，最为直接的表现就是科学技术发展水平的不同。全人类生存延续的希望，更在于科学技术进步。但实现这一目标，需要社会长久地投入基础性的工作。这不是微观市场能承担的，而是国家的责任。

9. 全面实施社会救助

对于缺少劳动能力的人，对于遇到生存困难的人，甚或对于某些遭受灾难打击的经济组织，个体经济人可以不管，社会经济人却必须负责。而且，社会经济人实施的社会救助必须是全面的，必须是不间断的。社会是一个整体，需要救助的人和组织是局部，整体的社会必须对这一小小的局部全面负责。但社会经济人实施的社会救助是受历史条件约束的，即社会救助的水平不能超越其所属年代的社会经济发展水平。

10. 坚决落实天赋人权

天赋人权就是指每一个人都应该获得的劳动权利。在以往，从个体经济人出发的研究迷失了经济学最基本的宗旨和方向，将经济的发展认定为企业和某些个人的事情，而不是要解决社会之中的每一个人的生存问题。这样的认识迷失注定是要违背天赋人权的，是不可能抵达自由王国彼岸的。而明确提出社会经济人假设，就是要使经济学的研究回归科学的轨道，尊重社会每一个成员的劳动权利，以人为本，探讨市场背后那只直观看不见的手，运用社会理性的高度抽象力，形成科学的经济理论，指导社会实践，阐明社会经济发展的最基本要求就是处于就业年龄段的具有劳动能力的社会成员全部要真实地获得劳动岗位。这也就是说，坚决落实天赋人权，应是经济学研究的第一要旨。

个人是社会的构成基础，社会是个人的生存屏障。在现时代，国家是每一个社会成员生存的整体屏障。没有这种整体屏障，个人无法生存，人类无法保持整体的生存延续。社会经济人抽象代表的就是这种整体屏障的经济功能。社会经济人假设的提出，就是要将这种整体屏障的经济功能纳入经济学研究的最基本的前提范围，以社会理性高于个人理性的品位，导引现时代的经济学研究包括中间效用理论的研究进一步走向科学。而就未来的社会发展讲，人类的整体生存延续必将需要统一的覆盖全球范围的整体屏障。因此，社会经济人假设，在各个国家或地区的经济实践中，随着由劳动的发展决定的人类社会的历史演进，还需有不断地发展变化的内涵。

四 政府对实体经济的管理

政府对于实体经济中间效用的管理不同于行业管理，行业管理是依据行业产权进行的自律管理，而政府管理则是依法进行的规制管理。政府的管理首先是要依法进行，具有严肃的法律依据，不是可以任意而为的。而且，政府的管理要达到规制的目的，不是被管理者可为可不为，政府的管理一定要达到管理的要求，体现社会约束的规范性。政府是代表社会把住最后的一道关，这道关若把不住，市场就失控了。所以，政府管理的重要性和不可替代性就体现在这里。社会的企业或者说社会劳动中的中间效用创造必须无条件地服从政府的管理。这是任何人任何组织都不能与政府讨价还价的。一般说，对于中间效用的管理，如果行业管理能够尽到责任，那么应该说不会出现什么问题了。但是，即使这样，也不可缺少政府管理，无论如何，政府必须发挥自身对于社会劳动和各类市场管理的作用，尽到自身依法规制管理的责任。这不是例行公事，这是社会需要，是依法执政的体现。需要政府尽到的责任，政府必须一丝不苟地尽到。政府不能将自身应负的责任推给行业管理，行业管理没有权力替代政府管理的责任和作用。政府管理即使出现问题，也是要求被管理者服从的，也是不能由其他社会组织的管理取代的。当然，就此而言，政府必须随时准备纠正自身管理中的差错问题，政府必须欢迎社会的监督，只是政府管理的权威性是必须维护的。任何人和任何组织都不能因为政府管理可能会出现差错而不服从政府的管理。

在实体经济领域，政府对于中间效用的管理实质上是对于创造中间效用劳动的管理。所以，这种管理不论是对劳动产品还是对于创造劳动产品的劳动，都是看得见和摸得着的。政府的管理要做到准确到位，必须对看得见和摸得着的管理对象摸清底数，这是政府实施有效管理的前提和必要条件。这也就是说，政府的管理先要做好统计和调查研究工作。政府绝对不能在底数不清的情况下发号施令，盲目地发挥管理作用。但要搞清情况，这是一项庞杂而细致的工作。不仅工作量巨大，而且对于工作质量要求更高，基本上不能出现一丝一毫差错，而且要及时提供调查情况。即使这样，也需要政府做好这项工作，为所有的政府管理奠定良好基础。政府的统计部门是这项工作的主要承担者，其他的部门都要积极地配合统计部门的工作。特别是，这项工作还不仅仅是一种数量的统计，就拿商业布局来说，还有一个网点的分布和区域人口密度的问题。所以，基本情况统计之后，还需要有对于具体情况的具体分析，而不是仅仅提供一连串的数字就能满足需要的。一般讲，这种调查是动态的，因为情况年年都会发生一些变化，尤其是在经济发展增速较高的时期，情况的变化会更加的显著。但不论如何，政府需要长年细致地做好这项工作，这样才能保证政府对于创造中间效用的劳动管理有效和有力。

政府的管理要依法进行。法律没有赋予政府的权力，政府不能越权管理，这是一个基本原则。而且，同样，法律赋予政府的权力，政府要将权力用到位，不能有所保留。不论是商业还是银行业，政府的管理都要体现出力度和及时性。在中国，政府对于银行业的管理，专门设立了银监会（现已改为银保监会），即中国银行业监督管理委员会。这一专门的管理机构成立于 2003 年 4 月 25 日，是国务院直属的正部级事业单位。根据国务院授权，统一监督管理银行、金融资产管理公司、信托投资公司及其他存款类金融机构，维护银行业的合法、稳健运行。中国银监会系统在全国有四级组织机构，其中，银监会机关在北京市金融街，内设 27 个部门。除会机关外，银监会在 31 个省（自治区、直辖市）的省会城市以及大连、宁波、厦门、青岛、深圳等 5 个计划单列市设有 36 家银监局，在全国 306 个地区（地级市、自治州、盟）设有银监分局，在全国 1730 个县（县级市、自治县、旗、自治旗）设有监管办事处，基本覆盖了全国各层级行政区域，全系统参照公务员法管理。政府对于商业的管理，设有商务部和各地的商务局。中国商务部是由国务院主管的商业经济和贸易的管理部门。为适应中国加入世贸组织后，中国市场与全球市场将会融为一体，很难再继续严格地区分内贸和外贸，2003 年举行的第十届全国人民代表大会第一次会议决定，把原国家经济贸易委员会内负责贸易的部门和原对外经济贸易合作部合并成商务部，由其统一负责国内外经贸事务。就目前来讲，在中国，政府对于实体经济中的中间效用管理的重点是房地产中介机构。政府的管理就是要规范这一行业的业务活动即市场行为，不允许房地产中介机构做出违背市场准则的事情。作为一种中介服务组织，本来房地产中介机构应是为房产的买家和卖家提供交易服务的，既沟通了交易信息，又可帮助履行规范的交易手续。从中，房地产中介机构获取佣金即交易服务费。但是，在市场不规范的情况下，这个行业又不能自律，于是就出现了很多扰乱市场秩序的事情，其中，最主要的是用不正当手段助推已经高企的商品房房价继续上涨。据报道：有人将房产中介推动房价上涨归纳为九大套路。一是低于市场价的房源，99% 是假的。二是为赚更多中介费，怂恿卖家标高价。三是利用"店海战术"，垄断房源。这一招最厉害，也最为扰乱市场。四是作"0 佣金"噱头，实际未必真便宜。五是两份买卖合同房价不一，玩转买家和卖家。这一招损得很也黑得很。六是"速销房"有秘密，一方面增加了自己的房源数量，另一方面此消彼长打压竞争对手房源。七是费外收费。八是散播谣言。鼓动购房者"迅速出手"。九是鼓动买房者"假离婚"。目前来看，要求这一行业做到自律已经是不太可能了，只能是依靠政府的管理来使中国的房地产中介市场回归正常的轨道上来。针对当前情况，政府必须依法严厉打击房地产中介市场中的种种违法欺诈行为，坚决去除这一行业的害群之马。

五　政府对虚拟经济的管理

虚拟经济领域是现代市场经济中最主要的创造中间效用的领域。对于这一领域，即对于创造虚拟经济中间效用的劳动更需要强化政府管理。2017 年 7 月 1 日，在中国，《证券期货投资者适当性管理办法》正式实施。这是一项对于证券期货市场投资者进行保护的专项规章，是资本市场重要的基础性制度。实施这项制度是为了加快形成融资功能完备、基础制度扎实、市场监管有效、投资者权益得到充分保护的证券期货市场，是落实《国务院关于进一步促进资本市场健康发展的若干意见》和《国务院办公厅关于进一步加强资本市场中小投资者合法权益保护工作的意见》要求的具体成果。这将为资本市场健康发展和中小投资者权益保护带来积极和深远的影响。投资者适当性制度是国际资本市场普遍规则，核心要求在于强化对证券、基金、期货经营机构"卖者有责"的要求，让经营机构在获取经营收益的同时，必须承担法律规定的义务，确保权利义务的对等和统一，切实防范片面追求经济利益，向风险承受能力不足的投资者推介高风险证券期货产品，造成对投资者合法权益的损害和影响。根据规定，即使是风险承受能力较低的投资者，在经营机构进行必要的风险提示后，如果坚持购买高风险等级的产品，在经过必要承诺和确认程序后，仍然可以遵从其意愿，参与相关的投资活动。因此，这项制度没有限制投资者的自由交易，只是在充分揭示市场风险的基础上，对投资者交易的更好保护。对此，证券业、基金业、期货业协会和有关交易场所需要抓紧制定自律指引规则，并在人员培训、宣传解读、督促落实、服务保障等方面做出认真细致的工作。即行业自律管理工作之中，要切实履行好监管职责。各经营主体要切实负起责任，采取切实有效措施，确保把制度规定的各项义务要求落实好、执行好，共同促进和维护资本市场长期健康稳定发展。这项制度的实施，就是具体地体现了政府对于虚拟经济领域的管理。这项制度是中国证券监督管理委员会制定并组织实施的。中国证券监督管理委员会承担对虚拟经济领域进行政府管理的主要责任。

中国证券监督管理委员会简称中国证监会，是国务院直属的正部级事业单位，依照法律、法规和国务院授权，统一监督管理全国证券期货市场，维护证券期货市场秩序，保障其合法运行。中国证监会设在北京，现设主席1名、纪检组长1名、副主席4名、主席助理2名；会机关内设21个职能部门、1个稽查总队、3个中心；根据《证券法》第14条规定，中国证监会还设有股票发行审核委员会，委员由中国证监会专业人员和所聘请的会外有关专家担任。中国证监会在省、自治区、直辖市和计划单列市设立36个证券监管局，以及上海、深圳证券监管专员办事处。依据有关法律法规，中国证监会在对证券市场实施监督管理中履行下列职责。一是研究和拟订证券期货市场的方针政策、发展规划；起草证券期货市场的有关法律、法规，提出制定和修改的建议；制定有关证券期货市场监管的规章、规则和办法。二是垂直领导全国证券期货监管机构，对证券期货市场实行集中统一监管；管理有关证券公司的领导班子和领导成员。三是监管股票、可转换债券、证券公司债券和国务院确定由证监会负责的债券及其他证券的发行、上市、交易、托管和结算；监管证券投资基金活动；批准企业债券的上市；监管上市国债和企业债券的交易活动。四是监管上市公司及其按法律法规必须履行有关义务的股东的证券市场行为。五是监管境内期货合约的上市、交易和结算；按规定监管境内机构从事境外期货业务。六是管理证券期货交易所；按规定管理证券期货交易所的高级管理人员；归口管理证券业、期货业协会。七是监管证券期货经营机构、证券投资基金管理公司、证券登记结算公司、期货结算机构、证券期货投资咨询机构、证券资信评级机构；审批基金托管机构的资格并监管其基金托管业务；制定有关机构高级管理人员任职资格的管理办法并组织实施；指导中国证券业、期货业协会开展证券期货从业人员资格管理工作。八是监管境内企业直接或间接到境外发行股票、上市以及在境外上市的公司到境外发行可转换债券；监管境内证券、期货经营机构到境外设立证券、期货机构；监管境外机构到境内设立证券、期货机构，从事证券、期货业务。九是监管证券期货信息传播活动，负责证券期货市场的统计与信息资源管理。十是会同有关部门审批会计师事务所、资产评估机构及其成员从事证券期货中介业务的资格，并监管律师事务所、律师及有资格的会计师事务所、资产评估机构及其成员从事证券期货相关业务的活动。十一是依法对证券期货违法违规行为进行调查、处罚。十二是归口管理证券期货行业的对外交往和国际合作事务。十三是承办国务院交办的其他事项。

2017年6月30日，中国证监会召开新闻发布会，向社会通告："2017年上半年，中国证监会认真贯彻习近平总书记关于资本市场改革发展的一系列重要指示精神，按照党中央、国务院关于加强证券期货市场监管、严厉打击违法违规行为的工作要求，贯彻落实依法全面从严的监管执法原则，严格高效规范文明开展行政处罚工作，共做出 113 项行政处罚决定，罚没款共计 63.61 亿元，较去年同期增长 149%，对 30 人实施市场禁入，接近去年全年水平，忠实维护市场'三公'原则，切实保护投资者合法权益，为资本市场的平稳健康发展提供了强有力保障。强化执法高压态势，持续加大惩处力度。鲜言操纵'多伦股份'案罚没款超 34 亿元，唐汉博跨境操纵'小商品城'案，唐汉博、唐园子等操纵'同花顺'等股票案罚没款合计超 12 亿元，朱康军操纵'铁岭新城'等股票案罚没款超 5 亿元，徐留胜操纵'天瑞仪器'等股票案、九润管业等内幕交易'海润光伏'案罚没款均超 1 亿元。登云股份案、大有能源案、方正证券信息披露违法违规系列案等信息披露违法案件的相关主体被顶格处罚。鲜言、李友等 8 名当事人被采取终身证券市场禁入措施。执法必严，违法必究，该顶格处罚的绝不手软，彰显了证监会对市场乱象刮骨疗毒、猛药去疴的决心和魄力，有效遏制了违法违规多发高发态势。着力提升执法效率，及时回应市场关切。对于市场关注度高、社会影响大的案件，证监会果断亮剑，高效执法，九好集团、鞍重股份信息披露违法违规系列案 2 个月审理结案，慧球科技、匹凸匹信息披露违法违规系列案，马永威、曹勇操纵'福达股份'案 3 个月审理结案，唐汉博跨境操纵'小商品城'案及唐汉博、唐园子等操纵'同花顺'等股票案，登云股份案 5 个月审理结案，及时回应了市场关切，迅速修复了市场秩序，形成了严格执法常态化的稳定预期。不断扩展执法领域，市场主体全面覆盖。上半年处理信息披露违法案件 24 起，内幕交易案件 24 起，操纵市场案件 14 起，中介机构违法案件 12 起，短线交易案件 6 起，违法减持股票案件 6 起，此外还有从业人员违法买卖股票、利用未公开信息交易、超比例持股未披露、编造传播虚假信息、法人利用他人账户买卖证券、私募基金、期货公司违法违规等类型案件若干起。部分信息披露违法案件依法追究了上市公司控股股东、实际控制人、并购重组交易对手方的责任，部分短线交易案件依法追究了上市公司股东一致行动人的责任。强化对中介机构的执法问责力度，西南证券、新时代证券、爱建证券、瑞华所、立信所、中审华所、天元所、君信所、元正评估 9 家中介机构受到处罚。资本市场无法外之地，监管执法对各领域、各环节、各个主体全面覆盖，法网密织，不留死角，违法机构和违法分子无处遁形。逐步规范执法程序，提升依法行政水平。应当事人申请，上半年总计举行 47 场行政处罚听证会，严格遵循《行政处罚法》《中国证券监督管理委员会行政处罚听证规则》规定的条件和程序，充分保障当事人查阅卷宗、陈述申辩的权利，努力做到过罚相当，以理服人。多家主流媒体旁听了慧球科技、匹凸匹信息披露违法违规系列案，九好集团、鞍重股份信息披露违法违规系列案，唐汉博跨境操纵市场案等案件的听证会，增强了行政处罚工作的透明度，加强了对市场主体的警示教育，强化了执法工作的法律效果和社会效果。下一步，证监会将继续坚持依法全面从严的监管执法原则，始终保持对证券期货违法违规行为的高压态势，守住监管底线，维护公开、公平、公正的市场秩序，营造规范透明的市场环境，保护投资者合法权益，促进资本市场稳定健康发展，更好地服务于实体经济和社会发展，以优异的成绩迎接党的十九大胜利召开。"

以上是 2017 年上半年中国证监会对于中国证券期货市场违法违规案件的处罚情况通报。中国证监会担负着对于虚拟经济领域实施政府管理的职责，必然要严厉打击和严肃处罚一切扰乱证券期货市场的行为。同时，为了保障虚拟经济领域的长治久安，对这一领域的政府管理更需要严格控制证券期货市场的规模和结构以及完善程度，竭力避免出现虚拟经济中间效用创造的短缺或扩张。

六　政府有效管理的重要性

经济在发展，时代在前进。层出不穷的新技术在推动着社会生活不断地发生变化。政府对于中间效用创造的管理必须始终适应当今不断变化的形势。缺少政府的有效管理，市场难以保持正常秩序，中间效用的创造难以符合客观的要求。在现代市场经济条件下，不论是哪行哪业，都是不可缺少政府的有效管理的，都是必须高度重视政府的有效管理的。在实际经济生活中，既不能以行业管理取代政府管理，也不能阻止政府管理发挥有效作用。关于中间效用创造的管理，属于深层次的社会管理内容，需要在经济运行的整体上和结构上发现问题，政府的有效管理是实施这种深层次管理和发挥社会管理作用的最终保障。要知道，当下，人类社会已经进入了智能化生活的时代，计算机软件的作用已经深入普通人的每日生活之中，使得人们生活方式的变化之大对于政府管理提出了更高的要求。在世界上，已经有国家提出要建立无现金社会，即一切市场交易包括简单食品、报纸之类的生活用品的购买都不用现金支付，都改为刷卡或用手机支付。在中国，也已经有城市提出要建立无现金城市，这表明无现金时代将会很快到来。在这样时代背景下，政府无论是对于实体经济的管理还是对于虚拟经济的管理，都将遇到新的挑战。政府必须面对现实，迎接这个新时代的挑战，才能恪守职责，发挥有效管理的作用。

政府需要严密地关注实体经济领域国民经济整体的运行，不断地对国民经济整体运行的规模和结构进行分析，防止实体经济的中间效用创造出现问题。不论是在哪一个城市，商业的布局都要达到合理的要求，不能出现局部商业网点缺少或总体商业网点过多的情况。虽然，商业企业都是自负盈亏，经营出现损失不需要政府负责，但是商业网点偏少会影响居民生活的方便，商业网点过多会影响商业企业的效益。政府对于出现这一类情况不能不管不问，政府的干预是社会的需要，也是现代市场经济条件下保持市场规范的需要。对于这方面的事情，政府必须管，这就是政府管理重要性的体现。在实体经济领域，政府还需要对于银行业以及其他创造中间效用的行业进行有效的管理。越是无现金支付，政府越是要加强管理，防止金融诈骗事件的发生。不论是哪一方面出现问题，政府都需要负责解决，这就是无可替代的政府管理，这就是最为重要的社会管理。现代社会的进步性体现在物质生活的丰富上，也体现在智能化的高科技的高度发达上，但更重要的是体现在负有社会责任的政府的有效管理上。政府必须有效地规制实体经济中的各行各业的发展，尤其是对于创造中间效用的商业、银行业以及各种中介行业要严格管理，要让这些行业有效地服务于社会，而不要对社会正常的经济秩序造成损害。

政府还需要严密地管控虚拟经济领域国民经济整体中的运行，不断地对虚拟经济的整体运行规模和结构进行分析，一定要防止虚拟经济的中间效用创造出现严重问题。对于这一领域，政府是有专门的机构负责管理的，政府的有效管理是创造虚拟经济中间效用劳动发挥正常的社会作用的基本保障。政府不能让这一领域的中间效用疯狂地扩张，超过社会的需要，造成社会的灾难。政府也不能让这一领域的中间效用短缺，不能满足社会的需要，造成社会经济发展的损失。政府需要审时度势，合理地进行必要的管控，保持虚拟经济领域正常的市场秩序，保证虚拟经济中间效用的创造符合适度性的要求。这些必须由政府做好的工作，充分地体现出政府的有效管理在这一领域社会管理中的重要性。政府的管理是日常化的，不是间断的，是每日每时都要付诸实施的。对于虚拟经济领域出现的任何问题，包括各种各样的扰乱市场秩序的行为，政府都需要依法处置，不留后患。政府的管理作用是要贯彻到虚拟经济的各个方面的，尤其要对金融衍生品市场加强管理。因为金融衍生品市场是极易出现问题的市场，而且是一个出现问题就是大问题的市场，政府的管理必须始终保持最高的警惕性、严谨地管控这一市场，力争将可能出现的问题的苗头控制住，不使其发展蔓延酿成大祸。

对于中间效用创造的政府管理是政府代表社会进行经济管理的一个重要方面，越是经济高度发展，越体现政府管理的重要性。只是，在现代市场经济条件下，政府的管理必须依法进行。政府是执法机构，不是立法机构，政府的管理必须在既定的法律约束下进行，不能自行其是。依法治国就包括政府的依法行政。政府在对经济工作的管理中，必须是遵守法律的典范。如果政府的管理离开法治的轨道，那就将失去政府管理的社会意义。在法律尚不完善的情况下，政府有责任督促立法机构完善法律，但绝对不能超越自身职责规定代替立法机构工作。另外，政府在依法管理的同时，还需要注重必须达到有效管理的目的，不断提高管理的水平。这需要政府重视研究工作，将自身对于中间效用的管理置于深入研究的基础之上。对此，政府可以自行组织力量做研究，也可以将需要研究的课题委托出去，交给专门的研究机构去研究。无论如何，政府需要追求有效管理，而有效管理必定需要建立在认真地进行科学的研究基础之上。只有高度重视研究，而且尊重科学的研究结果，按照研究的结果去做，才能保证政府的管理达到有效性的要求。在现时代，对于中间效用的创造保持适度性，必须依靠政府的有效管理。政府有效管理的重要性是必须给予肯定的，因此，做好这方面的研究工作是不可忽视的重要前提。

第十一章 21 世纪的国际金融危机

人类刚刚送走了 20 世纪，几乎是让所有的人都没有想到的是，进入了 21 世纪才 8 年的时间，就迎来了一场席卷全球的金融风暴，爆发了具有巨大摧毁能量的国际金融危机。这让已经多年来没有出现过经济危机的西方国家极为震惊，也让更多的国家或地区直接或间接地遭受到一定的经济损失。这次金融危机的到来，比 20 世纪末的东南亚金融危机的影响大得多，使得世界上经济最发达的国家都难以应对，不得不承受惨重的损失。而事实上，21 世纪爆发的这次国际金融危机，是典型的由虚拟经济中间效用扩张引起的经济运行问题，将其归为资本主义经济制度的存在并不解决在现实的资本主义经济制度下保持经济正常运行的问题。对于现代经济学的研究来说，需要解决的是具体的宏观经济调控问题，是如何认识和管控中间效用创造的问题。因而，在这次危机之后，现代经济学界更需要提请经济各界注意的是中间效用的创造必须遵从适度性的要求，而不能同终点效用的创造一样追求最大化。各个国家或地区都需要深刻地汲取此次国际金融危机的教训。为此，本章将回顾历史，展开对于 21 世纪的这次突如其来的金融危机的分析。

一 2008 年国际金融危机

开始是在 2007 年 4 月，美国出现了次贷危机，然后，美国经济度过了 18 个月的痛苦折磨，次贷危机愈演愈烈，回天乏术，最终以雷曼兄弟投资银行的破产为传导点，至2008年10月，即全世界刚刚欢庆北京成功举办奥运会、残奥会之后不久，终于引爆了一场席卷全球的国际金融危机。这是人类社会发展进入21世纪后遭遇的第一场国际金融危机，这是21世纪的国际金融危机。

从全世界来讲，此次国际金融危机被人们称为金融海啸，这比之此前人们将金融危机称作金融风暴，无疑表现出了更为严峻的危机态势。也就是说，此次危机引起了全世界许多国家或地区的几乎全部或大部分金融指标的急剧恶化，其造成的危害力是空前的，其影响范围也是史无前例的。

中国新华网华盛顿2008年12月16日电：为阻止经济进一步下滑，美国联邦储备委员会16日决定将联邦基金利率即商业银行间隔夜拆借利率降到历史最低点，并表示将通过一切可以利用的途径来应对金融危机和经济衰退。在当天结束的货币政策决策例会上，美联储将利率水平从目前的1%下调到了零至0.25%这个范围。这一降息幅度大于很多分析人士预期的0.5个百分点。美联储是去年9月开始此轮降息周期的，当时的利率水平为5.25%。美联储在降息声明中说，自10月底上次例会以来，劳动力市场形势恶化，消费开支、企业投资和工业生产都在下降，金融市场局势依然严峻，信贷条件仍在收紧。总体上看，经济前景进一步看淡。同时，通货膨胀压力明显减少。由于能源以及其他商品价格下降，加上经济前景疲软，美联储因此预计通胀在未来几个季度里将进一步降低。美联储表示，该委员会将"利用一切可以利用的工具"，来促使经济恢复可持续增长和保证价格稳定。由于经济疲软，利率可能需要在一个时期内保持在这种特别低的水平。美联储今后的政策重点将放在通过公开市场操作以及其他适当的手段来支持金融市场正常运转和刺激经济增长。美联储当天还决定将贴现率即商业银行向联邦储备银行举借短期贷款时支付的利率下调0.75个百分点，从1.25%下调到0.5%。[①]

与此同时，全世界许多国家的央行开始逼近零利率。瑞典央行瑞典银行率先宣布下调利率175个基点，由原先的3.75%降至2.0%，降息幅度近

① 胡芳、刘洪：《美联储将利率降至历史最低点》，新华网，2008年12月17日。

于"腰斩"。英国央行英格兰银行随即宣布降息 100 个基点,基准利率从 3% 降至 2%,创 1951 年以来最低利率。不足一个月前,英国央行英格兰银行大幅降息 150 个基点,降幅之大创 27 年来之最。欧洲央行降息消息接踵而至:欧元区主导利率破天荒下调 75 个基点,由 3.25% 降至 2.50%,创欧洲央行成立 10 年来单次降息最大幅度。丹麦中央银行跟进宣布,下调基准利率 75 个基点,从 5% 降至 4.25%。欧洲以外,新西兰央行当天宣布降息 150 个基点;印度尼西亚宣布降息 25 个基点。① 日本央行在为期两天的货币政策会议结束后宣布,从即日起将该国基准利率下调 20 个基点,至仅为 0.1%。这是日本近两个月来第二次下调利率,距离美联储大幅降息至零区间仅隔了三天。在降息至接近于零的同时,央行还宣布扩大收购国债并首度推出收购商业票据的创新手段,旨在进一步改善信贷市场流动性。②

在 2008 年的最后一段时间,来自世界各地的消息都是前所未闻的:美东时间 12 月 24 日,美联储批准 GMAC 转型为银行控股公司的申请,此举亦是美国政府二度向汽车业伸出援手。美国通用公司绝处逢生,美联储允许其分享 7000 亿救市款。美国运通公司将获政府 33.9 亿美元注资。12 月 15 日,俄罗斯各大城市的住宅平均价格跌幅都在 5% 以上,莫斯科跌幅最高,达 25%。同期,日央行正在研究买入包括企业债券和股票在内的范围更广的证券产品的可行性,政策委员会在研究后做出决定。日本 11 月宏观经济数据继续大幅恶化。日本 11 月汽车产量跌幅创 40 年新高。欧盟批准西班牙 1000 亿欧元金融业救助方案。最为严重的问题是,在 2008 年年中,曾经爬高至每桶期货价格 147 美元的石油,到 2008 年年底,竟然跌破每桶 40 美元的期货价格。这引起全球范围内所有石油市场的一片混乱,几乎致使所有国家所有的人都失去往日对于市场经济的自信,变得不知所措。

相比 20 世纪的经济危机,此次 21 世纪的国际金融危机爆发后,人们对于世界经济未来的预期更加悲观,因为整个世界包括最发达国家在内的许多国家的货币币值出现幅度较大的贬值,国民经济总量与经济运行出现较

---

① 吴铮:《全球央行逼近零利率》,《新闻晚报》2008 年 12 月 5 日。

② 朱周良:《日本再大幅降息 20 基点 追随美国回归零利率》,中国证券网,2008 年 12 月 20 日。

大的损失，经济增长遭受到严重的打击。大量的企业倒闭，失业率的提高，社会经济普遍的萧条，甚至社会的动荡或国家政治层面的动荡，无情地出现在刚刚迈入21世纪的世界各个国家或地区的国民面前。

2008年11月15日，二十国集团领导人金融市场和世界经济峰会在美国首都华盛顿举行。本次峰会，与会各国就恢复经济增长发表了一份共同宣言。宣言说，与会国家决心加强合作努力恢复全球增长，实现世界金融体系的必要改革。宣言分析了当前危机的根源，这份宣言还强调，市场原则、开放的贸易和投资体系、得到有效监管的金融市场是确保经济发展、就业和减贫的基本因素。各国在会议期间达成了共识，共同制定一个刺激世界经济增长"行动计划"，同意各国分头行动积极采取措施，刺激本国经济，以配合全球应付金融危机。各国都认为，目前实施的国际金融体系，建立于1944年，这与21世纪的世界金融业格局的监管和发展需求、与面临全球化挑战的形势很不适应。包括国际货币基金组织和世界银行在内的国际金融机构等发达国家主宰的世界金融都应进行大幅改革，不仅要加强监管，还要保障经济自由平衡发展，同时应该给予新兴经济体更多话语权和参与份额。在各国元首的发言中，记者听到了一个共同的声音，那就是反对贸易保护主义，促使世界贸易格局公平。在这次峰会上，与会的各国元首都期望，各方共同努力消除保护主义，消除贸易壁垒，早日达成全球自由贸易协定。峰会决定，在2009年3月31日前就如何监管国际金融市场提出建议。二十国集团首脑也相约在2009年4月举行的另一次峰会，再续前缘。①

中国新华网利马2008年11月20日电：为期两天的亚太经合组织（APEC）部长级会议20日在秘鲁首都利马的国家博物馆结束。会后发表的声明呼吁APEC成员携手合作，共同应对当前席卷全球的金融危机。声明说，本次会议是在亚太经合组织1989年成立以来经济形势最严峻的情况下举行的，所有APEC经济体都受到了国际金融危机的影响，地区经济高增长率"很可能会显著下降"。保证快速、协调、有效地应对金融危机是APEC

---

① 邱江波、齐彬：《金融峰会亮点闪烁：中国地位凸显成为最大亮点》，中国新闻网，2008年11月16日。

成员当前最紧迫的任务。声明呼吁各成员加强地区合作，继续推进贸易和投资的自由与开放，支持经济结构改革，加强人类安全，确保 APEC 所有成员能从全球化中受益。声明指出，在应对金融危机的行动中，应坚决反对因当前金融危机而产生的保护主义情绪，避免在贸易和投资领域采取新的限制措施。部长们在声明中还承诺继续推进地区经济一体化进程，推动世界贸易组织多哈回合谈判早日达成协议，并建议亚太经合组织领导人对二十国集团峰会发表的共同宣言表示"强烈支持"。本届会议联合主席、秘鲁外长何塞·加西亚·贝朗德在会后的记者招待会上说，与会部长们一致同意采取必要措施，推动亚太地区实体经济的发展以及投资与消费水平的提高。2009 年的 APEC 领导人非正式会议将由新加坡主办。新加坡贸易和工业部长林勋强说，APEC 的发展仍面临许多挑战，金融危机"很可能仍将是明年会议的主要议题"。中国外交部长杨洁篪和商务部长陈德铭出席会议并发言，就会议主要议题阐述了中国政府的立场和主张。本次 APEC 部长级会议 19 日开始在利马举行。会议期间，来自 APEC 21 个成员的部长或代表就国际经济和金融形势、地区经济一体化、贸易投资自由化、企业社会责任、食品安全、多哈回合谈判等议题进行了磋商，并向将于 22 日至 23 日举行的领导人非正式会议提供建议。①

已有的历史经验可以告诉人们：影响世界经济体系和秩序的国际金融危机并不会长久存在，在经济危机引起的经济大衰退之后必定会迎来新一轮的经济繁荣，这是各个国家或地区应对危机不断尝试扩张信用和恢复生产而随之产生的必然结果。在以前，处于资本主义发展阶段的人类社会经历过多次的世界经济危机，那么，这一次，21 世纪的第一次国际金融危机也必将在全世界各国各地人民的通力协作之下很快度过。只是，无论在世界的哪里，人们都不希望为此付出过多的代价。

那么，为什么会出现金融危机呢？在此次国际金融危机出现之前及之后，学界有许多的人进行了认真而有意义的研究探讨。只是这方面的研究基本上是就金融论金融，没有进深到涉及经济学基础理论创新的讨论。从

---

① 赵凯、潘云召：《详讯：APEC 部长级会议呼吁共同应对国际金融危机》，新华网，2008 年 11 月 21 日。

人类思想发展的根基讲，当代人更应该看到的是，此次21世纪的国际金融危机对于现代经济学的挑战，是集中地针对经济学基础理论的。为什么现代经济学的基础理论研究，就其最前沿的思想讲，事先不能供于预见或预防金融危机，事中不能供于应对全球性的金融危机，而且事后肯定也不能供于阐释清楚金融危机的发生机制和治理方略。这实际上表明，时至今日，现代经济学的基础理论研究远远落后于这个时代，其理论体系存在基础性的构建问题，其理论不能有效地为指导现实经济的运行和发展服务。俱往矣，现代经济学认识的最深奥之处只能是讲，市场上有一只我们看不见的手；而遭遇此次国际金融危机之后，如果我们不能接受挑战，那就还要加上一个金融魔鬼，都是看不见的；而且这个在21世纪出现的金融魔鬼不仅是看不见的，更是十分恐怖的。

经历了此次国际金融危机，站在21世纪的时代立场审视现代经济学的学科发展状态，不得不承认这门学科的发展至今尚不足以成为具有基本科学性的学科。而要结束学科的这种尴尬的状态，就必须大力推进学科的基础理论研究，将科学的劳动范畴确定为学科研究的最基础范畴。科学的现代经济学的基础理论研究应展开对于人类一般化的具有整体性的劳动范畴的辩证历史研究，以劳动的内部矛盾分析替代以往的形式化的表层认识，严格遵守科学研究的学术规范，切实用好现代数学工具为学科建设服务。只有在基础理论研究上，尊重事实，尊重逻辑，现代经济学的研究才能在已经产生了国际金融危机的21世纪实现科学化，建立对全球经济以及各国经济具有实际指导意义的理论体系。

应明确，现代经济学不仅仅是政府经济学，更不是为了服务政府或根据政治需要而进行的经济学研究，现代经济学的基础理论学科是政治经济学。其政治两个字的含义是基础性，这一名称是历史的留传。从现代经济学的学术意义上讲，政治经济学的研究是最纯粹、最抽象、最基础的经济学理论研究。

在此，需再一次强调，现代经济学迎接21世纪国际金融危机的挑战，最重要的就是推进经济学的基础理论研究。对于学界来说，需要重新思考经济人假设的问题，这是一个相当基础的问题，是现代经济学研究的基本前提问题。对于在此次国际金融危机中几乎集体失语的经济理论界人士，是非常有必要面对现实认真考虑学科研究的基本和基础的假设前提问题。关于虚拟经济及其作用，也是现代经济学应对国际金融危机挑战需要思考的一个重要的方面，因为这方面的研究成果至今尚未进入经济学的大学本科教材，全世界范围内的经济学高等教育至今仍停留在只是对单纯的实体经济进行理论概括的教育阶段，并且，现代经济学界对于虚拟经济的认识一直存在着某些争议与分歧。而与 20 世纪的经济大萧条不同的是，引爆此次国际金融危机的起火点恰恰是在虚拟经济领域。在一般的意义上，现代经济学的基础理论研究还没有突破实体经济的理论体系框架，可以肯定地说这已经无法适应现时代的实际需要了，毕竟现在的世界各地都已经是虚实一体化经济了。更重要的是，此次爆发的国际金融危机表明，在现代市场经济条件下，经济学的理性不容忽视市场价格的刚性，现代经济学的价格理论研究已经由此获得了更为广阔的认识发展空间，维护价格的刚性可能是经济学研究的最复杂的机理之一，这方面的理论创新必将是现代经济学基础理论创新的最核心的内容。再有，现代经济学迎接挑战，还需要在基础理论的创新中充分明确保持中间效用适度性的重要性，迅速展开适应 21 世纪经济运行与发展的中间效用理论研究。由于社会分工的发展，现代经济学已经不能再笼统地讲追求效用最大化了。如果对于中间效用也讲追求最大化，那恐怕我们很快还会遭遇一场更猛烈的国际金融危机。现代经济学的理性需要在效用理论研究领域得到充分的施展。而且，应对挑战，现代经济学还要更深入地研究各国政府以及各国的各级政府在市场经济中的统领地位。在应对此次国际金融危机的这段时间，无论是何人，事实上都已经看到了各国政府尤其是美国政府在应对危机中发挥的巨大作用。因此，现代经济学必须对此做出新的理论认识，不能再是一味地宣讲看不见的手，而是需要特别地研究现代政府这只看得见的手的统领地位，以使其能在现代市场经济中更自觉地成为看得见的有力且灵巧的手。更为明显的是，在遭遇 21 世纪国际金融危机之际，关于如何应对现代信用的高度发展，如何遏制金融衍生品市场泛滥，以及如何根据市场价格控制货币发行量等方面的问题，也是开创现代经济学基础理论新的研究迎接此次国际金融危机挑战的极为重要内容。总之，从经济学的现时代发展的最基本要求讲，如果现代经济学的基础理论研究还不能自觉地抵达虚实经济一体化研究的认识高度，还不能以科学的劳动范畴作为经济学研究的最基础范畴，那恐怕现代经济学不仅不能成为战胜 21 世纪国际金融危机的思想利器，还完全有可能在现实的危机挑战中败下阵来，溃不成军，失去自身应有的社会功能和作用。

在如此严酷的现实面前，人们应当敏锐地意识到，21 世纪的国际金融危机正在挑战 21 世纪的经济学基础理论研究。何从何去，无须争执。时代在前进，路就在脚下。现代经济学的研究者们必须坚定信心、付出艰辛的努力、勇敢地对上述基本的挑战问题做出科学的回答。

二　汲取 2008 年国际金融危机教训

2008 年国际金融危机是由美国的次贷危机引起的，也就是说，是美国的次贷危机的不断恶化发展最后演化成了一场席卷全球的国际金融危机。所以，汲取此次国际金融危机的教训，必须先接受美国次贷危机的教训。

美国的次贷危机就是指美国房地产市场上的次级按揭贷款出现的危机。美国房地产市场的次级按揭贷款，是指银行或其他金融机构给予资信条件较"次"的人购买住房的按揭贷款。也就是说，购房的次级按揭贷款是相对于给资信条件较好的人购房的按揭贷款而言的。如果购房的按揭贷款人没有（或缺乏足够的）收入或还款能力证明，或者有其他债务负担，他们的资信条件就较"次"，于是，这一类房地产买家的按揭贷款，就被称为次级按揭贷款。一般来说，相对于资信条件较好的按揭贷款人所能获得的比较优惠的利率和还款方式，银行或其他金融机构对于次级按揭贷款人在利率和还款方式方面要求更严格，通常要求他们支付更高的利率，遵守更严格的还款方式，以控制银行等金融机构在次级按揭贷款上的业务风险。这种更严格的做法是金融界常规的做法。但是，由于美国进入 21 世纪以来新贷款放松、金融创新活跃、房地产和证券市场价格上涨的影响，由于美国金融监管部门的监管缺失，原本的更严格的常规措施并没有得到普遍实施，如此一来，美国的次级按揭贷款大幅度增加，次级按揭贷款的金融风险就由潜在风险转变成现实风险了。

这种次贷危机的发生，实际就是由于信贷环境改变，主要是房价停止上涨或下降。可以说，次级按揭贷款人的资信状况本来就比较差，或是缺乏足够的收入证明，或是还存在其他的债务，所以，他们还不起房贷，或到期违约，是很容易发生的事情。但是，如果信贷环境宽松，或者在房价上涨的情况下，放贷的金融机构若遇到贷款人违约收不回贷款，他们可以干脆把抵押的房子收回来，再卖出去兑现，这样不仅不会造成亏损，一般还可以获得一定的盈利。但是，在信贷环境恶化，特别是房价下降的情况下，放款的金融机构把房子收回来就很难卖出了，或是因房价卖的过低而导致亏损，或是在账面上反映的抵押房产是贬值的。如果这类亏损的事情大量地或连续不断地发生，金融机构的危机就出现了。

关于 2007 年美国次贷危机爆发的原因，一般认为：主要是美国政府对金融机构监管不力，美国货币当局的货币政策出现错误，美国金融机构贪婪成性过度投资，美国整个金融业存在腐败和共谋行为，美国庞大金融机构的高度官僚化，美国人长期形成的低储蓄和高消费习性走到了尽头，国际经济的不平衡和美国存在巨额贸易赤字，美国发动战争久拖不决带来不堪重负的巨额支出，货币金融市场固有的不稳定性，美国式资本主义的经济痼疾以及美国对不合理的国际贸易与分工格局的维护，等等。

美国次贷危机的苗头始于 2006 年年底，从其出现苗头，到问题累积酿成危机，特别是到贝尔斯登、美林证券、花旗银行和汇丰银行等国际金融机构对外宣布出现数以百亿美元计的次贷危机损失，经历了半年多的时间。这说明美国次贷危机的涉及面非常广，产生、扩展的原因极为复杂，而且最后竟然祸及全球，必须汲取深刻教训。

第一，是美国的金融业推动了美国经济中的房地产贷款迅速增长。美国次贷危机作为金融问题，它的形成是和美国金融业货币政策的松紧变化紧密关联的。在 2001 年年初，即刚刚进入 21 世纪，美国联邦基准利率就下调了 50 个基点，然后，美联储的货币政策就开始了从加息转变为减息的周期，货币政策越来越宽松。由此美国在经历了 13 次降低利率之后，到 2003 年 6 月，联邦基准利率降低到 1%，达到过去 46 年以来的最低利率水平。这样宽松的货币政策的实施，使得房贷款利率同期下降，30 年期固定按揭贷款利率从 2000 年年底的 8.1% 下降到 2003 年的 5.8%。而房贷款利率的持续下降直接推动了美国房产的持续繁荣，这就形成了次级房贷市场的泡沫膨胀。这使得很多蕴含着高风险的金融创新产品在房产市场上有了产生的可能性和迅速扩张的机会。其中包括浮动贷款利率和只支付利息的贷款大幅度增加，占总按揭贷款的发放比例迅速上升。这些创新形式的金融贷款只要求购房者每月负担较低的灵活的还款额度。这样，在很大程度上减轻了购房者的还款压力，推动或支撑了房产市场走向繁荣。由于房地产业是国民经济的支柱产业，因此，房贷的宽松也就直接或间接地推动或支撑了美国经济持续多年的繁荣局面。但是，泡沫膨胀到一定程度就必然会破灭。从 2004 年 6 月起，美联储的低利率政策开始了逆转，到 2005 年 6 月，经过连续 13 次利率调高后，联邦基准利率从 1% 提高到 4.25%。到 2006 年 8 月，联邦基准利率上升到 5.25%，标志着扩张性政策的完全逆转。连续涨息，提高了购买房屋的借贷成本，因而产生了抑制房产需求和降温房产市场的作用，促发了房价的下跌，以及按揭贷款违约风险的大量增加。

第二，美国的次级贷款市场连接了世界金融衍生品市场。进入 21 世纪之后，从世界角度看，金融的全球化趋势进一步加强，在全球范围内，利率不断下降、美元不断贬值，而资产价格却不断上升，这使得流动性在全世界范围内迅速扩张，激发了各种追求高回报、忽视风险的金融品种和投资行为的流行。原始贷款人的按揭贷款成了转手卖给投资者的贷款打包证券化投资品种。由此美国将大量的次级房贷衍生产品卖向了全世界。当时，这种证券化的投资产品客观上存在着投资回报的空间，即在一个低利率的环境中，它能使投资者获得较高的回报率。这就吸引了全世界越来越多的投资者。由于美国金融市场具有强大的国际影响力，其投资市场又具有高度的开放性，这就必然地吸引了来自其他地区，特别是欧亚地区的众多投资者，从而使得投资需求更加兴旺。面对巨大的投资需求，许多房贷机构降低或进一步降低贷款条件，以提供更多的次级房贷产品。这就在客观上埋下了危机的隐患。事实上，不仅是美国，包括欧亚，乃至中国在内的全球主要商业银行和投资银行，均参加了美国次级房贷衍生品的投资，且投资的金额巨大。因而，美国次级贷款的风险也就随之走向了全世界。但在危机爆发之前，由于实际投资的增加而进一步推进了资本市场的繁荣，推高了全世界投资者的乐观情绪。

第三，美国房地产市场乱序导致次贷危机引发全球金融海啸。在21世纪初的美国房地产繁荣中，美国的一部分银行和金融机构为了一己之利，利用房贷证券化可以将风险转移到全世界投资者身上的机会，有意或无意地一再降低信用门槛，导致这些银行、金融机构和衍生品投资市场的系统风险无可阻挡地增大。在此期间，美国住房贷款甚至一度出现首付率逐年下降的趋势。历史上标准的首付额度是20%，这一时期却一度降到了零。房贷中的专业人员评估，在有的金融机构那里，竟变成了电脑自动化评估，然而这种电脑的自动化评估的可靠性并未经过验证。许多从事房贷的银行和金融机构，有意将高风险的次级按揭贷款，一律转化到证券化产品中去，然后向全世界的投资者推销这些有问题的按揭贷款证券。其突出的表现就是，在发行按揭证券化产品时，不向投资者披露房主难以支付的高额可调息按揭贷款和购房者按揭贷款是零首付的情况。而评级市场的不透明和评级机构的利益冲突，又使得这些严重的高风险资产得以顺利进入金融衍生品投资市场。而面对大量的美国次级房贷衍生产品，银行和金融机构有意或无意的违规操作或不当操作广泛出现，评级市场不透明、不规范等问题较为严重，这样的市场失序直接导致了美国房地产市场的崩溃，并将这种危机扩展到了全世界，引爆全世界金融衍生品市场的金融海啸。

美国的次贷危机引起了美国的金融风暴，然后将其演变为全球性的金融危机。这个过程分为三个阶段。第一个阶段是美国的债务危机阶段。美国借了住房贷款的人，不能按时还本付息引起了全美国的债务问题。第二个阶段是美国的流动性危机阶段。美国的债务危机导致一些有关金融机构不能够及时有一个足够的流动性对付债权人变现的要求。第三个阶段是引起了全世界信用危机的阶段。在全世界范围内，由于人们对普遍地建立在信用基础上的金融活动产生怀疑，造成严重的信用危机，即金融损失惨重。

这就使得国际金融危机发生之后，其影响波及全球的金融系统，并对全球经济产生严重影响。

如果美国的房地产市场不疯狂，美国的银行及金融机构不疯狂地搞次级贷款，那么，美国的房地产市场就不会崩溃，美国的次贷危机就不会发生。所以，汲取这一方面的教训，就是要明确对于房地产市场绝对不能揠苗助长，应当遵循其成长的自然秩序，政府必须对房地产市场实施有效的管理，保持其客观应有的秩序。再有就是，银行等金融机构必须按规矩办事，不能疯狂扩张服务对象，人为地制造金融风险。也就是，在实体经济范围内，行业的管理和政府的管理必须对银行等金融机构创造的中间效用实施有力的管控，不能允许银行等创造中间效用的行业或部门无视中间效用适度性的要求，自行其是违规扩大业务导致整个国民经济遭受损失。这就是从美国发生的次贷危机中，人们必须认真汲取的基本教训。

再者，如果美国的次级住房按揭贷款没有进行负债资产的证券化，即没有转化成面向全世界投资者出售的金融衍生品，那么，即使美国发生次贷危机，这个次贷危机也不会引爆国际金融危机。而正是由于美国的次级按揭贷款被转化成向全世界出售的金融衍生品，美国将自身的金融风险早就转嫁到了全世界，所以，才在美国房地产市场出现问题之后，将美国的次贷危机发展演化成了一场席卷全球的国际金融危机。所以，金融衍生品是可怕的，带有次贷性质的金融衍生品更是十分可怕的，一旦发生疯狂的扩张，就会难以避免地引发金融危机。其金融衍生品涉及的范围有多大，危机的范围就会有多大。此次美国次级按揭贷款的金融衍生品涉及全球投资者，因此必然要引起国际金融危机，引起全世界范围内的信用危机。这就是说，创造金融衍生品就是创造虚拟经济中间效用，这种创造的扩张超过了市场的承受力，即不符合客观的适度性要求，就难以避免会造成市场的无序和社会经济的损失。所以，通过此次国际金融危机，对虚拟经济领域的行业的管理和政府的管理必须严格管控中间效用创造，必须始终保持虚拟经济的中间效用创造符合客观的适度性要求，绝不能允许在这一领域出现中间效用创造的疯狂扩张。这就是从由美国次贷危机引发的 2008 年国际金融危机中，人们必须认真汲取的基本教训。

三 难以完全避免的 21 世纪国际金融危机

在 21 世纪，人类社会还很难完全避免国际金融危机的发生。这是因为，在现阶段的人类社会劳动的发展中，人类的劳动还是常态劳动，还存在着剥削变态劳动，由此出现了并还要在相当长的时期内保存着金融衍生品市场。从实际讲，这是由现阶段人类劳动发展水平决定存在的人们的贪欲造成的。这种贪欲就是贪婪的剥削性，现代社会依然普遍存在的资本的剥削性。

剥削在人类常态劳动发展的历史中是早就存在的。自从在人类社会的发展中出现了阶级分化，就出现了剥削。这就是说，在人类原始社会解体之后，社会性的剥削就存在了。奴隶社会存在奴隶主对奴隶的剥削。封建社会存在地主对农民的剥削。在资本主义社会，存在着资产者的剥削，这些资产者仅凭投入资产而占有社会劳动成果的一部分。在现代复杂的市场经济条件下，资本主义社会的剥削和其他社会的剥削已经泛化和高度地证券化，剥削存在的实质没有变，一般是凭借资本收益权获取合法的剥削收入，变的只是五花八门的资本投入和收益的形式。仅就金融衍生品市场讲，其各位投资者的资本投入和收益的形式就是已经发展到了非常复杂的程度了。

目前，在已经开放金融衍生品市场的各个国家或地区，通过专业金融机构的研究，利用各种派生技术进行组合设计，市场中已出现了数量庞大、特性各异的金融衍生品。首先是出现衍生工具与基础工具组合的金融衍生品。如金融期货衍生品与基础工具的结合，形成外汇期货、股票期货、股票指数期货、债券期货、商业票据期货、定期存单期货等形形色色的品种。其次是衍生工具之间组合的金融衍生品，即构造出了"再衍生工具"。如期权除了以基础工具为标的物之外，也可和其他衍生工具进行组合，构造出新的"再衍生工具"，如"期货期权""互换期权"这类新的衍生工具。最后是直接对衍生工具的个别参量和性质进行设计，产生与基本衍生工具不同的金融衍生品。如期权除了"标准期权"之外，通过附加条件，可以构造出新的"特种衍生工具",如"两面取消期权""走廊式期权"等。在现代金融衍生品市场中,总是不断地创造出新的可供市场交易的产品。这一市场的发展是极其惊人的,其复杂程度是非专业人士不敢问津的。只是万变不离其宗,所有的金融衍生品交易,都是以钱生钱的市场活动,都追求的是资本收益,即非劳动收入性质的剥削收入。

所以,毫无疑问,是资本的贪婪造就了现代高度复杂的金融衍生品和遍布世界各地的金融衍生品市场。在进入这一市场的投资者中,没有人想到这种资本贪婪的后果是什么,他们几乎都是绝顶聪明的资本人,知道这是最好赚钱的地方,而且,他们总是能在这一市场上赚到很多钱。他们赚了还想赚,总没有赚够,投入越来越大,衍生品的花样也越来越多,越来越复杂,直到此次 21 世纪国际金融危机爆发。

看到 21 世纪国际金融危机的爆发,看到如此多的金融企业和非金融企业破产,许多人的朴素看法是为什么不消除金融衍生品市场呢?但这样的朴素思想太简单,根本不可能兑现。如果要是可以那么简单地消除,这个金融衍生品市场恐怕是压根就不会问世。其实,熟悉这一市场的人都知道,待此次国际金融危机过去,全世界的金融衍生品市场会依旧的,甚至,就连对于这一市场的监管都会依旧的。这一市场仍然会变得非常活跃,不会被取消的。

金融衍生品市场的惹祸并不妨碍它在现阶段人类社会的继续存在,现在,人类的生存能力虽然已经较高了,但终归是有限的。而这种毕竟有限的生存能力直接决定不能消除金融衍生品市场。问题的关键在于,在现阶段,生产资料在社会生产中占支配地位和起主要作用,人类的生存要求必须保护好所有的生产资料,而对生产资料最好的保护就是赋予占有生产资料的人以生产资料资产收益权,也就是要客观地允许社会剥削的存在,允许各种各样的投资者获取资产收益。而正是由于存在这种客观的允许,由现阶段人类的劳动生存能力决定,在世界各地,还要继续发展金融衍生品市场,还不能消除金融衍生品市场的存在。

更进一步讲,现阶段人类劳动发展水平决定存在的人的剥削贪欲也是需要在某种程度上给予社会理性保护的。这种剥削性的贪婪,也是现代社会发展的一种推动力。正是由于存在这种贪婪，人们总是希望自身的生存能力越来越强，生活越来越有保障，这种生存在虚拟经济中的金融衍生品市场才会越来越发展，更好地满足人们的剥削性的贪婪。

此次 21 世纪的国际金融危机被称为金融海啸，即由金融衍生品市场泛滥引发的金融海啸，震撼了全球经济，造成全球经济巨大损失。这种现阶段还必须存在而不能消除的市场具有极大的经济能量，通过世界各地的报道，我们就能知道这次由金融衍生品市场的全球扩张引发的金融海啸的危害性有多么大。

2008 年 9 月 27 日，来自中国经济网的综合报道指出："金融衍生品有分散风险功能也有放大风险作用，极具两面性，华尔街投行对金融衍生品的过度创新，加大金融风险和波动。监管层对金融衍生品和金融创新监管不力也难逃罪责。此次金融危机已引发全球对金融衍生品的反思。美国金融危机似乎有愈演愈烈之势。2008 年 9 月 26 日全美最大的储蓄及贷款银行——总部位于西雅图的华盛顿互助银行被美国联邦存款保险公司（FDIC）查封、接管，华盛顿互助银行设立于 1889 年，涉及资产 3070 亿美金，它的倒闭成为美国有史以来最大的一桩银行倒闭案。而本轮金融危机的导火索则是华尔街所创造的金融衍生品——住宅抵押贷款支持证券（MBS），由此引发了对金融衍生品及其监管的思考。"①

澳大利亚受到金融海啸的强烈冲击，迅速做出反应对策。国际金融危机来到之后的 2008 年 11 月，媒体报道："澳大利亚央行 4 日宣布，下调基准隔夜拆借利率 75 基点至 5.25%。降息幅度大于市场预期的 50 基点。9 月份以来，澳央行累计降息 200 基点。目前，澳大利亚隔夜拆款利率目标已降至 2005 年 3 月以来的最低水平。9 月份澳大利亚央行进行了 7 年来的首次降息，当时降息 25 基点。10 月份在全球主要央行联手降息的前一天，澳央行又率先将基准隔夜拆款利率下调 1 个百分点。此次降息幅度大于市场预期，表明人们对经济前景的担忧加剧。澳央行在声明中表示，澳大利亚经济前景比此前预期要糟糕。经济衰退趋势已经从美国等发达经济体传递到

_____

① 《美国金融危机所引发的金融衍生品全球反思》，中国经济网，2008 年 9 月 27 日。

其他经济体。目前澳房地产价格、零售价格都出现了三年来最大幅度的下降。此外，通胀水平下降是促成澳央行降息的原因。澳央行表示，尽管近来澳元贬值将减缓通胀下滑的速度，但经济放缓将保证通胀最终下行至央行目标内。澳财长斯万（Wayne Swan）在央行下调利率后表示，澳大利亚经济不会在 2009 年陷入衰退。澳政府将在 10 日前后公布最新的经济和预算数据。市场人士认为，澳央行此次降息幅度超过预期，将增大英国央行和欧洲央行本周大幅降息的预期。而且，如果经济形势继续恶化，澳央行可能会再次降息，预计利率底部在 4% 。"①

俄罗斯近年来经济发展很快，但遇到这一次的波及全世界的金融海啸，也是无力抗拒的，只能采取应对措施。2008 年 10 月 14 日，媒体报道："尽管俄罗斯两大股市周一开盘后继续暴跌，俄罗斯政府总理普京相信'俄罗斯有现实的能力抵御金融危机'，他确信'俄罗斯不是凭空而是确实有这些能力'。普京 13 日在政府主席团会议上要求加快落实决定采取的克服金融危机的措施。他同时提请成员们注意'政府划拨资金的使用问题'。普京指出，资金并不是总能够到达最终的需求者那里，这是所有金融体系存在的问题。俄罗斯联邦委员会 13 日还批准了《支持俄罗斯金融体系额外措施》法，修改了《俄罗斯联邦中央银行法》和《俄罗斯联邦自然人存款保险法》。这些法律规定了为保障俄罗斯金融体系稳定采取的一系列紧急措施。俄罗斯副总理兼财长库德林表示，不排除再次研究向银行提供额外补贴贷款的问题。库德林 12 日在华盛顿国际金融研究所会见投资者时表示，俄罗斯不会出现大规模银行倒闭的现象。他表示，俄罗斯政府密切关注小型银行的稳定状况。这些银行同大型信贷组织不同，不持有大量股票。这些银行向中小型企业发放的贷款，没有像大型银行所持有的股票一样贬值。库德林同时承诺，政府将支持私有银行，并向他们提供流动性。为稳定金融市场，俄罗斯已经向俄罗斯各银行提供总计 9500 亿卢布的补贴贷款。库德林 13 日在政府主席团会议上介绍了赴华盛顿参加'八国集团'和'二十国集团'会议的情况。他同美国、英国、巴西等国的财政部部长以及美联储

---

① 卢铮：《三个月内三次降息 澳央行下调利率 75 基点》，《中国证券报》2008 年 11 月 5 日。

主席讨论了稳定金融市场的问题，并交换了经验。在谈到俄罗斯的救市方案以及成效时，库德林感到庆幸，俄罗斯及时采取了必要的措施，在克服金融危机方面已经走在了一些国家的前面。"[①]

韩国自从成功地举办了 1988 年汉城奥运会之后，经济一直飞速发展，在经受亚洲金融危机一定的冲击后，经济更是强劲增长，势如破竹。但是，面对由金融衍生品市场泛滥引发的金融海啸，韩国感受到从来未有过的巨大压力。2008 年，中国新闻网 12 月 11 日电："综合外电报道，韩国央行周四宣布，将基准利率下调 100 个基点至 3%，降息幅度大于市场预期为历来之最，旨在抑制全球金融市场大幅振荡下本国经济进一步下滑的趋势。多位经济学家此前预计，韩国央行将把政策利率下调 50 个基点，并预计央行将进一步减息，可能会在明年上半年采取行动。韩国央行行长表示，由于受全球经济下滑影响，韩国出口近期放缓，且不排除明年再次降息的可能性。他称，韩国经济增长或将在一段时间内大幅放缓，而通货膨胀料将于近期恢复至稳定水平。此外他预计，韩国央行周四减息 100 个基点后，市场利率将会下降。他还补充称，韩国央行将采取各种措施来稳定金融市场。韩国央行 10 月份以来已连续四次调低基准利率，从 5.25% 下调到目前 3% 的历史最低水平。此外，韩国 11 月份总体消费者价格指数（CPI）较上年同期增长 4.5%，增幅较 10 月份的 4.8% 有所减缓。"[②]

在 2008 年，当时日本还是经济总量排名世界第二的国家，仅次于美国；因而，遭受此次 21 世纪国际金融危机的打击，也是仅仅次于美国。2008 年，国际金融危机爆发后，中国新闻网 10 月 30 日电："据共同社等媒体报道，日本政府和联合执政党 30 日下午召开会议，拟定应对全球金融危机的追加经济对策。麻生太郎首相 30 日晚间举行记者招待会，亲自公布了追加经济对策，并表明在股价和汇率急剧波动的情况下，全力致力于振兴经济的决心。经济对策的财政支出新增 5 万亿日元左右，其规模相当于日本政府今年夏天拟定的总额达一万八千亿日元的综合经济对策的近 3 倍。具体内容将包括以现金或商品券的形式发放 2 万亿规模的补助金，为向资金周转困难

---

① 《全球金融保卫战升级 俄立法保障金融体系稳定》，东方网，2008 年 10 月 14 日。
② 《韩国央行降息 100 个基点至 3% 创历史最低水平》，中国新闻网，2008 年 12 月 11 日。

的中小企业提供援助，将进一步扩大金融机构的融资额度，实施以往最大规模的住房分期付款减税。"①中国新闻网 10 月 31 日电："综合外电报道，日本银行（日本央行）31 日决定将政策利率的无担保隔夜拆借利率从原来的 0.5% 降为 0.3%。为了稳定金融市场，防止实体经济下滑，阻止日元急升和股价继续大幅缩水。据报道，这将是日本央行自 2001 年 3 月以来首次降息。"②到 2009 年年初，此次危机对于日本的影响还在加重，中国新闻网 1 月 20 日电："据日本共同社报道，日本'投资信托协会'19 日公布统计数据显示，截至 2008 年年底日本股票型基金的净资产总额为 40.8 万亿日元（约合 3 万亿元人民币），较 2007 年年底大幅减少了 38.8%，跌幅为历史之最。据报道，此次大幅下跌是自 2000 年 IT 泡沫破灭以来的首次，全球股市暴跌以及日元走高导致外币结算基金账面价值大幅缩水。个人金融资产的减少可能会使消费进一步趋冷，对经济也会造成不利影响。尽管 2008 年股票型基金仍有 23627 亿日元的资金净流入（申购和赎回差额），但投资损失高达 283038 亿日元，是资产总额大幅缩水的首要原因。"③

欧盟是目前世界上最大的国际经济联合体。在遭遇由金融衍生品市场泛滥引发的金融海啸之后，为尽力减少损失，欧盟首脑会议决定 27 国联合出招应对金融危机。2008 年 10 月 15～16 日，"欧盟首脑会议在布鲁塞尔举行。与会 27 国领导人一致同意欧元区 15 国峰会于 12 日通过的应对金融危机战略，并呼吁全面改革国际金融体系，从而结束了在欧盟层面缺乏整体协调的局面。欧盟轮值主席国法国总统萨科齐在新闻发布会上表示，'面对史无前例的金融危机，27 个欧洲国家现在终于做出联合应对、整体应对'。根据峰会公布的有关材料与领导人讲话，欧盟联合行动方案可以归结为欧盟层面与世界范围两个层次。欧盟层面的主要措施，是对濒临破产的银行实行国有化，并对银行间的借贷提供政府担保。具体地说，一方面政府以购买优先股的方式向金融机构直接注资，另一方面由各国政府为金融机构新发行的中期债务提供担保。目前已有多个成员国根据这份行动计划出台

①《日本公布追加经济对策 财政支出新增 5 万亿日元》，中国新闻网，2008 年 10 月 30 日。
②《日本央行降低政策利率 0.2% 7 年来首次降息》，中国新闻网，2008 年 10 月 31 日。
③《日股票型基金净值去年缩水 38% 跌幅创新高》，中国新闻网，2009 年 1 月 20 日。

了本国的大规模救市方案，出资总额接近 2 万亿欧元，相当于美国 7000 亿美元救市基金的 4 倍。在此次峰会上，与会领导人还根据法国的建议，同意尽快成立欧盟应对金融危机机构。这是一个非正式预警机制，由萨科齐、欧盟委员会主席巴罗佐、欧洲中央银行行长特里谢、欧元集团主席容克组成。旨在促进成员国之间的信息交流，并在必要时对成员国的行动进行协调。本次峰会结论强调，有必要加强对欧盟金融领域的监管，特别是跨国银行，以便建立欧盟层面的监管协调体系。第一阶段，欧盟将至少每月一次，召集各国监管机构开会，交流信息。萨科齐还宣布，经过欧洲议会同意、欧盟委员会批准，从今年第三季度开始，欧盟金融机构停止实行'按市计价'准则。根据这一决定，银行等金融机构将不必再按当前市值记录资产负债表上的资产价值，允许金融机构将违约风险考虑在内对其资本进行估值，从而避免它们的资产价值在市场动荡中被过于低估而放大危机。此外，为了减少金融危机对整个经济的影响，欧盟决心采取一切必要措施控制需求下降与投资减少，支持欧盟企业发展。为此，欧盟领导人要求欧盟委员会在今年年底前推出相关举措。由于金融危机的全球化，欧盟领导人认为必须从全球层面入手才能避免危机重演。为此与会领导人一致呼吁在今年年底前举行世界峰会，即'八国集团'加上中国、印度等主要新兴国家参加的首脑会议。共商国际金融体系改革问题，赋予国际货币基金组织对全球层面的监管作用，以推动建立一个全新的'布雷顿森林体系'，即在'透明、团结、责任、一体化与世界治理'等原则基础上的国际金融新秩序。本月 18 日，萨科齐、巴罗佐将共同前往美国会晤美国总统布什，要求美国尽快对金融体系实行深入改革。"①

美国是此次国际金融危机的策源地。在布什政府推出一揽子 7000 亿美元的救市计划并开始实施之后，2009 年 1 月 20 日，新任总统奥巴马宣誓就职，立即采取行动，继续应对危机的挑战。"美国经济自 2007 年 12 月陷入衰退至今已 12 个月有余，成为上世纪 80 年代初以来美国经历的最长经济衰退。如果持续时间超过 16 个月，将成为上世纪 30 年代大萧条以来最长的一

---

① 李永群：《欧盟首脑会议决定 27 国联合出招应对金融危机》，人民网，2008 年 10 月 16 日。

次衰退。对于严峻的经济形势，奥巴马表示，应持有'现实的态度'，经济复苏不可能在一夜之间就实现，即使采取一些措施，形势在好转前也还可能会恶化。在奥巴马的敦促下，美国国会放行了7000亿美元金融救助计划余下的3500亿美元。众议院民主党人又提出了总额为8250亿美元的新的经济刺激计划。外界认为，这一系列计划将使奥巴马政府获得超过1万亿美元的可支配资金，为其拯救美国经济奠定基础。在8250亿美元经济刺激计划中，基础设施建设是获得资金分配最多的领域之一，划拨资金为900亿美元，包括道路、桥梁以及下水系统的修复等。此外，奥巴马还将在节能改造、学校设施大规模维修、医疗设备更新等方面进行投资。此外，经济刺激方案中还包括2750亿美元的税收减免。奥巴马团队已表示，这一刺激计划将创造300万－400万个工作岗位。对于7000亿美元金融救助计划中剩余的3500亿美元，奥巴马团队表示，将更关注为消费者和企业恢复信贷，而不是用纳税人的钱来为问题银行解困。从近期花旗集团及美国银行获救的个案可见，奥巴马政府倾向采用只替金融机构提供巨额担保这种较接近自由市场风格的手段，借此恢复投资者信心，吸引资金重新流入市场。"[1]

　　正是由于从现在到今后一定的时期内，人类劳动还是常态劳动的存在，人类的剥削变态劳动还存在，最典型地体现剥削性质的金融衍生品市场还存在，所以，在21世纪，即在21世纪还剩下的时间里，就全世界的范围讲，人类还难以完全避免发生国际金融危机。也就是说，除了这一次国际金融危机之外，在今后的日子里，全世界的人们还会遇到国际金融危机。可能引发危机的具体原因不同，但世界各地的金融衍生品市场的存在是相同的，金融衍生品市场创造的中间效用泛滥也会是相同的，即必然是出现了中间效用的创造超过了市场允许的适度性，才会再一次引起金融海啸，才会又一次让全世界的人们遭受国际金融危机的损失。而且，很有可能再一次的国际金融危机的破坏力会超过上述讲到的这一次国际金融危机的破坏力。但人们肯定还是希望，这种21世纪的国际金融危机不要出现或是来

---

① 卢铮：《奥巴马计划"强有力"拯救经济》，《中国证券报》2009年1月20日。

的少一些，造成的经济损失少一些。而要达到这样的一种无奈的有限目的，无疑需要现代的人们保持高度的社会理性，通过一切努力尽量保持金融衍生品市场的稳定，高度重视中间效用适度性原则，极力避免虚拟经济领域的中间效用创造泛滥，即要始终强化社会的有效管理不使这一领域的中间效用扩张破坏适度性的客观要求。

第十二章　取缔世界军火贸易

军火贸易是一种特殊的贸易，一般是在国家层面进行。所以，军火贸易是一种特殊的国际贸易，各国间的军火贸易构成世界军火贸易市场。与其他方面的国际贸易的中间效用创造的性质不同，军火贸易创造的是变态的中间效用，是由军火贸易劳动的军事变态劳动决定的变态中间效用创造。这种变态的中间效用创造具有极大的危害性，不存在市场适度性要求，而是其存在的本身不论多少都注定会对人类社会的安定和平造成威胁。因此，尽管是在世界上的军事变态劳动尚还兴旺存在之时，现代经济学的研究也要秉承高度的社会理性要求尽快取缔世界军火贸易的这种变态的中间效用创造。

一　现代战争已经威胁到人类生存延续

至 2017 年，现代战争的硝烟依然弥漫着叙利亚和伊拉克的上空。已经有很长时间了，这里的战争中既有叙利亚和伊拉克的本国部队在作战，也有美国、俄罗斯和其他一些国家的部队在打击恐怖主义的极端组织。此次战争中，据报道：叙利亚方面的武装部队多次使用化学武器，造成平民死伤的惨重后果，受到联合国的多次谴责和稽查。美国方面也动用了颇为先进的武器。2016 年，中国新闻网 9 月 4 日电，"据俄罗斯媒体报道，打击'伊斯兰国（IS）'反恐联盟美国总统特别代表麦格克（Brett McGurk）表示，美国近日首次用火箭炮系统打击了叙利亚 IS 阵地。据报道，麦格克称，美国当地时间 2 日从土耳其境内采用 M142 高机动性多管火箭系统（HIMA-RS），首次对'伊斯兰国'在叙利亚的阵地实施了打击。据了解，M142 高机动性多管火箭系统（HIMARS）研制于 1990 年代，21 世纪初进入美军服役，属于轻型快速反应的多管火箭炮系统，发射装置安装在车辆底盘。此前，美国国防部证实，由其主导的打击极端组织'伊斯兰国'国际联盟在叙利亚境内对'伊斯兰国'发言人阿布·穆罕默德·阿德纳尼实施了定点清除行动，此次针对阿德纳尼的定点清除发生在叙利亚阿勒颇省，美军目前仍在评估此次军事行动的结果"[①]。2017 年 7 月 9 日，伊拉克政府宣布，被极端组织"伊斯兰国"盘踞 3 年之久的本国第二大城市摩苏尔"完全解放"，标志着这场反恐战争取得了重大的进展。但是，这场战争还在继续，人民还在饱受着战争苦难。据联合国调查，在这场战争中，仅摩苏尔老城就有 5536 栋建筑物遭到损毁，其中有 490 栋建筑物被完全破坏，有近百万人口流离失所，生活苦不堪言。

而在这之前的伊拉克战争更是现代战争的典型范例。那是一场以英美军队为主的联合部队在没有得到联合国授权的情况下于 2003 年 3 月 20 日对伊拉克发动的军事行动，美国以伊拉克藏有大规模杀伤性武器并暗中支持恐怖分子为由，绕开联合国安理会，单方面对伊拉克实施军事打击。一般认为这是美国借反恐时机，以伊拉克拒绝交出子虚乌有的生化武器为借口，趁机清除反美政权的一场战争。由于这次战争实际上是 1991 年海湾战争的继续，所以，这次战争也被称为"第二次海湾战争"。到 2010 年 8 月美国战斗部队撤出伊拉克为止，历时 7 年多，美方最终也没有找到所谓的大规模杀伤性武器，反而找到萨达姆政权早已销毁的文件和人证。至 2011 年 12 月 18 日，美军全部撤出伊拉克。由于伊拉克战争使用了大量的美国现代化新式武器，加上美军使用的武器费用非常的高昂，这场战争也被称为浪费钱的战争。一般认为，美国铲除伊拉克政权，实质就是维护美元霸权的地位。这次战争再次诠释了高科技是现代军队发展和军事实力的重要支柱。这场战争伤亡惨重，大约共有 20 万伊拉克平民伤亡，而美国士兵也死亡 4076 人。

---

① 《俄媒：美国首次动用火箭炮打击叙利亚 IS 阵地》，中国新闻网，2016 年 9 月 4 日。

而在 1979～1989 年，苏联为了夺得西亚地区的资源以及进一步威胁中国及抗衡美国在该地区的势力，发动了对阿富汗的入侵，战争初期苏军迅速解决了阿富汗正规军，但之后的游击战使苏联深陷泥潭，阿富汗游击队在美国的暗中支持下给予苏军沉重的打击，苏军在付出惨重的人员伤亡及物质损失后不得不撤出阿富汗。这是又一场令人恐怖的现代战争。

在 1980～1988 年，世界上爆发了两伊战争，即伊朗和伊拉克之间的战争。在美国的挑拨离间下，伊拉克发动了对伊朗的全面战争，双方互有攻守，战争历时 8 年，造成超过 100 万人的重大伤亡及巨大的财产损失。伊拉克的国力开始衰退，当年全球数一数二的富国地位不复存在。

1990～1991 年，爆发了第一次海湾战争。刚刚结束了 8 年残酷的两伊战争的伊拉克人民在还没有弄明白发生了什么事的情况下又被推入新的战争旋涡。起因是 1990 年 8 月 2 日，伊拉克发动了对主权国家科威特的入侵，在联合国谴责决议被无视后，以美国为首的联合国多国部队于 1991 年 1 月 17 日对科威特境内的伊拉克部队及伊拉克本土军事设施展开打击，至 2 月 28 日，科威特全境光复。此战伊拉克损失 10 万余人及无数武器装备，而多国部队仅仅付出了伤亡 300 多人的代价，现代战争从此发生翻天覆地的变化。对伊拉克长达 14 年的经济制裁开始，伊拉克人民的苦难也从此开始，直到现在仍在遭受国际制裁。

1992～1993 年，前南斯拉夫发生内战。这种因种族仇恨而导致的战争是人类的莫大悲哀。大规模的种族屠杀与灭绝在这场战争中成了家常便饭。战争导致国家的分裂，斯洛文尼亚、克罗地亚、波斯尼亚和黑塞哥维那、马奇顿宣告独立，南斯拉夫社会主义联邦共和国从此不复存在。

1998～2000 年，非洲国家埃塞俄比亚和厄立特里亚发生了一场边境战争。这也成了现代战争中令人难忘的一幕。

1999 年 3 月 24 日至 6 月 20 日，美国借口南科索沃问题，在没有联合国授权的情况下，纠集北约部队发动对南联盟的空袭。结果，南联盟屈服，撤出科索沃，美国夺得在巴尔干地区的控制权，俄罗斯的势力被进一步挤压出该地区。

2001 年，在"9·11"恐怖袭击后，美国迅速做出反应，发动对阿富汗塔利班的攻击，在反塔利班武装的支持下，美英盟军推翻了塔利班政权，并成功扶植了阿富汗新政府。至此，美国在西亚的战略进一步成功，直接将武装力量插进中国及俄罗斯的后院。

2017年7月11日，中国中央电视台报道：已经打了40年的哥伦比亚内战有望结束。在这场内战中，有22万哥伦比亚人死于战火之中，有数百万人被迫逃离家园。

然而，以上记载的现代战争还都是局部战争和常规战争。真正让现代人感到恐怖和不安的是世界大战，是高科技战争，是核战争。也许，有的人觉得核战争距离我们还很远，毕竟自从1945年日本挨了美国扔的两颗原子弹之后，就没有再发生过使用核武器的情况。20世纪50年代朝鲜战争中，不是美国也没有再使用原子弹吗？20世纪70年代中苏两国打了起来，不是也都没有使用核武器吗？但是，我们要知道，不用说进入21世纪以来，朝鲜屡屡进行核试验，搞得半岛局势始终得不到安宁，就是在已经过去的20世纪里，人类也是几次差点儿就要再次尝到核武器的滋味。

据报道："1962年10月14日到10月28日，古巴导弹危机持续13天。按照哈佛大学教授、肯尼迪总统特别助理小施莱辛格的说法，'这不仅是美苏冷战年代最危险的时刻，而且是人类有史以来最危险的时刻'。危机过去几十年之后，当得知俄方解禁的绝密档案披露出的惊天内幕时，原肯尼迪政府国防部长麦克纳马拉极度震惊，险些从办公室的椅子上跌落。美方的几个没想到差点令人类经历一场空前浩劫。首先，美国严重低估了苏军在古巴部署的总兵力以及古巴军队的数量和装备水平。1962年10月20日下午向总统汇报情况时，麦克纳马拉估计，苏联在古巴大约有6000到8000名军事技术人员。实际上，当年苏军总参谋部决定在古巴部署50847人。驻古巴苏军战斗序列是战略火箭军第43师，由5个中远程导弹团组成。为了护卫战略导弹部队，苏军还部署了4个摩托化步兵团，总兵力1万余人，配备T-54坦克124辆、水陆两栖坦克12辆、装甲车280辆、反坦克导弹发射器36座、喀秋莎多管火箭炮40门，射程50公里的'月神'短程导弹60枚。在美国情报部门看来，卡斯特罗的古巴军队只是山沟里的游击队，战斗力基本上可以忽略不计。实际上，古巴正规军兵力27万，配备苏式T-

54 坦克 394 辆，高射炮 888 门，重型火炮和重迫击炮近千门，地对空导弹 180 枚，短程巡航导弹一个连，作战飞机 41 架，鱼雷快艇、猎潜艇 13 艘，战斗力相当强悍。由于艾森豪威尔奉行'大规模报复战略'，肯尼迪继承了一支拥有强大的战略核打击能力，但是常规作战能力薄弱的军队。当年美军缺乏常规弹药，而且没有足够的登陆舰运载大量坦克登陆。根据参谋长联席会议的作战部署，攻击古巴的地面部队只有 4 个师，总兵力 12 万左右。从双方地面部队的兵力和坦克数量看，美军处于明显劣势。其次，美国严重低估了苏联在古巴部署的核弹头数量以及动用战术和战略核武器的可能性。美军空中侦察发现，苏联在古巴部署了中远程导弹发射器以及战略和战术导弹。据此，美国决策者假定核弹头已经运抵古巴，否则冒险部署大量中程导弹毫无意义。但是，美方始终无法确切证实是否存在核弹头，对苏方动用核武器的可能性同样缺乏了解。美军高层认为，凭借常规武器即可取得攻击古巴的胜利，陆军部队没有必要配备战术核武器。美军地面部队甚至没有做好防范苏方首先使用核武器的充分准备。美方高层不知道的惊天内幕是，苏联不但已经在古巴部署了配备核弹头的中程导弹，而且还部署了 100 余件战术核武器，足以令攻击古巴的美国陆海军部队瞬间全军覆没。根据俄方解禁的绝密档案，在战略核武器方面，苏联已经在古巴部署了三个中程导弹团，24 座 SS－4 中程导弹发射器，共有 42 枚导弹，射程 2080 公里，可以打到华盛顿和纽约，配备核弹头 36 个，每一个核弹头的爆炸威力是广岛原子弹的 71 倍。"[①]现在回首往事，美国人认为，在 1962 年的古巴导弹危机中，美苏两国对峙，能够使人类避免一场核浩劫，基本上全是靠"运气"。

　　1967 年 6 月 5 日至 10 日，第三次中东战争震撼了世界。在这场被冠以"六日战争"别称的战争中，以色列不仅挫败了阿拉伯国家联军，从一个为生存而战的小国转变为地区强国，而且又一次使人类幸运地避免了核战争的爆发。"以色列退役准将雅科夫（左）与美国学者阿夫纳·科恩 2009 年在特拉维夫见面，'参孙计划'的部分内情经前者之口曝光。第三次中东

---

①　陈伟：《古巴导弹危机"内幕"令美国后怕》，《环球时报》2017 年 4 月 20 日。

战争前夕，以色列曾密谋对埃及使用核武器。虽然蘑菇云并未真正升起，但当事人的回忆和最新披露的文件指明了一个事实：早在 50 年前，以色列就迈进了'有核国家'的门槛，由美、苏、英、法、中执掌的'核俱乐部'首次迎来了'不速之客'。"[①] 在这场战争中，被称为"参孙行动"的以色列秘密作战计划，就是一个打算使用核武器的计划。因当时订下的只是"万不得已之下的对策"。由于开战后以色列军队在数小时内就击溃了埃及军队，这才使得蘑菇云没有在西奈半岛升起。自那之后，虽然有关"参孙行动"的一切被封存在亲历者的头脑与机密档案中，仿佛从未存在，但这一计划存在的本身可以直接让全世界的人们感受到核战争的危险。

在第三次中东战争之后，"1983 年，世界又一次被推到核战争边缘。与古巴导弹危机不同的是，在引起苏联误判的事态平息前，西方国家并不知道自己已身陷危机。冷战时代的故纸堆中再度浮现起令人胆寒的信息——1983 年年底，由于莫斯科误判形势，核爆炸的蘑菇云险些在欧洲诸国升起，惹出麻烦的英美却对这场危机后知后觉。据英国《卫报》消息，英国政府根据《信息自由法案》，将涉及一场名为'优秀射手'的军演的历史资料解密后，公众才意识到，这场过分逼真的演习距真实的核战争咫尺之遥。'核信息服务'是一个旨在反对核扩散的民间团体，阅览所有文件后，该组织负责人彼得·伯特感叹：'有时，冷战被描述为一种稳定的东西方'力量均衡'，但'优秀射手'的故事显示，它实际上是一段令人震惊的危险期：世界不止一次被推到毁灭的边缘。'惟一令人欣慰的是，这次罕见的险情，促使西方开始认真考虑与苏联建立危机协调机制的可行性"[②]。

现在只能说，万分幸运的是，第二次世界大战之后，人类社会没有迎来第三次世界大战，也没导致核战争的发生。1983 年的欧洲逃脱了核武器的降临，是冷战期间的最后一次大规模核危机。但是，人人都明白，核战争没有爆发不等于核威胁不存在，现在世界各国仍部署有数以千计的核弹，人类社会实际面临着根本无法承受的核战争威胁。恐怕，稍有不慎，生活在地球上的人类就要遭受到核战争的毁灭性打击。1984 年 4 月 30 日，来中

---

① 史春树：《50 年前，以色列密谋对埃及使用核武器》，《青年参考》2017 年 6 月 21 日。

② 史春树：《1983 年，核战争险降临欧洲》，《青年参考》2013 年 12 月 25 日。

国进行国事访问的美国里根总统在上海的复旦大学发表演讲时说："我们生活在一个动荡的世界上，美中两国都是伟大的国家，对减少战争危险都负有特别的责任。我们双方一致认为，为了使人类宝贵的文明能够在当代不毁于一旦，只有一种政策是合理的，那就是，永远不打那种谁也打不赢的核战争。"[①]

核武器的厉害是让每一个人胆战心惊的，不论他是总统还是平民，都是一样的。"目前人类有记录的最大当量氢弹试验，最可靠的一次是美国在太平洋试验过的1000万吨当量氢弹（1954年2月28日，美国在比基尼群岛爆炸了这枚千万吨级以上的氢弹（1000万–1500万吨当量），爆炸造成大气环流异常），试验岛屿整个被蒸发掉，大量海水蒸发升空并携带大剂量核污染以降雨的形式落下，招致全世界谴责，那年气候异常。而赫鲁晓夫声称1961年10月30日晨9时27分，苏军在北极圈内的'所谓'新地群岛投下的一枚试验氢弹当量达到5000万吨以上，后被西方的侦测数据分析后否定，认为是一种冷战恫吓，如若在新地群岛爆炸的那枚氢弹，真是5000万吨当量的话，那将不是核试验而是核宣战，因为5000万吨当量氢弹在北冰洋中爆炸产生的海啸，将猛烈冲击北极圈内多个国家，并且对北极冰盖造成不可修复的永久性'恶劣后果'，比如不可想象的放射性污染随着海水的蒸发和爆心周围大范围冰盖融化并蒸发，最后在北极以降雪的形式重新落在北极圈不可预知的位置，大量北极圈生物死亡，而加拿大、芬兰等北极国家将面临大灾难。"[②] 这样大的核弹爆炸威力所能起到的就是毁灭人类生存的作用。

如今，美国已将三处过去的核基地改造成国家公园对民众开放。2015年，新华网"北京12月22日电 美国'辐射污染最严重'的核武器生产基地揭去神秘面纱，成为美国最新国家公园，让公众了解美国核武器研发历史。汉福德核工厂坐落于华盛顿州，位于首府西雅图东南大约300公里。第二次世界大战中，为抢在纳粹德国之前造出原子弹，美国于1941年启动'曼哈顿工程'。这一项目下，汉福德核工厂于1942年建立，田纳西州的橡

---

① 范进忠：《邓小平与里根的外交博弈》，《文史精华》2017年第2期。
② 《美苏冷战时期骇人氢弹试验 瞬间造成8.0级以上地震》，中国新闻网，2010年6月17日。

树岭国家实验室和新墨西哥州的洛斯阿拉莫斯国家实验室次年创建。据新华国际客户端了解，三处核设施中，橡树岭国家实验室负责铀浓缩，汉福德核工厂生产钚，洛斯阿拉莫斯国家实验室用这些核原料组装原子弹。今年11月，美国政府正式建立'曼哈顿工程国家历史公园'，涵盖这3处设施。它们从而成为美国最年轻的国家公园。美国能源部汉福德国家公园项目经理科琳·弗伦奇说，1943年开始，超过5万人陆续从全美各地来到这个绝密基地工作，但是很少有人知道工作的性质。核工厂附近里奇兰镇的300名居民被搬迁，这个镇成为厂区员工的生活区。汉福德国家公园工作人员奇普·詹金斯说，把这些核设施定为国家公园的目的就是要给游客讲历史，讲当年参加原子弹研发的科学家和工人的故事。汉福德核工厂总共建造了9座核反应堆，冷战期间继续为美国生产核武器所需的钚。1987年，这里关闭了最后一座核反应堆。生产已经结束，但历史'遗产'仍在。这些反应堆共产生超过2亿公升的放射性液体废料，美联社把这里称作美国核辐射污染最严重的区域。汉福德的177个核废料存储罐早已超过20年的使用期，其中不少发生过泄漏，估计共泄漏378万升放射性液体。现在，美国政府每年要花超过10亿美元用于清理核废料；数以千计的科学家和工人仍在这里工作，研究和应用核废料处理新技术。正式成为国家公园前，汉福德核工厂2009年开始对公众开放。公园管理方今后将保留既有参观线路，正在规划新线路，希望游客数量能大幅增加。弗伦奇说，游客不必担心受到核辐射，因为核废料存储区不对外开放。'这里一切都很干净，非常安全，放射性物质都在好几公里外。'"①

　　人们将位于图森市现在对民众开放的保留着一处导弹发射井的美国过去的核导弹基地称为"世界末日博物馆"。讲解员告诉参观者，只要是核战争打起来，那么对抗的双方的结果只能是同归于尽，包括双方的核导弹发射部队在内没有人能够活下来，因为双方都知道对方的发射地点，双方都首先要摧毁的就是对方的发射核导弹的装置。因此，在那里参观过的人都明白：这座"'世界末日博物馆'就像一尊特殊的纪念碑，它告诉后世：人

---

① 刘学、王晶：《美国"辐射污染最重"核武器基地变国家公园》，新华网，2015年12月22日。

类文明的造物（核武器），可以终结人类文明本身"①。所以，面对现实的各个有核国家拥有的数千枚核弹头的战争威胁，没有哪个人不是不寒而栗。现在的时代无疑是人类社会不曾有过的最好时代，也无疑是人类社会从未经历过的最恐惧的时代。每一个人都知道，在这一时代，人类战争的发展已经威胁到了人类生存的延续。

二　21 世纪应是消灭战争的起点

2017 年，在中国，越南作家保宁于 1991 年出版的越战小说《战争哀歌》中译本出版了。这是一部揭示人文主义与反战传统的渊源并进而论述其对亚洲和平意义的作品。《战争哀歌》自 1993 年开始陆续被翻译成 15 种语言，在世界上造成巨大轰动，越南国内外自然都有学者对其进行研究。那么，保宁为什么要写这样的一部作品呢？在 1994 年，保宁已明确地回答了这个问题。他在接受记者坦普尔采访时说明他创作《战争哀歌》的初衷："我当时就是想表明我对战争的看法，想创造一种新的文学概念，而这种概念也可以追溯到我们的文学传统中。那是一种人文主义的传统，存在了千余年之久，但后来却被我们丢掉了。在过去的 40 年间，我们的文学主要是追随苏联和中国的模式。"

保宁在自己的这部没有追随苏联和中国的模式的小说中直接地说出了心里话："没有什么比和平更珍贵，没有什么比战争更可怕。我最大的愿望就是将战争从人类社会中彻底铲除出去。"这句话既是作者的心声，也可以代表 21 世纪人类的共同心声。

到了现今，所有的人都应该清醒地认识到：没有战争，就没有人类的今天；不消灭战争，就没有人类的明天。人类已经走到了关乎自身命运的转折点上，人类不能不消灭战争，而 21 世纪就应该成为人类消灭战争的起点。

虽然美国已将三处过去的核武器研究和制造基地改造成了国家公园对

---

① 史春树：《美核导弹基地揭秘》，《青年参考》2016 年 10 月 19 日。

民众开放，但是"美国的核力量现在是世界第一，毫无争议，无论从数量上，质量上，备战状态上都是如此，而且其他国家想要追赶，还要很长时间。更令人担忧的是美国的反导技术，上世纪 90 年代到 21 世纪初，美国到处推销 TMD 系统，说是搞'战区导弹防御'，搞出来了爱国者 3 和 THAAD 两种导弹，如今已经满世界卖，甚至要放到中国的门口。同时，海军的标准 3 导弹、国防部导弹防御局的 GBI 导弹都具备中段拦截洲际导弹能力。此外，美国近期还准备重新启动之前因技术问题被放弃的多弹头反导系统，这些都表明美国的反导系统正在日趋成熟，绝不能因为这一系统目前看似效率低，价格高昂就放松警惕。可以说，美国现在已经是世界头号攻防兼备的、最强大的核超级大国，没有之一"[1]。

除了核武器领先，与其他一些国家一样，美国现在还积极地研发绿色环保武器。"让装备'少喝油、多吃素'。针对'石油依赖'，美军在《作战能源战略》中提出，未来几年内要确保飞机、舰船、车辆和各类保障装备都能使用可替代燃料，主要包括用大豆油为战机作燃料、在战斗区域使用太阳能、研制氢动力的小型飞行器等环保措施。近 5 年来，美军共投入 1.31 亿美元研发军营节能技术，并逐步用高效能燃料卡车替代高机动多用途轮式车辆，将高效能涡轮发动机应用于下一代远程轰炸机，以减少矿物燃料消耗。"[2] 这就是说，未来的战争也要求环保，尽力减少不可再生资源的消耗。

同时，各个国家还在加紧研制与核武器完全相反的非致命武器。这种做法也是一种颠覆性的行为。因为人类使用现代武器进行战争已有数百年，各色现代武器的终极目的只有一个就是更好地消灭敌人。提高武器性能的目的也只有一个，就是使其杀伤力更强。现在，当一些人们还在讨论航母、四代机甚至核武器等大杀伤力武器时，另一种改变战争打法的武器已经悄然出现，这就是以非致命武器、定向能武器、动能武器和无人化武器为代表的新概念武器正走上人类的战场。这是继冷兵器、热兵器和核武器之后，依托新的技术手段和新毁伤机理的新概念武器构建的人类战争兵器发展史

---

① 席亚洲：《世界战略核力量将失衡 "东风"将何去何从?》，观察者网，2016 年 5 月 2 日。

② 田武洲、魏庆：《各国竞相研发绿色环保武器》，《解放军报》2017 年 3 月 31 日。

上又一里程碑，正在改写未来的作战模式。因此，有专家指出："战争的制胜之道，正在从毁伤性转而提升到操控性。新一轮的科技变革正在带来神奇的多种可能性。"① 这就是说，战争还要继续，只不过不要再杀得你死我活，更不要搞得同归于尽，只要能够战胜对方就可以了。

如此的环保战争意识，如此的非致命性武器的研发和运用，并不代表人类对于自身和自身历史认识的进步，而是相反地映现出人类至今在认识战争方面的愚昧或是说不可理喻。战争是什么？传统观念认为：战争是社会矛盾斗争表现的最高形式与暴力手段。战争是一种集体、集团、组织、民族、派别、国家、政府互相使用暴力、攻击、杀戮等行为，是敌对双方为了达到一定的政治、经济、领土的完整性等目的而进行的武装战斗。由于触发战争的往往是政治家而非军人，因此战争亦被视为政治和外交的极端手段。一般说，战争带有抢掠性，即战争来源于抢掠。在一方的生存资源不足时往往以此为动机对一方进行抢掠，如同动物一样，而被抢掠方认为自己是自卫反击，因而两种为生存而拼命的力量碰撞在了一起就形成战争这种极端的社会暴力现象。然而，在20世纪末的创新的哲学社会科学研究中，已经将人类对于自身和自身历史的认识向前大大地推进了一步，从根本上认识到：战争就是人类军事变态劳动的疯狂。人类劳动自起源至今都是常态劳动，常态劳动是带有动物性的劳动，常态劳动是人性的正态劳动与动物性的变态劳动的统一，动物性就是指动物的生存方式在人类社会的延续，变态劳动包括暴力性的军事变态劳动和寄生性的剥削变态劳动。一部人类社会的历史就是一部人类军事变态劳动疯狂的战争史。从生存的角度和劳动的角度，人们不难理解战争。问题只是在于，经过了20世纪的新技术革命，人类已经打开地球生存空间的封闭性，人类已经进入可以形成一个命运共同体的21世纪，人类的理性必须认识到消灭战争的必要性和紧迫性。不管是核战争还是环保战争和使用非致命武器的战争，都没有必要再打了。人类必须创新哲学社会科学的认识，即必须做到认识自身和自身历史的与时俱进，用新的理论解决人类目前的战争困境。必须认识到：

---

① 郭继卫：《非致命武器：魔法战争走进现实》，《解放军报》2017年3月17日。

为了人类的生存延续，到了社会主义社会发展阶段，人类就不再需要依赖于一定的动物的生存方式保持自身的生存了，而且，战争的存在已经对人类的生存造成了严峻的威胁，这个时候，人类就不能不消灭战争了。可以说，到了这个时候，不消灭战争，人类就无法继续生存延续下去。

20 世纪发生了两次世界大战，每一次都将人类社会拖向毁灭的边缘。这是 19 世纪的人们没有看到也没有体验到的，却是 20 世纪的人类大多数遭受的真实的苦难。与战争相比，剥削的苦难算什么？战争是对每一个人的生命的直接威胁。在战争中，人们没吃没喝，还随时都会没有了性命。那种战争的恐惧，是任何没有经过战争的人不可体会的。在第二次世界大战中，从欧洲到亚洲，从大西洋到太平洋，先后有 61 个国家和地区、20 亿以上的人口被卷入战争，作战区域面积 2200 万平方千米。据不完全统计，战争中军民共伤亡 9000 余万人，直接经济损失 4 万多亿美元。在德国纳粹的集中营中，有数百万犹太人遭到残酷的屠杀，那里成了不折不扣的人间地狱。而迫使日本投降的两颗原子弹爆炸，也使得 30 多万日本平民失去了生命。战争就是人世苦难，战争现已是对人类生存延续的最大威胁。两次世界大战之后，世界并没有平静下来，而是接续地又爆发了一系列的局部战争，而每一次的局部战争又都夺取了众多的士兵和平民的生命，对世界造成了无尽的苦难和损失。看到战争的破坏，人类才真正知道了在物质生活富裕起来之后最最需要的是什么了，问任何人，他们都会说最最需要的是和平，而不是共同的富裕。没有和平，一切的一切都是没有意义的。共同的富裕会被无情的炸弹炸得粉碎。原子弹爆炸的蘑菇云是每一个人内心里无法抹去的阴影。2016 年，美国总统奥巴马到日本广岛访问，看到了当年原子弹爆炸的遗址，但也无法表示道歉，因为这就是战争，战争就是极其残酷的。相比日本侵略军给亚洲各国人民造成的苦难，广岛人民遭受的苦难还是不足以相比的，当然，是当年的战争迫使广岛人民付出这样的代价的。所以，经历了 20 世纪战争的磨难，20 世纪末的哲学社会科学研究的理论创新认识当然要将消灭战争摆在消灭剥削之前，要把消灭战争作为科学社会主义的第一位要求，而再也不能讲社会主义仅仅就是为了消灭剥削，为了共同富裕。现在，经过了新技术革命，人类社会的发展已经不是 19 世纪可以同日而语，人类社会走向了 21 世纪，人类社会的物质文化生活已经极大地丰富了，已经进入了网络化的智能时代。但同时，人们还要感受到高科技战争的恐惧，还要现实地受到各种恐怖主义的威胁。"9·11"飞机撞大楼的恐怖是 21 世纪所有的人在心里永远存在的炙灼的烙印。其实，在这个高科技的智能时代，战争已经走到了自己的反面，走到了需要消灭战争的时代。战争的实质就是消灭敌人保存自己，而要是真正打起高科技战争，那结果只能是同归于尽。若是那样，还能够再打仗吗？还需要战争吗？对此，即使是战争的创新和变通也不行，环保的战争也还是军事劳动变态，使用非致命性武器的战争也还是要造成人间的苦难。所以，到了 21 世纪，任何具有一定理性的人都会说不要战争，不要一切战争。而创新的哲学社会科学研究能够回避这个尖锐的问题吗？当然也是不能的！目前，世界上拥有的核武器，已经可以炸掉三个地球，如果人类还要让战争盲目地发展下去，科学社会主义理论还只是讲要实现共同富裕，那人类的前景不是岌岌可危吗？所以，创新的哲学社会科学理论研究必须科学地解答这个问题，必须将消灭战争列为科学社会主义的首要任务。只有这样，社会主义理论才能是真正科学的理论，才能是人民真正需要的理论。而人类社会只有依靠实现科学社会主义，才能摆脱毁灭自身的危险，保持人类的生存延续下去。所以，正是在这个意义上，20 世纪末创新的哲学社会科学理论坚定地明确指出：社会主义是人类的根本出路，21 世纪应是人类消灭战争的起点。

三　消灭战争要从取缔世界军火贸易做起

人类要消灭战争，目前能做到的，就是要取缔世界军火贸易。这是在人类消灭战争的起点上需要做的事情，也是为人类消灭战争而可以做到的一件实实在在的事情。像禁毒一样，禁止世界军火贸易，取缔一切国际军火交易，是迫切需要的。因为世界军火贸易早就成了世界各地爆发战争的导火索和推动力。所以，人类要想在不久的将来彻底地消灭战争，就需要从目前的最具体的取缔世界军火贸易做起。从现代经济学研究的角度讲，这就是要求全人类尽快取得共识，在全世界的范围内，不再允许军火贸易这种中间效用创造出现。

众所周知，世界军火贸易市场是一个巨大的交易市场存在，有许多的国家都介入了这一市场中去。2015 年，据"美联社 3 月 8 日报道称，由于对伊朗野心的担忧加剧了中东地区的紧张局势，沙特阿拉伯已经超过印度，成为 2014 年世界上最大的武器进口国。据全球军火贸易主要咨询公司 IHS 简氏咨询公司称，2014 年沙特的军火开支增加了 54%，达到了 65 亿美元，而印度则进口了价值 58 亿美元的军火。IHS 估计，根据计划交付的军火，沙特今年的进口额将增加 52%，达到 98 亿美元。报告的作者本·穆尔斯说：'这绝对是前所未有的。大家都看到了整个地区的政治分裂，而与此同时，他们有石油，这能使这些国家武装自己、保护自己以及按照他们的意志来决定地区的发展走势。'圣母大学克罗克国际和平研究所政策研究中心主任戴维·科特赖特说，由于担心中东地区地缘政治的变化，沙特正在壮大其军火库，而美国也力图在打击'伊斯兰国'组织过程中寻找帮助。中东军火市场不断壮大的最大受益者是美国。去年美国向该地区出口了价值 84 亿美元的军火，高于 2013 年的 60 亿美元。沙特阿拉伯和阿拉伯联合酋长国去年合计进口 87 亿美元的防务系统，超过西欧的总和。科特赖特说，增加军火采购可能是沙特政府中某些人士提醒美国的一种方式，说明沙特作为美国盟友的重要性，因为防务合同可以带来对许多社区来说至关重要的就业岗位。据 IHS 的全球防务贸易报告称，波音公司、洛克希德－马丁公司和雷神公司（总部均在美国）是 2014 年三大武器出口企业。沙特也担心'伊斯兰国'的崛起，正与美国领导的联军加强合作。伊核计划协议还可能会加剧逊尼派占主导地位的沙特与什叶派占主导的伊朗之间的教派之争。穆尔斯说，直到最近，沙特的采购计划一直受到该国无法使用先进武器系统的限制。但随着受教育和懂技术的人越来越多，沙特人现在可以利用这些越来越高科技的硬件。从全球来看，2014 年的军火贸易连续第六年上涨，全球进口额从 560 亿美元增加到了 644 亿美元。美国仍是最大的武器出口国，出口增加了 19%，达 237 亿美元。俄罗斯排名第二，为 100 亿美元，同比增长 9%；法国、英国、德国、意大利、以色列、中国、西班牙和加拿大也进了前十。2014 年，印度是第二大武器进口国，其次是中国、阿联酋"①。

　　近年来，不断激化和扩大的现代战争又进一步地推动了世界军火贸易市场的发展。2017 年，"3 月份，81 岁的沙特国王萨勒曼，率领千人豪华代表团访华期间，与中方签订 14 项谅解备忘录和意向书，根据中国外交部副部长张明所称，这份协议包含 35 个项目的合作，价值 650 亿美元。其中，仅航天与无人机方面的协议就价值达上百亿美元，沙特将参与'嫦娥四号'的研发工作。同时，还将在沙特本地生产彩虹系列无人机并负责中东地区的销售，沙特此前购买了多种型号的中国无人机，并将其应用于实战中。近日，据路透社报道，美国总统唐纳德·特朗普出访沙特阿拉伯前一周，一名不愿公开姓名的美国白宫官员 12 日向媒体吹风说，美国与沙特'接近'达成一系列总额超过 1000 亿美元的军售协议。多名不愿公开姓名的消息人士说，拟售武器装备的清单中，包括'萨德'防空导弹系统、步兵战车、自行火炮、精确制导弹药、作战指挥和通信软件，还包括 4 艘多用途战舰以及相应的售后服务和零部件，这些战舰以美国海军新型濒海战斗舰为蓝本。而在此前，沙特向美国购买的 84 架 F－15SA 战斗机，连同各类配件等，价值也高达 300 亿美元，这是 F－15 战斗机家族中最先进的型号，仅在机载雷达方面稍稍落后于阿联酋订购的版本。沙特是美国在中东地区的传统盟友，也是美制武器的大买家。特朗普此次将沙特作为自己的首访目的地，重要目的之一就是安抚盟友，修复奥巴马执政期间受损的关系。在沙特参与也门战事之后，由于西方媒体和舆论指责沙特在也门犯下的战争罪行，尤其是通过有系统的摧毁也门农业设施，制造饥荒来完成种族灭绝，导致奥巴马冻结了此前沙特订购的美国军火交易，尤其是大批精确制导弹药，这让沙特空军的 F－15S 和'台风'战斗机出现弹药紧缺的状况"②。

　　2017 年，有专家撰文指出："近期，日本向菲律宾交付了两架 TC－90 教练机，还向马来西亚交付了一艘巡逻艇。而去年，日本政府曾联手三菱

---

① 美联社：《全球军火贸易：沙特成最大进口国 中国位列第三》，参考消息网，2015 年 3 月 9 日。

② 鹰眼防务观察：《刚跟中国签署百亿大单，沙特就要买上千亿美国武器》，凤凰网国际智库，2017 年 5 月 22 日。

重工、川崎重工等相关防卫企业，投标澳大利亚潜艇生产项目。虽然最终功亏一篑（法国企业中标），但日本政府包括防卫部门对此曾全力以赴，甚至还在澳大利亚的主流媒体上刊登整版广告，摆出一副志在必得的架势。日本的武器装备产业为走出国门动作频频，引发了国际社会的广泛关注。国际社会如此关注日本的武器出口，是有历史原因的。作为二战战败国对战争的反省，战后初期日本政府决定走和平发展道路，并于 1967 年确立了'武器出口三原则'（不向社会主义国家出口，不向联合国决议禁止出口武器的国家出口，不向发生冲突的当事国出口）。但实际上随着日本逐步向美国提供相关防卫技术、参与共同开发等，'武器出口三原则'已成为一纸空文。出于形象考虑，每每涉及此事，日本官房长官都会发表声明，表示此举属于'例外'。进入新世纪以后，日本终于连这块遮羞布也不要了。2011年，当时由民主党执政的野田内阁就宣布'部分放宽'上述原则，'有条件允许'共同研发和生产以及转让相关防卫装备与技术。日本政府认为此举是'面对现实'。安倍重新出任首相后，进一步解除了以往的种种束缚，大大加快了日本防卫产业的发展步伐。在 2014 年 4 月的内阁决议中做出了以下几项决定：1. 明确禁止转让防卫装备的对象（安理会相关决议的当事国、发生冲突的国家）；2. 确认转让的条件（为和平做贡献和推进国际合作，有助于保障日本的安全）；3. 严格审查出口；4. 严格管理，防范流入第三国和用于其他目的。乍看上去似乎对转让还颇多限制，实际上这不过是障眼法而已，其目的是为了缓解国内外的舆论压力。两个月后，日本防卫省制定了'防卫生产/技术基础战略'，以取代此前的国产化方针。根据这一战略，日本防卫产业将不断得到加强，与外国联合研制和生产防卫装备的所有障碍也不复存在。迄今日本已先后与美国、英国、法国、印度、澳大利亚和菲律宾等国家签署了相关的合作协议。"[①] 日本急于向世界军火贸易市场提供武器，反映了日本对于战争并没有深刻的反思，反而是变本加厉地追随战争的脚步急于表现自己的力量。这不能不引起全世界热爱和平的人们的警惕，一定要防止日本的军国主义势力死灰复燃，重新崛起，危害世

---

① 陈鸿斌：《日本为何如此急切地向全世界推销武器?》，《文汇报》2017 年 4 月 29 日。

界。可以说，就冲着第二次世界大战的战败国日本急于从事国际军火交易这一点，全世界爱好和平的人们也要疾声呼吁尽快取缔世界军火贸易。

2017 年 6 月 18 日，印度边防人员在中印边界锡金段多卡拉山口附近越过边界线进入中方一侧。7 月 3 日，中国外交部就此事件答记者问。外交部发言人指出："此次印军越界事件发生在中印边界锡金段已定边界，与以往双方边防部队在未定界地区的边境摩擦对峙有本质不同。中印边界锡金段已由 1890年《中英会议藏印条约》划定，印度历届政府多次以书面形式对此予以确认，承认双方对锡金段边界走向没有异议。条约必须遵守，这是国际法的基本原则。印度派遣武装力量越过已定边界，违背了历史界约，违背了《联合国宪章》和国际法的基本原则，性质非常严重。中方已多次向印方提出严正交涉，要求印方遵守边界条约规定，尊重中方的领土主权，立即将越界的边防部队撤回边界线印方一侧。"① 然而，就在中国外交部要求印度不要挑起边界争端之际，"据新华网 7 月 8 日引用以色列《国土报》的消息称，印度总理在访问以色列期间，两国签署了价值 5 亿美元的军火协议，根据协议，以色列将向印度提供多达 8000 枚的'长钉'单兵反坦克导弹。该报道还称，目前以色列已经成为印度仅次于美国和俄罗斯的第三大武器供应国。'长钉'反坦克导弹系统是以色列上世纪末研制成功的第四代反坦克制导武器，至今已经发展成为一个庞大的导弹家族，其中包括短程型、中程型、远程型以及增程等四个型号，射程从 800 米到 8000 米不等。其中短程型号的'长钉 -SR'就是适应用于城市、山地或者高原环境作战的单兵反坦克导弹系统，该系统只需要一名士兵就能完成转运和操作，印军一旦装备这种导弹，将对我国部署在中印边境地区的轻型坦克造成极大的威胁"② 。这就是以色列的厉害。以色列为了出售这批军火，全然不顾中印两国目前的边境紧张局势，我行我素，利令智昏，更加使人明白世界军火贸易市场存在的危害性。无疑，这就是一个唯恐天下不乱的市场。有这种市场的存在，有这种军火

---

① 外交部：《中方就印度边防部队在中印边界锡金段越界事件答记者问》，外交部网站，2017年 7 月 5 日。

② 大国之翼：《中印对峙之际该国却捅中国一刀 售印度 8000 枚导弹》，新浪军事，2017 年 7月 10 日。

交易的存在，世界是根本无法得到安宁的。这种军火交易的实质，以此次以色列的军售为例，就是在唆使战争打起来。所以，现在，即已经进入了21世纪，若还不严肃地提出坚决要取缔世界军火贸易的呼吁，更待何时？这种在全世界贩卖军火的中间效用的创造只能是为现代人类带来战争灾难。

在漫长的岁月里，世界军火贸易的规模越做越大，世界军火商们越做越强势。为了开拓市场，军火商们不遗余力，竭尽打拼之能事。军火商们唯恐军火卖得少，他们想尽一切办法卖军火，维护他们自身的利益。如果天下太平，哪儿都不打仗，那可不是军火商们所希望的。他们希望的就是世界永远不得安宁，战火永远不要熄灭，愿意打仗的国家越多越好，参与到战争中的人越多越好，这样他们的生意才能兴旺发达，至于战火带来多少人间苦难，他们才不管呢！他们为了更好地卖军火，甚至采取各种见不得人的奸商手段。其中，广为人知的就是军火商们的卖"鱼叉"导弹的故事。"1982年9月6日，丹麦皇家海军出了一桩奇事儿。这天，'斯卡姆'号导弹护卫舰上从奥胡斯港驶出，准备与其他北约国家军舰在波罗的海会合举行军演。维瑟舰长所率全舰200余名水兵可谓丹麦海军精锐。这天，船上还有一位来自海军装备司令部的奥尔森中校。奥中校是丹麦海军首席导弹专家。他之所以在这里，是因为舰上最新换装的美制'鱼叉'式反舰导弹刚更换了几处零件，需要最后做一些检测。近午时分，伴随着舰艏一声巨响，舰身剧烈震动了一下。什么情况？舰桥传来的消息震惊全船。一枚'鱼叉'导弹刚刚自行射出，超陆地飞去，原因不明，落点不明。10分钟后，消息传来。导弹的落点很快就被确认了，当地恰好是一处海边的度假营地。所幸这处度假营是一处即将废弃的老营地，当时几乎没有什么游客，营地中只有一对老夫妇，受了些轻微皮外伤。负责调查的海军装备司令部公布的最初调查结果，明确是美国人的导弹出现了技术故障，所有装备'鱼叉'导弹的战舰都得到命令，即刻断开指令导弹电路，等待解决技术问题。事故发生后第三天，海军军法处处长莫根斯·雷曼恩告知奥尔森中校，误射应该是技术问题所致，他本人没有过失。奥尔森根本想不到，他并不是遇着'鱼叉'导弹意外发射的第一人。1981年7月14日，美军'昆兹'号驱逐舰的一枚'鱼叉'也莫名其妙地把自己给发射了。该舰当时在加勒比海巡航，导弹直冲着 110 公里之外的圣克斯岛飞去。离奇的是，这枚导弹最终无声无息地消失了，什么痕迹都没留下。美国军方推测导弹应该是直接坠到海底去了。但这件事美国人谁也没告诉，至于事故原因也是不了了之。这种绝密事件，丹麦人是无从知晓的。一周后，事件风向突变。丹麦海军装备司令部司令麦兹·米切尔森少将忽然推翻此前结论，公开宣称这次意外发射并非技术原因，而是人为失误。旋即，政府与海军高层命令组成军事法庭，调查结果'认定'奥尔森中校等人存在明显过失，这位公认的导弹专家被指'行事潦草、疏漏百出'，负有渎职罪责。1984 年 7 月，调查庭公布了第二份调查报告，仍然认定奥尔森有罪，但其他人员的指控被取消。这种结论当然只会引起更多疑问。1985 年，在事故过去 3 年之后，3 位丹麦新闻记者经过详细调查证明，对奥尔森中校的渎职指控并不成立。迫于舆论压力，丹麦海军被迫放弃指控。这 3 位记者因此获得相当于美国普利兹奖的丹麦最高新闻奖项'考灵'奖。区区几个记者就能搞清楚的事实其实根本就不复杂。那么，丹麦海军为何执意要'牺牲'自家导弹专家呢？其中奥妙在于事件发生时机太敏感。当时，北约海军正围绕着是装备法制'飞鱼'导弹还是美制'鱼叉'导弹争执不下。如果在这种节骨眼上，再让媒体爆炒一回误射事件，估计今天大家就只能在历史书上看到'鱼叉'导弹这个名号了。然而，美国军火商的公关能力了得，竟然迫使丹麦人公然说假话，还找个自己人做'替罪羊'！至于美国人是如何做到这一点的，至今仍是一个谜。最终，'鱼叉'导弹制造商麦道公司悄悄承认了其技术设计存在严重问题，并向丹麦政府交了赔款。'鱼叉'导弹挺过了这次重大信誉危机事件，后来成为多国海军的主力反舰导弹。"[①] 这个真实的故事充分地说明了当今世界军火商们的能量，他们可以将黑的说成白的，也能够将白的说成黑的，目的只有一个，就是要更好地卖军火。对于这种猖獗的交易，21 世纪的人们必须坚决地制止。要像禁毒一样，宣告世界军火贸易是必须取缔的。联合国应将取缔世界军火贸易作为一个重大问题进行研究和讨论，明确宣布世界军火贸易是国际法所不能允许存在的，要求所有的成员国不

---

① 郭彩虹：《丹麦海军"鱼叉"导弹事故幕后》，《环球军事》2016 年 11 月（上）。

再出口或进口武器，自觉抵制一切军火贸易活动。这应是人类社会消灭战争的第一步，没有这一步，就不会有下面的对于战争的制止了。也就是说，如果连取缔世界军火贸易都做不到，那人类要消灭战争就还只能是一种遥遥无期的事情。但现实地讲，取缔世界军火贸易这件事，在 21 世纪，不是做不到的，而是做还是不做的问题。作为联合国的常任理事国，作为当今世界上最大的军火出口国，美国和俄罗斯应当主动地终止军火出口，推动全面禁止世界军火贸易的条约在联合国获得通过，为世界各个国家或地区做出榜样，为最终彻底实现取缔世界军火交易做出贡献。尽管从现在起，到全世界取得共识，人类真的可以像禁毒一样取缔世界军火贸易，要经历一个十分艰难和耗时长久的过程，但是，现代经济学的研究现在就提出这一要求，并不为时过早。

四　取缔世界军火贸易后的产业调整

像禁毒一样，全世界都知道制毒、贩毒、吸毒是违法犯罪，但是，至今还是有千千万万的人铤而走险热衷于毒品生意。所以，即使在全世界对取缔军火贸易有了明确的立法公约之后，也还是会有人敢冒天下之大不韪，继续从事血腥的肮脏的军火贸易。只不过，到那时，天下大势已定，少数人的执迷不悟不会影响人类社会的文明推进。所以，在取缔世界军火贸易之后，就现代经济学的研究来说，是要研究如何进行产业结构的调整，以保证不再进行军火交易的军工产业工人的可转业工作和国民经济的可继续顺利发展。

取缔世界军火贸易本身是取消一种特殊的创造中间效用的商业劳动。但是，伴随着世界军火交易的终止，涉及的产业结构的调整却是涉及了终点效用的创造和实体经济结构调整的问题。对于目前的军火出口大国来说，需要调整产业结构，不再发展供出口销售的军工产业，必须改为发展非军用品的其他产业，以保持经济的总量不减少，保持国民的生活水平不受影响。对于一些主要依靠进口军火的国家来说，如果需要保持自己的军事实力，也必须进行国民经济结构的调整，增加本国的军事工业的生产能力，必须将依赖进口改为自给自足。对于现在的军火出口国和进口国来说，这是两种不同的国民经济结构的调整，一个是减少军事工业，一个是增加军事工业。虽然，从表面上看，这一增一减，并没有改变世界军工生产的现状，但其实还是不一样的，现在的军火出口国可以终止军火的出口，为世界的和平做出一份难得的贡献。而军火进口国的增加军工生产并不是十分容易的，最起码不会像过去那样有钱就可以买到想要的军火，这将在一定程度上对世界各国的军备竞争产生遏制作用，对于缓和世界的战争频仍起到一定的作用。特别是有利于防止恐怖主义组织浑水摸鱼得到各式各样的先进武器装备，有利于削弱恐怖主义分子发动恐怖主义袭击的力量。也就是说，这将是打击世界恐怖主义最有实效性的举措。

对于经济发达的军火出口国来说，取缔世界军火贸易之后，并不愁于原有的军火生产能力闲置，政府可以增加经费投入，将这一部分生产能力转化为开发宇宙外层空间的力量。在目前的世界上，也只有少数国家有能力代表人类进行外层宇宙空间的探索。这些少数国家制造军火出口，是对人类社会的和平环境的维护制造隐患；而将军工生产能力转为新的宇宙探索能力，则是对于人类社会保持生存延续的最现实的奉献。人类最需要的是生存延续，这是人类理性的最基本要求。而人类若想保持生存延续，未来的生命热潮只能释放在宇宙生存空间，而不会仅仅是停留在地球生存。按照自然的法则，地球无法提供满足人类生命永久存在的自然条件。然而，这些遥远未来的事情必须从现在起就做出相应的努力，而不能是到了遥远的将来再去考虑人类的命运问题。中国古代的圣贤早就说过，人无远虑必有近忧。也就是说，有关宇宙外层空间的探索，不仅是对于未来人类的生存是重要的，就是对于人类的现时代的生存也是一件十分重要的事情。所以，对于经济发达国家来说，将制造出口军火的生产能力转化为政府买单的对于宇宙外层空间的探索能力，是具有十分重大的现实意义的。这一方面可以大大消除现时代的战争隐患，减少目前地球上的人间苦难；而且，另一方面可以大大增加人类对于宇宙外层空间的认识，为人类未来社会赢得宇宙生存机遇创造最为基础的现实条件。

即使不将生产出口军火的产业创造能力转化为探索宇宙外层空间的能力，取缔世界军火贸易之后，对于经济发达国家来说，也可以将其原先生产世界上先进的军用品的能力迅速转化为现时代高科技的高端民用品的生产能力。这样做，既不会影响人们就业，也不会影响国民经济的正常发展。就目前来说，机器人产业正在兴起，有许多的行业正在试行用机器人替代熟练的技术工人从事高精尖的产品生产，对于机器人的需求十分热烈。但是，这还仅仅是生产技术变革产生的对于机器人的需求，也就是说，这只是一种对于生产机器人的需求。相对来说，这个机器人市场还是小的，真正大的机器人市场将是生活用机器人市场，即家庭用机器人市场。可以想象的是，如果像家家都有电视机一样，家家都有一位或两位机器人，那将是一个多么大的市场，那需要生产多少机器人呀！所以，将生产出口军用品的生产能力转化为生产民用的家庭机器人的能力，是切实可行的，是具有广阔发展空间的。可以说，机器人市场化的未来，已经是可以看得见的了，不是还在遥遥不可期待的未来，而是就在很快会崛起的近几年。将来没有购买使用机器人的家庭肯定寥寥无几，机器人无疑会成为每一个家庭的生活必需品。别的不讲，就说机器人的看家功能，那就将吸引所有的家庭购置这一物品。因为这是出于安全的需要，哪一个家庭不需要安全呢？都需要！那就都需要购买一个看家用的机器人。这种机器人能够识别家里人和陌生人，能够阻止陌生人进入自己的住所，能够自动报警。更何况，家庭用机器人还有其他很多为主人生活服务的功能。

将生产出口军用品的能力转化为生产民用品的能力，除了生产家用机器人之外，还有更多的转化空间。这不仅体现在实体经济的有市场潜力的实物产品的创造上，而且体现在实体经济的新的劳务成果的创造上。不管怎样讲，这种取缔世界军火贸易之后的产业转化都是具有积极意义的。在军火出口国，所有的生产军火的劳动都是军事变态劳动，尽管这是一种不上战场的军事变态劳动，但是这些生产劳动的性质同那些上战场的军事变态劳动的性质是一样的，都是要达到消灭敌人目的的军事劳动，区别只在于一个是手持武器消灭敌人，一个是制造消灭敌人的武器。存在军事变态劳动，说明人类社会的发展还没有脱离愚昧时期，而理性地不断减少军事变态劳动将是人类社会脱离愚昧时期的开始。各个国家的裁军就是自觉地减少本国社会分工中的军事变态劳动，具有绝对的积极意义；各个国家停止生产出口军用品也是在自觉地减少本国社会分工中的军事变态劳动，也是具有绝对的积极意义的。就目前来说，有相当多的企业关注房地产、酒店、影城、娱乐业、体育俱乐部等领域，还有就是新兴网络服务业等领域，加大对于这些领域的投资，以求在这些领域有更大的发展。同样，生产军用品的资本和劳力也可以在国民经济的调整中转到这些领域中来。这些领域会有激烈的竞争，需要参与者必须具有高超的经营能力，否则投入的资本和劳力会被淘汰掉。但是，同样也存在着发展甚至是大发展的可能性，因此，在取缔世界军火贸易之后，对于原有的军工生产的资本和劳力的转移，在国民经济的结构调整中，对于转向这些领域发展也不是完全不可以考虑的。

更现实地讲，人类在宇宙的生存现在就遇到了威胁，因为据科学家分析，不会太久远，可能就会有宇宙中的小行星撞击地球的惨剧发生。事实上，小行星撞击地球发生的概率可能超出人们想象。据说，2013 年，一颗陨落的很小的小行星在俄罗斯车里雅宾斯克上空爆炸，造成大量建筑物受损，数以千计的人受伤。世界上许多的研究机构是通过社交网络和视频网站事后才知道此事的，这说明现代人类对于这些可能造成巨大灾难的小行星的出没存在严重的认识上的空白。所以，现代人类必须对小行星问题高度重视起来，投入相应的人力、财力对此做预防。因而，将原先的生产出口军用品的一部分能力转化为积极地应对小行星撞击的能力，是非常明智的和现实迫切需要的。2017 年，"美国航空局 6 月 30 日宣布批准一项防止小行星撞地球的计划进入初步设计阶段，计划 2020 年发射航天器撞击一对小行星以改变其轨道。随后，俄罗斯航天集团下属单位表示将从 2019 年开始筹建近地小行星搜寻追踪系统，及时预警潜在撞击"①。美国和俄罗斯的这一行动计划，是有益于人类生存延续的。

---

① 《美俄为何双双启动小行星撞地球"防御计划"？》，新华网，2017 年 7 月 24 日。

结束语　网络时代对中间效用
创造的管控

现今已是网络经济时代。现代经济学的研究必须跟上这个时代，要认识新情况，要研究新问题。2008 年爆发的国际金融危机是 21 世纪席卷全球的金融危机，也是发生在网络经济时代国际金融危机，这一次危机对于现代经济学的研究提出了严峻的挑战。撇开社会制度的因素，单纯从经济运行的角度讲，引发 2008 年国际金融危机的主要原因是虚拟经济的中间效用创造泛滥即金融衍生品市场扩张过度。因此，在网络经济时代，更需要对中间效用的创造实施严格的管控，不论是对于实体经济的中间效用创造还是对于虚拟经济的中间效用创造，都是需要社会理性赋予高度关注的，都是需要在国民经济的运行中保持必要的适度性的。为此，现代经济学的研究，既要研究新兴的网络经济，又要深入地研究中间效用理论。在 21 世纪，现代经济学不能再像以往那样，只将对于人类劳动成果的研究停留在效用理论的层面上，而缺少对于中间效用理论的研究。

一　必须高度重视经济基础理论的创新发展

网络经济是一个新的时代，但是，从现代经济学研究的角度看，网络经济时代依然是人类劳动发展的时代，进入这个时代只是表明人类劳动的发展开创了依据互联网发展的新的阶段。人类劳动的基本性质没有变，人类劳动现在还是常态劳动的性质也没有变，只是人类劳动的主要工具、一些劳动存在形式和一些劳动成果的存在形式，发生了重大的变化，并由此开启了人类劳动发展的新时代。过去，人类劳动的主要工具都是延展人类肢体作用的劳动工具，像车床、汽锤延展的是人的胳膊和手的作用，汽车、火车延展的是人的腿和脚的作用；而网络时代最主要的劳动工具是电子计算机，这一新型的劳动工具延展的是人的脑力作用，因此创造了人类社会有史以来前所未有的巨大生产力，极大地提高了人类的生存能力和生活水平，使人类的生存进入了现代社会的发展阶段。过去，在人类劳动中，没有互联网的存在，而今，不论是哪行哪业都离不开互联网的作用，都必定要进入互联网寻找新的生存条件。过去，人类的劳动成果，有实物形态的，有服务形态的，但从来没有网络形态的，而今，网络产品遍布天下，并且是有发挥终点效用的，有发挥中间效用的。同时，成本是固定的而销量可以是无限的网络产品的出现，挑战了以往的一切市场经济理论。因此，虽然人类劳动的性质没有变，人类常态劳动的性质没有变，但是，进入了网络经济时代，由于人类劳动的工具、形式和成果形式都发生了巨大的变化，人类劳动的发展已经进入了新的时代，现代经济学的研究就必须突破传统的认识局限，与这个新的时代一同前进。这就是说，现代经济学的研究要具有高度的创新意识，积极地推动自身的理论体系发展，要根据网络时代的要求研究经济学新的理论。对于传统的经济理论要在继承中创新，对于网络经济的运行与发展要做出新的理论概括。现代经济学的研究一定要在这个新的时代做出新的贡献，现代经济学的研究一定要走在当代社会经济发展的前面。

对于中间效用的研究属于经济学基础理论的研究。现代经济学基础理论的研究需要以劳动范畴为研究基点。因为一切的人类经济活动都是劳动的过程。如果不以劳动范畴为经济学研究的最基础范畴，不以劳动范畴为经济学的研究基点，那经济学的研究就无法走上科学的道路，就会迷失研究的正确方向。比如，看到了网络经济时代新的气象，而不能深刻地认识到网络经济的兴起不过是人类劳动能力的提升和形式的变化，就找不到经济学研究网络时代的基点和切入点。只有明确地认识人类劳动在网络时代的发展变化,才能在经济学基础理论上深刻地阐述网络经济的运行规律和发展要求。而且,必须明确,尽管进入了网络经济时代,但经济学研究的最基础理论仍然是劳动价值论,对劳动成果效用的研究即对于效用的研究仍然是经济学的基础理论研究。只不过,在 21 世纪的今天,需要强调,现代经济学的研究以劳动范畴为最基础范畴,以劳动范畴为学科的研究基点,其劳动范畴必须是具有整体性的科学的劳动范畴,而不能沿用传统的完全主体化的劳动范畴。因为,作为现代经济学的研究基点,由客观的逻辑决定,只能是具有整体性的劳动范畴。这是因为只有具有整体性的劳动才是真实的劳动,只有具有整体性的劳动范畴才是科学的劳动范畴。劳动具有整体性的思想是由马克思最早奠定的。这是马克思留给后继的研究者们特别是 21 世纪的现代经济学研究者们最重要的学术财富之一。

现代经济学研究基点的科学化是现代经济学科学创新与发展的基本保证,也是对于进入网络经济时代开启网络经济研究的现代经济学研究的基本要求。对于中间效用的研究只能是从科学的劳动范畴这一学科研究基点出发。对于网络经济时代的中间效用创造,更是要明确不论是实体经济的还是虚拟经济的,都必然是劳动主体和劳动客体统一为劳动整体的创造。

二 市场化地理性配置实体经济的社会劳动

实体经济是整个社会的生存保障。在网络经济时代,更需要整个社会能够做到市场化地理性配置从事实体经济工作的社会劳动,既保证实体经济的终点效用创造可以实现最大化,又保证实体经济的中间效用创造可以满足适度性要求,既不短缺又不扩张。现代经济学的理论研究要对此做出必要的理论指导。

在现代市场经济条件下,实体经济的劳动合理配置需要依靠劳动力市场实现。劳动力市场将在实体经济的劳动配置中发挥决定性作用,政府需要更好地发挥管理劳动力市场的作用。在政府的有效管理下,劳动力市场的运作需要实现各个环节和各个方面的规范有序,而不是杂乱无章。第一,劳动力市场给出的对于劳动需求与供给的信息必须真实可靠。既然要依靠劳动力市场配置劳动力资源，那就必然要求劳动力市场给出的对于各个行业各个岗位的劳动力需求与供给的信息是真实可靠的，劳动者可依此选择就业，企业可依此招聘员工。作为一个规范有序的市场，不可能用虚假的信息欺骗或误导就业者和企业。因而，市场必然要求寻求劳动力的企业和寻求工作岗位的劳动者提供真实可靠的信息。同时，市场中介机构需要对寻求劳动力的企业和寻求工作岗位的劳动者提供的信息进行必要的核对，至少需要确定企业是否对于某一方面的劳动力确实存在真实的需求，而不能任由企业发布招聘信息。这是一种市场约束的作用，是规范市场作用的要求，是市场走向基本理性的表现。如果在 21 世纪，市场的自发还是很缺少理性的约束，那就很难适应社会对于市场的依赖。即使在这一方面，市场的自发做不到具有足够的理性，那么，政府的对于市场的管理也要补上这一课，以确保市场发挥出正确的引导就业配置资源的决定性作用。这也就是说，在市场经济之中，在网络经济时代，市场对于信息的把握是很重要的一件事，也是衡量市场是否成熟是否规范的基本尺度。不能按照 19 世纪、20 世纪的标准要求市场，21 世纪的市场必然要具有超越传统市场的品质和能力。时代在前进，市场也要发展。一成不变地要求市场是不对的，仍然以为市场的自发就是市场的盲目也是不正确的过时的认识。在 21 世纪，在网络经济时代，一切都有新的变化，市场的自发可以有变化，对于市场管理更是可以有新的变化和新的保证。在新的时代，应该对市场有新的认识。第二，劳动力市场需要对创造实体经济中间效用的劳动力需求做出超前的监控。对于各行各业的劳动力需求，21 世纪的劳动力市场需要做出基本的分辨，这就是创造终点效用的劳动与创造中间效用的劳动区分。对于创造终点效用的劳动，由于可以追求效用最大化，劳动力市场可以不限制其发展，可以最大限度地满足终点效用创造对于劳动力的需求。而对于创造中间效用的劳动，由于其必须遵守适度性的要求，所以，劳动力市场必须对于这一类劳动需求进行超前监控，及时发现问题，及时反映情况。如果是创造中间效用的劳动处于市场短缺状态，劳动力市场可以做出积极的呼吁，引导企业发展和引导就业向短缺处倾斜。如果是创造中间效用劳动扩张，那么，劳动力市场可以做出自发的抵制，阻止劳动力进一步流向扩张的中间效用行业或部门，起到市场客观调节的重要作用。这就是网络经济时代对 21 世纪的劳动力市场的新的要求。可以说，这在过去是没有的，而人们都知道，过去还没有网络经济呢！现在的网络时代，信息的发达已经到了高度智能化的程度，所以，一切都会发生变化，劳动力市场也会发生变化，过去的市场自发做不到的事情，在今天的市场理性驱使下完全可以客观地做到。不要用老眼光看待新事物，包括不能用老眼光看待新的劳动力市场作用。在过去，传统经济学的研究没有对创造效用的劳动做出创造终点效用劳动与创造中间效用劳动的区分，所以，过去市场无从对创造终点效用劳动的就业与创造中间效用劳动的就业做出区分，更不要说对创造中间效用的劳动做出超前的监控了。而如今，现代经济学的研究已经明确地对创造效用的劳动做出了创造终点效用劳动与创造中间效用劳动的区分，所以，现在的市场已经可以确切地对创造终点效用劳动的就业与创造中间效用劳动的就业做出区分，已经具备了对创造中间效用的劳动进行超前监控的基本条件。现代经济学的理论研究对于现实经济的指导作用可以体现在这一方面。通过市场的超前监控，可以对中间效用的创造起到一定客观约束作用。第三，劳动力市场的配置需与资本市场的配置相匹配。在现代市场经济中，资本市场是资源配置的核心，发挥着支配性的作用。所以，在资源配置方面，劳动力市场的配制是从属性的，是被决定的方面。这一点是必须明确的。即使是网络经济兴起，也不改变资本市场配置资源的核心市场作用。由此而言，劳动力市场对于实体经济的劳动力就业的安排，是以资本市场的既定配置为前提的，是需要服从于资本市场的投资格局生成的。只不过，作为一个独立的市场，作为生产要素市场的一个相对独立的组成部分，劳动力市场对于资本市场配置的结果也不是只有完全地顺从，在大前提服从的原则下，也需要反映出劳动力市场对于经济大格局的判断，以协助资本市场更好地发挥对于资源配置的决定性作用。这就是说，按照现代经济学对于创造效用的劳动做出的创造终点效用劳动与创造中间效用劳动的区分，现在的劳动力市场已经能够区分创造终点效用劳动与创造中间效用劳动的不同，已经可以实现对创造中间效用的劳动进行超前监控，由此可将其的超前监控信息反馈到资本市场，以利于资本市场的资源配置可以具有更多的理性介入，获得更加理想的配置效果，并且，也有利于资本市场不出现可以避免而没有避免的资源配置差错或失误。劳动力市场是一个基础的生产要素市场，尤其在实体经济的发展和调整中，具有很强的资源配置的决定性作用，所以，在网络经济发达的现实之中，这一市场对于资本市场的影响是不可忽视的，要求这一市场的资源配置与资本市场的资源配置相匹配也是必须做到的。

从以上三个方面讲，依据现代经济学的中间效用理论，在实体经济领域，按照市场经济体制的要求，充分发挥市场的决定性作用，保持创造中间效用劳动的合理配置，主要体现为充分发挥现代的劳动力市场的决定性作用。

三　坚决防止虚拟经济中间效用的短缺与扩张

在网络经济时代，除了需要尽可能合乎理性地市场化地配置实体经济中的创造中间效用劳动之外，更需要严密地坚决防止虚拟经济中间效用的创造出现短缺或扩张的问题。与实体经济不同的是，虚拟经济不仅全部创造的是中间效用，而且在虚拟经济中是资本至上的，资本的人格化是起支配性作用的因素，而单纯的人本即劳动力的作用相对处于从属地位。因此，对于虚拟经济中间效用创造的管控，不是能够依靠劳动力市场发挥决定性作用的，而必须使社会的理性管理直接抵达资本市场。相比实体经济，虚拟经济的中间效用创造出现问题的社会危害性更大，因此，更需要认真做好对这一领域的中间效用创造的理论研究工作和具体的管控工作。

对股票市场的中间效用创造进行严密的掌控是虚拟经济领域管理的一个重要的组成部分。但必须明确，股票市场并不完全是虚拟经济，股票的发行属于实体经济范畴，只有股票的二级市场即交换市场以及股指期权等衍生品交易才是虚拟经济领域的中间效用创造。而且，即使是处于虚拟经济领域的股票二级市场也并不是一个风险极大的投资市场。过去，有一些人一直极力强调股票二级市场具有高风险性，是一种对于社会民众的误导。因为股票市场尤其是股票二级市场必须具有保值功能，这是股票市场存在需要的一个基本功能。如果股票市场丧失了保值功能，那这一市场的融资功能就会随之而丧失，但若股票市场没有了融资功能，那这一市场作为投资市场就没有了存在的意义了。所以，这就是说，作为资本市场的存在，股票市场必须具有保值功能，这一市场的中间效用创造需要尽力做好维护市场的保值功能的工作，而绝不能轻易地去破坏市场的保值功能，不拿保值功能当回事，认为保值功能对于股票市场是可有可无的。对此，必须给予理性认识的明确。社会的管理一定要保证股票市场的保值功能牢固稳定，只有这样股票市场才能确保融资功能发挥作用，确保股票市场成为规范的资本市场。如果做不到这一点，股票市场始终低迷不振，起不到任何保值作用，表现出具有极大的市场风险存在，那就一定是社会对于股票市场的管理没能到位，这一市场的中间效用创造没有起到应有的作用。在这种情况下，只有强化对于股票市场的社会管理，只有规范股票市场中间效用创造行为，尽快使市场恢复保值功能，尽快使市场回到正确运行轨道上来。

真正需要下大力量防止虚拟经济中间效用的创造出现危害性问题的市场是金融衍生品市场。虚拟经济是不能单独存在的，虚拟经济必须始终不脱离为实体经济服务这一本源才有自身的生存空间。而在虚拟经济之中，距离实体经济最远的中间效用创造就是金融衍生品市场的中间效用创造。因此，金融衍生品市场最容易脱离实体经济的约束，最容易出现中间效用创造扩张泛滥的问题。一方面是资本的逐利行为驱使，另一方面是远离实体经济的约束，这就造成了金融衍生品市场常常会成为虚拟经济中的害群之马，掀起金融风暴，危害社会经济的正常运行和发展。2008年的国际金融危机就是爆发在金融衍生品市场，以后还有可能出现的国际金融危机也会同样爆发在金融衍生品市场。金融衍生品市场才是一个高风险的市场。相对说来，股票市场根本就不是高风险市场，将股票市场说成是高风险市场是不对的。而若不承认金融衍生品市场是高风险市场也是不对的。尽管像人类现在还不能消灭战争一样，现在人类也还不能消灭金融衍生品市场，但是，必须认识这一市场的高风险性，必须认识这一市场可能会造成的危害性。社会管控虚拟经济中间效用创造的焦点就在这一市场，对于这一市场必须倾注最大的力量进行深入的研究，必须尽最大的努力控制其运行与发展，不能对这一市场有一丝一毫的管理懈怠。

不论是对于哪个国家来说，都应该一致地限制金融衍生品市场的发展规模。这不是说大国就可以多发展一些金融衍生品交易，将金融衍生品市场做得大一些；而小的国家就不能多进行金融衍生品交易，就不能做大金融衍生品市场的规模；而是说，这与国家的大小没有关系，对于任何国家都是一样的，可以不开放金融衍生品市场，即使开放了也要尽力控制金融衍生品市场的规模，不要无意识地做大，更不要有意识地做大。将金融衍生品市场控制在一个适当的较小规模，是为了便于社会管理。金融衍生品一般比较复杂，除了专业人士，没有多少人看得懂，所以，就交易品种来说，越少越好，交易品种少了，市场的规模就会受到一定的限制。同时，社会的管理部门也可以直接要求本国的金融衍生品交易控制在一定的规模内，杜绝大规模的市场交易出现。就此而言，社会的管理部门还需要求这一市场的交易保持平淡，不要特别活跃。一般说，市场交易太活跃了，就不好管理，就可能在某种程度的活跃中出现问题。所以，为了尽量避免金融衍生品市场出现这样或那样的问题，对于这一市场实行长期的压制也是有必要的。一旦金融衍生品市场出现了异常的活跃，那社会的管理部门就需要格外地提高警惕，一定要极力防止这一市场由活跃转向过热，由过热再转向疯狂。如果金融衍生品市场出现少有的疯狂状态，那就不容易控制了，因而也就距离出现灾难性的后果不远了。

再有，对于各个国家发展的金融衍生品市场来说，应尽力保持独立性，不与他国的金融衍生品市场相连接，也不要允许他国的资本进入本国的金融衍生品市场，以防止做大本国的金融衍生品市场，防止本国的管理部门对于本国的金融衍生品交易的管理失去控制。现在是互联网时代，一个国家的金融衍生品市场与另一个国家的金融衍生品市场连接是十分便捷的，但也就是因为太容易连接了，才会太容易出事。实事求是地讲，不论在世界的哪一个地方，金融衍生品市场的交易都是千变万化或瞬间突变的，这一市场魅力可能就在市场的变幻莫测上。但这样的魅力对于那些金融大鳄是风光无限的，而对于一般人或对于实体经济，是毫无意义的。对于社会来说，看到那些金融大鳄的笑脸，就像见到战争狂人一样，只有恐惧。所以，不联网为好，若一个国家一个国家的金融衍生品市场都联结起来，形成一个世界金融衍生品市场，那就是十分恐怖的。况且，直至今日，世界也没有一个强权机构可以统管全世界事物，世界金融衍生品市场出了问题，能找谁去？所以，在目前的社会发展阶段，还是要依靠各国管好各国的事情，有什么事情尽量在国内解决。就金融衍生品市场来讲，也是要各国管好自己国家的这一市场，不要将这一市场搞大，更不要将这一市场搞到国际上去。现在，没有机构能够有效地解决世界金融衍生品市场的问题，至多只能是有关国际机构提出一些意见或建议。因而，对于网络经济时代的虚拟经济中间效用创造的管控，只能是依靠各个国家的有关管理部门进行，对此，不要搞国际化，只要各个国家能够基本管好本国的市场就可以实现全球不出大的问题。

四　走向和谐的网络化的现代市场经济

2017 年 2 月，中信出版社出版了作者是米歇尔·渥克的中译图书《灰犀牛：如何应对大概率危机》。与过去人们以黑天鹅比喻小概率而又影响巨大的市场事件类似，米歇尔·渥克的这本书以灰犀牛比喻大概率且影响巨大的潜在经济危机。作者认为，相对于黑天鹅事件的难以预见性和偶发性，灰犀牛事件不是随机突发事件，而是在一系列警示信号和迹象都表现出来之后才出现的大概率事件。或者是，并不是突发性的大概率事件都被作者称为灰犀牛。例如，2008 年美国房地产泡沫集中爆发以及在此之前的诸多泡沫破裂；飓风卡特里娜和桑迪以及其他自然灾害后的毁灭性余波；颠覆了传统媒体的现实数码技术；大桥坍塌和摇摇欲坠的城市基础设施；苏联的迅速衰败和中东地区的混乱，在事前也均出现过明显的迹象。那么，为什么领导者们和决策者们不能在局面失去控制之前解除危机？人们应该如何辨识和有效应对那些明显的、高概率的危机事件？这本书的作者以科技、经济、自然、社会等多方面的实例进行分析，为读者提供了那些迫在眉睫的、概率高、影响大的危机的预测、防备、应对及善后的具体方法，以供今后人们在组织管理、公司管理和国家管理过程中作决策参考。因此，读过米歇尔·渥克的这本书的人感慨颇深，有人体会到了在现代经济中比黑天鹅更危险的是什么，是灰犀牛！危险并不都来源于突如其来的灾难，或者太过微小的问题，更多只是因为人们长久地视而不见，本不应该忽略却被人们忽略的一切。还有人认为，如果说黑天鹅理论让人感到绝望的话，那么灰犀牛理论能让人们明白，现代人类有能力解决危机。灾难和黑天鹅已经进入现代社会的常用词汇序列，不久，灰犀牛也会成为现代经济学研究使用的常用词汇之一。

问题在于，承认存在黑天鹅和灰犀牛，并且可以将这样的形象比喻常态化地应用，恰恰说明现代经济学的理论研究不到位，恰恰说明现代经济学已经取得的研究成果还不能得到很好的传播和为实践服务。世界上的任何事物之间都是有联系的，没有孤立存在的自然状态与社会事物。看不透黑天鹅事件和灰犀牛事件，让这样的事件一而再再而三地造成危机和社会经济损失，只能表明现代经济学的研究还跟不上时代的要求，在现代社会的经济生活领域还存在着严重的理性不足。可以说，不用比 20 世纪，就是现在，已经进入 21 世纪十多年了，相比自然科学的发展，社会科学包括经济学的发展还是十分落后的。人类已经可以发射航天器飞向遥远的火星，可以做到历时数百天而分秒不差地降落在火星，而且可以向地球发回高清晰度的火星地面照片，这是自然科学的功劳，是人与自然关系的高度发展结果。而相比之下，现代经济学对于地球上的现实经济生活中发生的黑天鹅事件和灰犀牛事件，还不能做出透彻的理论分析，还只能将学科的认识停留在形象比喻的感性认识阶段，那比之火星探索，是不是差得太远了。事实上，比起火星探索，理性认识黑天鹅事件和灰犀牛事件要容易得多。但现在，由于种种的原因，更难做到的火星探索做到了，而相对容易的理性认识黑天鹅事件和灰犀牛事件却做不到，所有的经济学教科书对于这一切未知数仍然是统统用市场有一只看不见的手来解释，或是说来搪塞。

关键在于，在以往，现代经济学研究的科学基点都没有确定。在这种状态下，现代经济学的研究是迈不开步伐的。虽然，不积跬步，无以至千里。但是，第一步非常重要，若未能从正确的基点起步，那就是走几千里也是难以到达科学认识彼岸的。所以，进入 21 世纪之后，对于现代经济学的研究，必须强调学科研究基点科学化问题的重要性。在以往，现代经济学的研究不论是用主观性的效用范畴作为研究基点，还是用完全主体化的劳动范畴作为研究基点，都是不符合科学研究要求的。现在，已经很明确地提出了现代经济学的研究基点只能是科学的具有整体性的劳动范畴。在此创新的基础上，现代经济学还要进一步研究劳动的常态性、劳动的有益性、劳动的复杂性、劳动的发展性，以及其他一切与劳动整体性相关的经济问题。也就是说，创新的现代经济学需要以科学的劳动范畴为基点研究人类社会的一切经济生活的问题，包括要从实际出发研究现代市场经济体制建设与现代国民经济发展的基本理论问题。更具体地讲，在科学的劳动范畴的基点之上，创新的现代经济学的理论研究需要建立科学的劳动价值理论、现代市场经济理论、市场开放型的社会再生产理论、现代产权理论、现代市场经济的高度证券化的资本理论和价格理论，建立并完善符合现代企业制度的企业理论，探讨虚拟性货币理论，研究现代市场经济的宏观调控理论，建立相对完整的现代经济人理论。并且，需要进一步创新现代市场经济条件下的生产理论、流通理论、分配理论、消费理论等基础理论以及新的虚拟经济理论，并进行虚实一体化经济的基础理论研究。所有这一切，还有更多的现实经济问题包括网络经济的问题，都是现代经济学研究走向科学化的具体工作内容。在现代经济学的研究走上科学发展的道路之后，相信那只看不见的手必将从经济学的词典中消失，而代之以人们对于看得见的手的认识；对于黑天鹅事件和灰犀牛事件等诸如此类的事件，也可以依据现代经济学的理论做出超前的认识和透彻的理性分析。

展开中间效用和中间效用理论研究的目的，就是希望能够通过现代经济学对于这一范畴和理论的研究，使得已经走向网络化的现代市场经济的运行与发展能够更加和谐稳健，理性地增强对于实体经济中间效用创造和虚拟经济中间效用创造的认识和管理，尽力避免中间效用创造可能出现的危害性。2007 年出现的美国次贷危机以及由其引爆的 2008 年国际金融危机，还有未来可能出现的由于中间效用创造扩张造成的各种危机，都是米歇尔·渥克的《灰犀牛：如何应对大概率危机》一书讲到的灰犀牛。如果人们对于中间效用的创造不能给予高度的重视，以为中间效用与终点效用一样是可以追求最大化的，任中间效用泛滥成长，缺失必要的社会管理和控制，那么，在这种情况下人们视而不见的中间效用超过市场允许的适度性的发展，必然就是又一头米歇尔·渥克讲的灰犀牛。更重要的是，现在对于中间效用的创造，已不同于传统时代，已具有了网络经济时代的特征。或是说，现阶段的中间效用创造，不论是实体经济的还是虚拟经济的，都已经插上了网络的翅膀，远非昔比了。互联网正在改变着现代经济的一切，这是毫不夸张的说法。所以，现代经济学若不认真研究网络经济，若不认真研究网络经济中的中间效用创造，那就根本无法满足现代经济的运行与发展对于经济理论的需要，更是根本无法满足现代经济对于中间效用创造的理性管理与控制的要求。现实的出路只能是，从现代经济的客观实际出发，即从现代网络经济兴起的真实情况出发，高度重视现代经济学的基础理论研究，以系统的学科理论建设的完善和专门的中间效用理论研究的深入，科学地认识现代网络经济的劳动创造特征和影响社会发展的力量，具体地研究在高度发达的网络时代如何防止中间效用创造出现危害性的办法和对策，以尽最大的努力满足追求和谐发展的网络化的现代市场经济对于现代经济学理论研究的需要。

参考文献

〔德〕马克思:《资本论》,人民出版社,1975。

〔德〕恩格斯:《反杜林论》,人民出版社,1970。

〔英〕亚当·斯密:《国民财富的性质和原因的研究》,商务印书馆,1988。

〔英〕大卫·李嘉图:《政治经济学及赋税原理》,商务印书馆,1976。

〔奥〕弗·冯·维塞尔:《自然价值》,商务印书馆,1995。

〔美〕R. 库特:《法与经济学》,上海三联书店,1991。

〔奥〕约瑟夫·熊彼特:《经济发展理论》,商务印书馆,2000。

〔美〕米歇尔·渥克:《灰犀牛:如何应对大概率危机》,中信出版社,2017。

〔英〕约翰·伊特韦尔等主编《新帕尔格雷夫经济学大辞典》,经济科学出版社,1996。

张卓元主编《政治经济学大辞典》,经济科学出版社,1998。

陈佳贵主编《企业管理学大辞典》,经济科学出版社,2000。

杨坚白主编《社会主义宏观经济论》,东北财经大学出版社,1990。

李泽中:《中国特色社会主义经济问题研究》,武汉出版社,1999。

逢锦聚、柳欣、周立群主编《社会主义劳动与劳动价值论研究》,南开大学出版社,2002。

郭京龙、李翠玲主编《聚焦——劳动价值论在中国理论界》,中国经济出版社,2003。

王振中主编《中国转型经济的政治经济学分析》,中国物价出版社,

2002。

王振中主编《政治经济学研究报告 5》，社会科学文献出版社，2004。

王振中主编《转型经济理论研究》，中国市场出版社，2006。

王振中主编《中国经济的长期发展》，社会科学文献出版社，2008。

何炼成：《生产劳动理论与实践》，湖南人民出版社，1986。

经济研究编辑部编《中国社会主义经济理论的回顾与展望》，经济日报出版社，1986。

成思危、刘骏民主编《虚拟经济理论与实践》，南开大学出版社，2003。

林丽琼等主编《中国经济热点问题探索》，经济科学出版社，2002。

柳欣：《经济学与中国经济》，人民出版社，2006。

杨燕青、肖顺喜主编《中国金融风险与稳定报告（2017）：管理日趋复杂的金融系统》，中国金融出版社，2017。

张凤林：《西方资本理论研究》，辽宁大学出版社，1995。

陈佳贵等编著《企业经济学》，经济科学出版社，1998。

何国华等编著《管理经济学》，武汉大学出版社，1998。

吴易风：《当前经济理论界的意见分歧》，中国经济出版社，2000。

刘树成、吴太昌主编《中国经济体制改革 30 年》，经济管理出版社，2008。

苏杰：《人人都是产品经理 2.0：写给泛产品经理》，电子工业出版社，2017。

陈俊明：《资本转型论——〈资本论〉资本理论的具体化》，社会科学文献出版社，2004。

于金富、曲瑞琴：《社会主义初级阶段生产方式导论》，经济科学出版社，2003。

荣兆梓等：《公有制实现形式多样化通论》，经济科学出版社，2001。

唐任伍、周建波主编《经济思想研究》第 1 卷，社会科学文献出版社，2016。

程恩富、谢地主编《中国经济规律研究报告》（2016 年），经济科学出版社，2017。

于秀：《遭遇创业：中国辣妈创业全纪录》，人民日报出版社，2016。

陆立军、王祖强：《新社会主义政治经济学论纲》，中国经济出版社，2000。

宋则行、杨玉生、扬戈：《后发经济学》，上海财经大学出版社，2004。

李萍主编《开放经济条件下中国经济增长的理论与实践》，西南财经大学出版社，2000。

于润主编《开放条件下西部省区的产业转型》，贵州人民出版社，2003。

《马克思主义政治经济学概论》编写组：《马克思主义政治经济学概论》，人民出版社、高等教育出版社，2011。

景维民、孙景宇等编著《转型经济学》，经济管理出版社，2008。

高怀波：《信誉楼：三十年耕耘》，经济管理出版社，2014。

跋

　　同自然科学的理论研究一样，作为社会科学基础学科的经济学的理论研究是十分重要的。如果自然科学对于宇宙外层空间的理论探索不成熟，那么，不论是哪个国家的航天器都不会准确地飞向火星并安全地降落及开展探测工作。对此，理论要走在实践前面的道理是无可辩驳的，似乎没有人不承认这一点。说得更简单一些，那就是若无制造飞机的理论，恐怕永远都不会有飞机上天。没有任何人相信，可以先让飞机飞上天，然后才能够研究制造飞机的理论。若是有人存在让实践走在理论的前面的意识，那肯定是违反常识的，是无知的。因而，如果作为社会科学基础学科的经济学的理论研究是不成熟的或是说达不到科学完善的要求，那么，不论是哪个国家的国民经济的运行与发展都将难以实现长期的和谐与稳定，总会出现一些或大或小的意想不到的问题。这就是说，经济学的理论也要走在社会经济实践的前面，经济学的理论必须发挥指导社会经济实践的作用。如果经济学理论的这一作用力不够、不到位，那么，社会经济实践就难免会出现影响正常运行与发展的问题。然而，在目前的现实中，对于经济理论与社会经济实践的关系，似乎人们并不是像对于自然科学理论与实践的关系那样认可。在一些人看来，有没有经济学的理论研究是无所谓的，经济学的理论研究是科学的还是不科学的也是无所谓的。甚至认为，没有科学的经济学理论指导，一样可以将经济发展起来；而对用于指导实践的经济学理论是不是具有科学性也不在意，实际上搞的还是理论与实践的两层皮，也就是没有真正地将经济理论当回事，即没有觉得搞好经济必须有科学的经济理论指导。

　　当然，社会经济的运行与发展客观上需要科学的经济学理论指导与现代经济学的理论研究成果能不能满足指导社会经济运行与发展的客观需要，这还是两回事。2008 年爆发的国际金融危机，与其说是对全球许多国家的经济给予了严重的打击，倒不如说是对现代经济学的理论研究提出了严峻的挑战。这一次席卷全球的金融风暴，充分地表明现代经济学的理论研究距离现时代的社会需要差得太远了。在这样的一种状态下，还是需要进一步明确理论与实践关系，进一步强调同自然科学的理论对于实践是不可缺少的一样，经济学的理论对于指导社会经济实践也是不可缺少的。因此，在 21 世纪，不是不需要经济学的理论研究了，而是必须要求现代经济学的理论研究奋起直追，不负时代重望，走向科学发展的道路，建造新的科学大厦。如果经济学今后的发展还不能使其成为一门科学的学科，那在各个国家或地区的现代市场经济中继续出现黑天鹅事件和灰犀牛事件也就是不足为奇的。

本书对中间效用范畴以及其涉及的一些理论问题和现实问题进行了初步的探讨。特别强调指出，对于效用不可以笼统地讲追求最大化，在劳动的成果创造之中，即效用的创造之中，只有终点效用可以追求最大化，对于中间效用的创造，不论是实体经济的还是虚拟经济的，都只能保持一定的适度性。这样对于效用做出的终点效用与中间效用的区分，构成了本书的研究基础。在这一基础之上，本书进一步探讨了有关劳动创造中间效用的一系列的经济问题，并且提出这些中间效用问题在互联网时代需要给予新的认识。在此，只是需要说明，本书对于中间效用的研究是初始性的，是纯粹的引玉之砖，殷切希望今后能有学人在中间效用理论的研究中继续深耕，对本书的不足之处给予补正，对现代经济学基础理论的这一领域的研究给予更大力度的推进。

中国清代文人郑板桥自题书斋楹联："删繁就简三秋树，领异标新二月花。"意蕴的境界，同样映现本书作为经济学理论著述的追求。但只恐是心有余，而力不达。诚然，值此完稿之际，欣慰之中需向多年来对本书的研究给予帮助和支持的学界各位同仁表示衷心的感谢！

作　者

2017 年 7 月 24 日于北京

图书在版编目（CIP）数据

中间效用理论／钱津著. -- 北京：社会科学文献
出版社，2018.8
（中国社会科学院老年学者文库）
ISBN 978 - 7 - 5201 - 2986 - 2

Ⅰ.①中⋯　Ⅱ.①钱⋯　Ⅲ.①效用分析　Ⅳ.
①F224.5

中国版本图书馆 CIP 数据核字（2018）第 141939 号

中国社会科学院老年学者文库
中间效用理论

著　　者／钱　津

出 版 人／谢寿光
项目统筹／史晓琳
责任编辑／李延玲　崔彦茹

出　　版／社会科学文献出版社·国际出版分社　（010）59367243
　　　　　地址：北京市北三环中路甲 29 号院华龙大厦　邮编：100029
　　　　　网址：www. ssap. com. cn
发　　行／市场营销中心（010）59367081　59367018
印　　装／三河市尚艺印装有限公司

规　　格／开本：787mm × 1092mm　1/16
　　　　　印张：17.75　字数：271 千字
版　　次／2018 年 8 月第 1 版　2018 年 8 月第 1 次印刷
书　　号／ISBN 978 - 7 - 5201 - 2986 - 2
定　　价／128.00 元